KB071431

청소년을
위한
행동활성화

Elizabeth McCauley · Kelly A. Schloredt
Gretchen R. Gudmundsen
Christopher R. Martell · Sona Dimidjian 공저
최기홍 · 이은별 · 송하림 공역

학지사

역자 서문

행동활성화는 성인의 우울증을 치료하는 데 약물치료나 인지행동치료와 비교하여 유사한 효과를 보인다. 특히 우울증이 심한 경우 행동활성화는 약물치료만큼 강력한 효과를 보이면서도, 약물치료에 비해 치료 중단 비율은 낮다. 인지행동치료와 비교하여서는 동등한 치료 효과를 보임에도 불구하고 시행하는 방식이 더 간결하여 효율적이다. 이러한 이유로 미국, 캐나다, 영국 등에서는 우울장애를 치료하는 데 행동활성화를 가장 먼저 고려해야 할 치료 중 하나로 추천한다. 국내에서도 지역사회 정신건강증진센터나 사회복귀시설에 등록한 만성 우울장애가 있는 성인들에게서 해외에서 보고된 것과 유사한 행동활성화의 치료 효과가 여러 번 보고되었다.

행동활성화의 가장 큰 장점은 치료 효과가 강력한 데 비해 간결한 구조로 제공되어 내담자와 치료자 모두에게 직관적으로 이해된다는 점이다. 이러한 강점으로 인해 행동활성화는 치료자와 내담자 모두에게 부담이 적은 치료이다. 더욱이 청소년들의 특성과 우울장애의 특성을 고려할 때, 이처럼 간결하고 명료한 치료적 전략은 커다란 강점으로 작용한다.

이 매뉴얼의 역자들은 우울증을 지닌 성인을 대상으로 한 국내 최초의 대규모 행동활성화 효과성 연구에 참여하였을 뿐 아니라, 만성 조현병 음성 증상을 위한 행동활성화 치료를 개발하고, 효과성 연구를 여러 번에 걸쳐 시행하였다. 연구 결과뿐 아니라, 치료를 거듭하면서 행동활성화 치료가 우울증뿐 아니라 동기의 문제, 인지적 어려움을 지닌 사람들에게 매우 강력한 효과를 가져온다는 것을 체험할 수 있었다. 특히 지역사회 정신건강 전문요원을 교육하면서 인지적 접근을 어려워했던 치료자들이나 내담자들도 행동활성화적 접근(예: 행동을 모니터링하고 목표 행동에 관여하는 것 등)을 비교적 수월하게 습득하고 적용하는 것을 보았다.

행동활성화 매뉴얼을 개발하고 국립정신건강센터 정신건강 R&D 사업단에서 보급하면서, 국내에서 청소년을 대상으로 심리치료와 상담을 제공하는 심리전문가, 의료전문가들로부터 행동활성화를 청소년을 대상으로도 활용하고 싶다는 요구를 수차례 전해 들었다. 미국 인지행동치료학회(Association for Behavioral and Cognitive Therapies: ABCT)나 국제 인지행동치료학회(World Confederation of Cognitive and Behavioral Therapies: WCCBT)에서 만난 Shirley Reynolds 박사와도 우울한 청소년들에게 행동활성화가 매우 효과적이며 효율적이라는 연구 결과와 함께 임상 경험을 나누었고, 국내에서도 청소년을 대상으로 한 행동활성화 치료와 연구가 활발히 진행되어야 한다는 논의를 했다. 이러한 맥락에서 이 행동활성화 치료 매뉴얼의 출간은 매우 반가웠으며, 국내에 소개하고 싶은 마음이 컸다.

청소년을 위한 행동활성화(A-BAP) 매뉴얼은 근거가 되는 이론과 연구 결과를 소개할 뿐 아니라, 회기별로 중요한 치료적 기법에 대한 설명과 실제 현장에서 유용하게 활용할 수 있는 치료 양식(예: 척도, 모니터링, 유인물 등)을 제공한다. 비록 A-BAP가 국내 청소년을 대상으로 개발된 것은 아니지만, 번역하는 과정에서 한국의 실정에 맞지 않는 내용들은 최대한 우리의 문화와 언어에 맞도록 수정하려고 노력하였다. 그럼에도 불구하고 임상가들은 매뉴얼을 적용하면서 내담자에게 꼭 맞는 임상적 전문성을 활용하여 적용해야 할 것이다. 이 매뉴얼이 국내 청소년을 대상으로 한 행동활성화 치료와 연구에 활용될 수 있기를 바라며, 더 많은 청소년이 도움을 받을 수 있기를 바란다.

역서의 제1장에서 제4장까지는 대표 역자(최기홍)가 맡았고, 제5장은 공동 역자(이은별)가 맡았다. 치료 회기와 유인물은 공동 역자(이은별, 송하림)가 맡았다. 최종 번역은 모든 역자가 함께 검토하였다. 이 책을 함께 번역한 이은별 연구원과 송하림 연구원은 고려대학교 심리학과 임상 및 상담심리학 전공의 박사과정과 석사과정 졸업생으로, 다년간 대표 역자의 수퍼비전과 지도하에 지역사회 행동활성화 연구를 진행하고 지역사회 정신건강 전문요원들을 교육해 왔다. 앞으로 이들이 청소년 행동활성화 연구를 활성화하고 치료를 보급하는 데 더 많은 역할을 할 것으로 기대한다.

마지막으로 역자들의 작업을 꼼꼼히 검토해 주고 편집해 주신 학지사의 박지영 님께 감사드린다.

고려대학교 심리학과 부교수
KU마음건강연구소 소장
대표 역자 최기홍

저자 서문

아동과 청소년의 약 20%가 정서와 행동 문제를 지니고 있다(Costello, Foley, & Angold, 2006). 정서와 행동의 문제는 아동과 청소년기에 발생하는 문제들 가운데 가장 높은 비용을 발생시키며(Soni, 2009), 학업과 사회 발달에 커다란 지장을 초래한다. 이런 이유로 아동과 청소년에게 효과적인 정신건강 관리 방안을 제공하는 것이 중요하다. 다행히도 지난 10~15년에 걸쳐 아동/청소년 정신건강 분야는 눈부신 진보를 거듭했다. 아동과 청소년의 정서와 행동 문제에 효과적인 치료적 접근이 개발되고 검증되었으며, 이 가운데 두 가지 개입법, 즉 인지행동치료와 대인관계치료가 근거 기반의 효과적인 개입법임이 밝혀졌다. 하지만 이 치료법들은 시행하는 데 기간이 오래 걸렸고 복잡하여 널리 활용하는 데는 한계가 있었다. 이러한 문제를 해결하기 위해 Chorpita와 Daleiden(2009)은 효과적인 치료들에서 공통적으로 나타나는 치료 요인과 활용도가 높은 치료 요인들을 선별하기 시작했다. 이 책에서 제공하는 행동활성화는 청소년의 우울을 효과적으로 치료하면서도 치료를 간소화한다는 점에서 Chorpita와 Daleiden의 노력에 부합한다. 우리의 행동활성화 접근은 공통 치료 요인들을 직접적으로 목표로 하며, 이를 임상가들이 쉽게 자신의 치료에 통합할 수 있고 내담자들도 쉽게 활용할 수 있을 것으로 기대된다.

임상/상담 현장에서의 필요성과 몇 가지 기회가 맞물려 우울증을 경험하는 청소년들에게 맞도록 행동활성화를 수정하는 작업을 할 수 있었다. 우리 팀은 인지행동치료에 전문성을 지니고 있으며, 지난 몇 년간 아동/청소년 혹은 성인들에게 이 접근을 사용해 왔다. 우리의 경험에 비춰 보면, 인지삼제(cognitive traid, 역자 주: 우울증이 있는 사람들에게서 나타나는 자기 자신, 세상, 미래에 대한 부정적이고 비관적인 신념 체계를 의미함)와 자동적 사고를 찾고 바꾸는 작업이 많은 청소년에게 도움이 되지만, 모든 청소년에게 그런 것은 아니었다. 특히 인지적 접근을 할 때, 치료자가 생각에 대해 질문을 하는 것을 자신의 신념에 도전하는 것처럼 느끼는 경우에는 청소년에게 어려움이 있었다. 마치 치료자가 자신의 감정, 생각 그리고 믿음을 타당화하지 않는 것처럼 생각한 것이다. 유사하게, 치료 초반에 즐거운 활동에 참여하도록 돕는 인지행동치료가 도움이 될 것 같지만, 동기가 적은 청소년들에게는 새로운 무엇인가를 시도하거나 친구와 대화를 하는 것과 같은 활동조차도 별다른 가치나 보상이 있는 것으로 여기지 않아 치료가 쉽게 진행되지 않았다. 또한 청소년을 위한 대인관계치료의 대인관계적이고 사회적인 의사소통 부분은 일반적인 인지행동치료 프로토콜에는 포함되지 않았다. 우리는 어떻게 치료적 개입을 향상할 수 있을까를 함께 고민하면서 몇 가지 중요한 점을 발견하고 통합할 기회가 있었다.

우리에게 도움이 된 것 중 하나는 청소년의 뇌 발달에 관한 신경과학 연구의 눈부신 발전이었다. 연구 결과는 청소년들이 성인들과는 다른 방식으로 생각하고 행동한다는 것을 확증해 주었다. 즉, 우리는 개입법에서 청소년들이 회피하고 보상에 대해 반응하는 방식을 보다 직접적으로 강조할 필요가 있었다. 이 매뉴얼의 저자들 중 Sona Dimidjian과 Christopher R. Martell은 성인의 행동활성화 효과를 검증하기 위한 대규모 연구에 참여한 경험이 있다. 행동활성화가 단독치료로 성인의 우울증 경감에 효과가 있다는 것을 발견하면서, 이 치료가 청소년들에게도 잘 부합할 것임을 알 수 있었다. 행동활성화는 내담자가 어떤 활동을 할 때 즐거움 혹은 우울감을 느끼는지, 어떤 방해물이 내담자의 웰빙이나 삶의 목표를 달성하는 데 방해하는지에 대하여 구체적이고 심도 있는 개입 방법을 제시한다. 게다가 행동활성화는 보다 안전하고 실용적인 방식으로, 청소년들이 치료에 참여하고 새로운 무언가를 시도하거나 실험해 볼 수 있도록 동기를 부여한다. 마지막으로, 행동활성화는 청소년과 치료자가 쉽게 받아들이고 적용할 수 있는 보다 직접적(straightforward)인 방식으로 보인다. 이런 이유로 저자들은 아동과 청소년의 우울을 위한 행동활성화 개발 팀에 합류하였다.

청소년을 위한 행동활성화(Adolescent Behavioral Activation Program: A-BAP) 는 이러한 기초 위에 개발되었다. A-BAP는 청소년의 우울이나 다른 정신건강 문제를 경감하기 위한 여러 치료법에 보조적 치료로도 활용될 수 있다. 이 매뉴얼은 회기별로 구성되어 있어, 치료자가 명확하게 내용을 이해하고 쉽게 활용할 수 있을 것이다. A-BAP는 일련의 개별적인 사례 연구들에서 시작하여, 청소년 내담자와 그들의 보호자, 동료 치료자들로부터 적극적인 피드백을 받아 그것을 매뉴얼에 통합해 나가는 방식으로 개발되었다. 개발과정에서 매뉴얼을 여러 차례 개정하였고, 소규모의 무선 임상 연구를 실시하였다(McCauley et al., 2015). A-BAP는 대다수 청소년의 우울을 경감하는 데 효과가 있었고, 치료자들도 매뉴얼에 따라 치료를 진행할 수 있었다. 현재 A-BAP의 치료 효과성 연구는 주로 미국과 영국을 위주로 진행이 되고 있으며, 불안이나 다른 건강 문제를 지닌 청소년들에게도 행동활성화가 적용되고 있다.

이 매뉴얼은 행동활성화를 다른 치료법들과 효과적으로 통합할 수 있는 방식을 제공한다. 우울한 청소년들 내에서도 상당히 다양한 하위 그룹이 존재한다. 청소년의 우울은 심각한 대인관계 갈등으로 유발되기도 하고, 부정적인 생각의 오류로 인해 발생하기도 하며, 보상이 되는 활동에 더 이상 참여할 동기를 잃어 나타나기도 한다. 앞으로는 이렇게 다양한 우울증을 겪는 청소년 그룹들이 어떻게 서로 다른 치료적 예후를 보일지를 연구하고 맞춤형 치료가 개발되어야 한다. 행동활성화는 이러한 맞춤형 치료들에 반드시 포함되어야 할 치료적 전략들을 제시한다. 행동활성화는 동기의 결함을 지닌 청소년들에게도 적합하다. 대인관계치료나 인지치료적 전략에서 도움을 받는 청소년들에게도 행동활성화는 좋은 시작점이 될 수 있다. 즉, 행동활성화를 초기에 제공하면서 추후 우울증에 효과적으로 알려진 인지행동치료나 대인관계치료를 통합해 나갈 수 있을 것이다.

우리는 지난 10년 동안 이 매뉴얼을 개발하고 정교화하는 데 많은 임상적 · 학술적 노력을 기울였다. 임상가들이 이 매뉴얼을 쉽게 사용할 수 있기를 바라고, 매뉴얼에 소개된 치료 전략들이 청소년들에게 도움이 되기를 바란다.

차례

제5장 ▶ **다른 환자군/상황에서 행동활성화의 적용 · 125**

A-BAP 치료 회기 안내

모듈 1 ▶ **들어가기 · 145**

모듈 2 ▶ **행동하기 · 167**

모듈 3 ▶ **기술 훈련하기 · 189**

제1장

청소년의 우울과 행동활성화

청소년을 위한 행동활성화(Adolescent Behavioral Activation Program: A-BAP)
는 청소년들의 우울을 경감하기 위해 고안된 행동활성화 프로그램이다. 12세에
서 18세 사이의 청소년을 대상으로 개발된 이 접근법은 일반적으로 12회기에서
14회기로 구성되고, 5개의 모듈로 이루어져 있으며, 일주일에 한 번씩 제공된
다. 이 프로그램은 구조화되어 있지만, 행동활성화의 원리에 따라 유연하게 사
용될 수 있도록 개발되었다. 치료 매뉴얼은 상세한 정보를 담고 있으며, 치료자
를 위한 회기별 안내와 치료에 참여하는 청소년들과 보호자(부모)를 위한 유인
물을 제공한다. 보호자는 행동활성화 프로그램에 적극적으로 참여하면서 우울
에 대한 심리 교육을 받고, 청소년 내담자의 치료 목표를 달성하는 데 도움을 줄
수 있는 방안들과 아이들과 효과적으로 의사소통하는 전략을 배운다. 이 책에
서 '보호자(혹은 부모)'라는 용어는 청소년 내담자의 치료에 관여할 수 있는 법적
권리를 지닌 성인들을 일컬으며, 저자들은 다양한 가족의 형태와 다양한 생활
환경을 이해하고 지지한다.

우울증을 치료하기 위한 A-BAP 접근은 성인 우울증을 치료하는 행동활성화

를 수정한 것이다(Martell, Addis, & Jacobson, 2001). 제1장은 치료 프로그램의 배경과 시행에 대해 다룬다. 제1장에서는 우울이 청소년들에게 어떤 영향을 미치는지, 현재의 치료 결과들, 우울을 위한 행동활성화 모델에 대한 설명 그리고 A-BAP 접근에 대해 개관한다. 제2장에서는 평가, 사례개념화 그리고 치료 계획을 다룬다. 제3장에서는 A-BAP 매뉴얼에 제시된 자료대로 치료를 실시하기 위한 회기별 안내를 제공한다. 제4장에서는 자살 행동과 같은 치료 시에 종종 발생하는 도전적이고 어려운 문제들을 다루는 전략들을 소개한다. 제5장에서는 불안이나 통증에 대처해야 하는 청소년을 포함해 다른 임상적 문제들을 지닌 청소년들에게 A-BAP를 활용하는 방안을 논의한다. 이후에는 5개의 모듈 각각에 대한 치료 프로토콜(회기별 안내 포함)을 제시한다. 이 책의 마지막 부분에서는 각 회기에서 활용할 수 있는 유인물을 제공한다.

청소년기에 우울이 야기하는 문제

청소년들과 일하는 대부분의 치료자는 청소년이 경험하는 우울 문제나 우울을 공병으로 하는 다른 정신과적 혹은 의학적 문제를 다루어야만 한다. 청소년기 우울은 주요한 공중보건 문제로 알려져 있다(Lopez, Mathers, Ezzati, Jamision, & Murray, 2006). 유병률 연구에 따르면, 청소년들의 0.4~8.3%가 특정 시기에 우울 문제를 겪고 있으며, 20%가량의 청소년이 18세 이전에 임상적 우울 삽화 중 하나를 경험한다(Costello, Egger, & Angold, 2005; Hankin et al., 1998; Lewinsohn, Clarke, Seeley, & Rohde, 1994). 게다가 우울은 재발이 잦다. 우울 삽화가 나타난 이후, 대략 50~70%의 청소년이 2년에서 5년 사이에 재발하며, 재발을 경험하는 청소년들은 성인이 되어서도 우울이 재발할 위험이 높다(Curry et al., 2011; Dunn & Goodyer, 2006; Goodyer, Herbert, Tamplin, & Altham, 2000; Lewinsohn, Rohde, Seeley, Klein, & Gotlib, 2000). 청소년의 65%가 덜 심각한 우울 증상을 경험하지만(Lewinsohn, Hops, Roberts, Seeley, & Andrews, 1993), 준

임상적 수준의 우울 증상들도 여러 가지 부정적 결과와 관련이 있다(Fergusson, Horwood, Ridder, & Beautrais, 2005; Lewinsohn, Solomon, Seeley, & Zeiss, 2000). 청소년기 우울은 약물 사용과 자살 위험과 관련되며, 친구 및 가족관계뿐 아니라 심리사회적 발달과 학업을 방해한다(Keenan-Miller, Hammen, & Brennan, 2007). 게다가 청소년기 우울은 장기적으로 전반적 기능 수준의 저하와 학업, 직업적 손상을 가져온다(Copeland, Shanahan, Costello, & Angold, 2009; Fergusson & Woodward, 2002; Glied & Pine, 2002; Lewinsohn, Rohde, Seeley, Klein, & Gotlib, 2003). 청소년기 우울의 심각성을 고려할 때 효과적인 예방 및 치료적 접근을 찾는 것은 매우 중요하다.

발달 과정에서 청소년기 우울의 위험성이 증가될 수 있다. 청소년기는 중요한 신경인지가 발달하고 재구조화되며 뇌 구조가 변화되는 시기이다(예: Giedd et al., 1999; Gould & Tanapat, 1999; Hare et al., 2008; Luna, Padmanabhan, & O'Hearn, 2010; Somerville, Jones, & Casey, 2010). 청소년기에는 정서적 경험이 증가하는데, 이는 성 호르몬의 변화와도 관련이 있다. 이러한 변화는 실행 기능을 활용하는 능력을 저하시켜 충동이나 정서 조절, 기억, 자기모니터링, 계획 등에 어려움을 야기한다. 청소년기에는 작업 기억과 충동을 억제하는 능력이 아직 충분히 발달되지 않아 복잡한 과제를 처리하는 능력에 어려움을 겪는다(Crone, Wendelken, Donohue, van Leijenhorst, & Bunge, 2006; Steinberg et al., 2006; Velanova, Wheeler, & Luna, 2008). 반응 억제, 문제 해결, 장기 계획과 같은 보다 정교한 기술에 기초가 되는 뇌의 구조적 변화는 청소년 후기나 초기 성년기가 되어야만 완전히 발달한다(Casey, Duhoux, & Cohen, 2010; Giedd, 2004). 초기 청소년기의 정서성 증가와 신경 조절 기제의 발달 간 차이(Davey, Yücel, & Allen, 2008)는 정서 조절의 문제를 낳게 된다. 이러한 이유로 많은 청소년이 자신의 경험에 대해 왜곡된 해석을 하기도 하고, 자기비난을 하거나 억제나 조절의 문제, 정서에 초점을 둔 대처를 하게 될 취약성을 갖는다(Giedd et al., 1999; Luna et al., 2010). 게다가 우울한 청소년의 뇌 반응성과 우울한 성인의 뇌 반응성은 몇 가지 중요한 차이를 보일 수 있다. 우울한 성인들이 정서적 정보에 대해 증가되고 지속적인 생리학적 반응을 보이는 반면, 우울하고 불안한 청소년들은 저하된 반응성을 보인다. 이는 우울한 청소년들이 정서적 자극을 처리하지 않으려 하거나 회피하려는 것일 수 있다(Silk et al., 2007). 또한 보상 처리와 관련된 생리학적 변화가 우울과 관련되는데, 청소년기에는 신경 보상 시스템이 아직 발달 중에 있어 보상 조절의 어려움을 더 크게 경험할 수 있다(Davey et al., 2008; Forbes, 2009).

청소년기 뇌에 영향을 미치는 신경인지적 변화를 이해하는 것이 최적의 효과적인 개입 전략을 개발하고 선택하는 데 중요한 정보가 될 수 있다. 청소년기 우울의 치료는 청소년들이, 첫째, 보상을 경험하고 그에 반응하며, 둘째, 회피를 줄이는 것을 도울 필요가 있다. 이 두 가지는 바로 행동활성화가 주로 목표로 하는 요소들이다(Forbes, 2009).

청소년기 우울을 치료하기 위한 현대의 접근법들

청소년기 우울의 치료에 대한 연구는 대부분 인지행동치료(Cognitive Behavioral Therapy: CBT), 대인관계치료(Interpersonal Psychotherapy: IPT), 약물치료 혹은 이들의 조합에 대한 효과성 검증에 초점이 맞추어져 있었다. 인지행동치료와 대인관계치료는 모두 과거보다는 '지금과 현재'에 초점을 둔 단기적 접근법이다. 이 두 가지 치료는 모두 우울 증상을 경감하기 위해 우울에 대한 교육을 제공하고, 단계를 구조화하여 청소년들이 참여할 수 있도록 하고, 필요한 기술을 습득할 수 있도록 치료자가 적극적인 역할을 한다. 두 가지 접근법의 효과는 고무적이지만, 치료에 있어 어려움도 있다.

청소년 우울을 위한 인지행동치료는 성인을 위한 인지행동치료를 수정해서 수년간 사용되어 왔다(Clarke, DeBar, Ludman, Asarnow, & Jaycox, 2002; Lewinsohn, Clarke, Hops, & Andrews, 1990). 기존의 인지행동치료는 행동적 개입법(즐거운 활동 계획, 문제 해결, 이완 등)과 인지적 요소(예: 인지재구성, 핵심 신념 다루기 등)를 포함한다. 청소년들에게 이러한 초기 형태의 인지행동치료가 효과적이었다고 보고되었지만, 보다 최근 연구는 다소 치료 효과가 낮거나 지연되어 나타나는 패턴을 보고하였다. 예를 들어, 우울한 청소년을 위한 치료 연구(Treatment of Adolescents with Depression Study: TADS)에서 인지행동치료에 무선할당된 청소년들은 위약 통제집단과 유사했고, 인지행동치료에 무선할당된 청소년들은 플루옥세틴(fluoxetine)이나 인지행동치료+플루옥세틴에 무선할당된 청소년보다 더 낮은 반응률을 보였다(TADS Team, 2004). 하지만 치료 종결 36주 후에 실시된 추후 평가에서 인지행동치료만 받은 청소년들은 참가자의 약 80%에서 증상의 경감이 나타났으며, 이는 약물치료만 받는 청소년이나 인지행동치료+약물치료를 받은 청소년들과 유사한 수치였다(TADS Team, 2004). 1년 정도 후에 나타난 우울 증상의 경감은 부분적으로는 자연스럽게 시간이 지나면서 우울이 경감하는 현상을 반영한 것일 수 있다. 즉, 대부분의 청소년(약 60~90%)은 1년 이내에 우울 삽화에서 관해되기 때문이다(Thapar, Collishaw, Pine, & Thapar, 2012). 하지만 이전에 지적한 바와 같이 높은 재발률이 치료 효과의 지속을 어렵게 한다는 점을 주목해야 한다.

청소년을 위한 대인관계치료(IPT modified for adolescents: IPT-A)도 치료 종결 직후와 치료 종결 16주 후 추후 평가에서 고무적인 효과를 보여 주었다(Mufson, Weissman, Moreau, & Garfinkel, 1999; Rosselló, & Bernal, 1999). 또한 학교 기반 클리닉에서도 초기 효과성 연구에서 고무적인 결과가 보고되었다(Mufson et al., 2004; Young, Mufson, & Davies, 2006; Mufson, Dorta, Moreau, & Weissman, 2011). 대인관계치료는 종종 우울과 동반되는 자기비난을 낮추기 위해 우울을 의학적 질병으로 개념화하고, 기분, 삶에서의 사건들 그리고 대인관계 사이의 상호작용이 우울 증상을 유지되게끔 하는 주요 요소라는 점에 초점을 둔다. 그러므로 대인관계치료는 의사소통 기술, 역할 연기, 역할 변화 그리고 대인관계 문제 향상을 통해 우울 증상을 감소시키는 데 초점을 둔다. 이러한 접근은 사회적 기능 결함이 있거나 부모와 자녀 간 갈등이 있는 경우에 특히 효과적이다(Gunlicks-Stoessel, Mufson, Jekal, & Turner, 2010; Mufson et al., 1999, 2004). 하지만 청소년을 위한 대인관계치료의 경우 적은 사례 수, 장기간의 데이터와 재발률 데이터가 부재한 점, 비교 집단(약물치료 혹은 약물치료+대인관계치료)의 부재로 인해 종합적으로 평가하기가 어렵다(Mufson, 2010).

청소년의 우울을 치료하는 데 있어 보호자의 개입은 매우 다양하다. 인지행동치료와 대인관계치료 모두 개인 치료적 접근법을 활용하지만, 인지행동치료는 치료적 개입을 강화하기 위해 부모에게 코칭하는 방법을 사용하거나 양육, 갈등 해결 혹은 의사소통에 대한 전략을 직접적으로 가르친다. 대인관계치료는 부모에게 치료 전반에 걸친 심리 교육을 제공하고, 청소년의 기분을 향상하는 데 도움이 되는 경우 문제 해결과 의사소통에 있어 청소년과 보호자가 적극적으로 협업을 한다(Mufson et al., 2004). 주요 가족 구성원이나 보호자를 포함하는 개입법의 효과를 검증하는 것에 대한 관심이 지난 10년간 증가하였다. 예전에는 보호자의 개입에 대한 효과 연구들이 다소 일관적이지 않은 결과를 보고했지만, 최근 메타분석에 따르면 진단과는 상관없이 부모와 아동이 함께 참여하는 치료가 아동만 참여하는 개인 치료에 비해 중간 정도 크기로 더 나은 결과를 가져오는 것으로 보인다(Dowell & Ogles, 2010). 대인관계 이론에 근거한 애착 기반 가족치료(Attachment-based Family Therapy: ABFT; Diamond & Josephson, 2005; Diamond et al., 2010; Israel & Diamond, 2013)는 가족 내에서 대인관계에 개입하는 것이 청소년의 우울과 자살을 낮출 수 있다고 보았다. ABFT에 관한 적은 규모의 연구들은 ABFT가 우울 증상과 자기보고된 자살 생각을 유의미하게 낮춘다고 보고하였다. ABFT는 '고무적인(promising)' 개입법으로 보인다(David-Ferdon & Kaslow, 2008). ABFT의 고무적인 효과는 다시 한번 청소년기 우울의 치료에 있어 부모의 개입이 중요함을 보여 준다.

약물치료만으로 대략 60%의 청소년이 효과를 보고, 약물치료가 인지행동치료와 함께 제공될 때에는 70%가량 도움을 받는다고 보고되었지만, 약물치료에 대해서는 논란이 있어 왔다. 1990년대에 새로 소개된 항우울제인 선택적 세로토닌 재흡수 억제제(Selective Serotonin Reuptake Inhibitor: SSRI)가 아동과 청소년에게 급격하게 많이 처방되었다. SSRI의 급격한 사용 증가는 이 약이 '안전'

하다고 가정했기 때문인데, 사실 초기 항우울제들과는 다르게 SSRI는 심장 관련 부작용이나 과복용으로 인한 사망의 위험이 높지 않다. 하지만 2004년에 미국 식약청(Food and Drug Adminstration: FDA)이 SSRI가 청소년들에게 기분 관련 부작용, 특히 자살 생각과 자살 행동을 증가시킬 수 있다는 복약 경고 사항을 발표하였다(Moreland, Bonin, Brent, & Solomon, 2014). 이러한 경고는 젊은 사람들이 항우울제를 복용하는 것에 대한 지속적인 논쟁을 불러일으켰다. 약물 유발 자살 가능성에 대한 데이터에 대해서는 논란이 있고(Brent & Birmaher, 2004; Mann et al., 2006; Nemeroff et al., 2007), 약물치료나 심리치료를 포함한 모든 청소년기 우울의 치료 시에는 자살이 주요 위험일 수 있음을 많은 사람이 주장했다(Bridge, Barbe, Birmaher, Kolko, & Brent, 2005). 게다가 최근 아동 및 청소년의 항우울제 사용에 대한 17개 연구를 메타분석한 결과, 위약 통제집단에 비해서 항우울제를 복용하는 청소년에서 정서적 고양과 행동활성화가 유의미하게 증가됨이 보고되었다(Offidani, Fava, Tomba, & Baldessarini, 2013). 하지만 앞서 언급한 대로, 여전히 항우울제 복용과 관련한 지침은 명확하게 청소년과 보호자에게 항우울제가 자살 생각을 높일 수 있다는 점을 교육해야 하고, 자살 위험을 정기적으로 모니터링해야 하며, 필요한 경우 적극적 지원이 이루어져야 한다고 명시하고 있다(Simon, 2006).

　미국 식약청의 경고문이 발표된 이후, 항우울제 처방이 대략 25~28% 정도 경감되었다(Libby et al., 2007; Libby, Orton, & Valuck, 2009). 우울한 청소년들이 약물치료를 받는 데에는 약물 사용에 대해 청소년이 지니고 있는 부정적인 태도가 영향을 미친다(Williams, Hollis, & Benoit, 1998). 약물 처방을 받은 많은 청소년이 처방된 대로 약을 복용하지 않거나 상의 없이 약을 끊는 경우가 생겨 적절한 치료를 받는 것이 어렵기도 하다(Richardson, DiGuiseppe, Christakis, McCauley, & Katon, 2004; Richardson & Katzenellenbogen, 2005). 약물치료 사용이 감소하면서 우울의 적정한 치료에 대한 우려와 자살률의 증가에 대한 우려가 증가하였다. 2003년과 2004년 사이에 미국에서 청소년 자살이 14%가량 증가하였고, 이는 1979년 이래로 1년 사이에 자살률이 가장 급격히 증가한 수치이다(Gibbons et al., 2007; Simon, 2006). 요약하면, 이러한 결과는 약물치료 접근에 대한 가능한 대안이나 부가적 치료가 필요하다는 점을 제시한다.

큰 걱정 중 하나는 많은 청소년이 어떤 치료나 복합적 치료들에서도 효과를 보지 못한다는 점이다. TADS에서 보고되었듯이 약 50%의 청소년이 12주간의 치료 이후에도 유의미한 잔여 증상을 경험하며, 전반적인 관해율(치료 반응과는 다름)은 36주 후 추후 평가 시에 60% 정도에만 이르렀다(Kennard et al., 2006, 2009). 게다가 특정 청소년들은 치료에 잘 반응하지 않을 위험이 높았는데, 예를 들면 어린 시절에 역경이나 학대 등을 경험한 경우이다(Lewis et al., 2010; Nanni, Uher, & Danese, 2012). 일반적 청소년을 생각할 때에도 보다 강력한 치료가 필요하다는 것은 명확하다. 최근 실시된 메타분석에서 Weisz와 동료들(2013)은 다양한 아동/청소년의 정신건강 문제들을 위한 근거 기반 치료들을 일반 치료와 비교하였다. 인지행동치료와 대인관계치료를 포함한 근거 기반 치료들이 일반 치료와 비교해서 더 나은 결과를 보였지만, 효과 크기는 중간 정도에 불과하였고, 특정 정신장애의 진단 기준에 부합하는 청소년들의 경우에는 효과 크기가 더 작았다.

현재의 치료들이 효과 크기가 작은 이유는 청소년의 발달 특성에 잘 부합하지 않기 때문일 수 있다. 인지행동치료의 치료 메커니즘은 인지재구성을 통해 편향된 인지처리 과정을 치료하는 것이다. 편향된 인지처리 과정은 우울감을 느낄 때 사건을 부정적으로 생각하거나 해석하는 것을 일컫는다. 인지재구성에서는 첫째로 우리의 생각이 감정과 행동에 영향을 미친다는 것을 이해하고(인지삼제), 둘째로 더 중립적이거나 긍정적인 기분을 이끄는 대안적 생각들로 재구성하는 것을 포함한다(DeRubeis, Siegle, & Hollon, 2008; Siegle, Steinhauer, Friedman, Thompson, & Thase, 2011). 청소년을 위한 대인관계치료의 변화 메커니즘은 사회 기술과 관계를 개선하는 것이다. 두 가지 접근법은 청소년들이 정교한 인지 및 대인관계 기술을 효과적으로 배우고 실행하는 것에 초점을 둔다. 하지만 이러한 기술들을 숙달하는 것은 인지재구성, 대인관계 문제 해결, 다른 사람의 관점 이해(특히 감정이 고양된 상태일 때), 반응 억제 등에 필요한 인지 능력이 충분히 발달되지 않거나 효능감이 없는 청소년들에게는 어려울 수 있다.

복잡한 전략들과 청소년의 능력이 잘 부합하지 않는 부분을 해결하기 위해 더 모듈화된 접근을 택하는 것이 방안일 수 있다. 예를 들면, MAP(Practice Wise Managing and Adapting Practice system; Chorpita & Daleiden, 2009)에서는 청소년의 정신건강 문제들과 치료 모듈에 필요한 인구통계학적 특징과 진단 특성을 기존 연구 결과를 바탕으로 체계적으로 매칭한다. MAP는 성분을 추출하고 매칭하는 모델에 기반하며, 근거 기반 심리사회 개입법들의 내용이 요소별로 추출될 수 있고, 이후 내담자의 특성과 문제에 매칭될 수 있다고 본다(Chorpita, Daleiden, & Weisz, 2005). MAP는 과정을 간소화하여 바쁜 지역사회 기반 세팅 내에서 치료 계획을 선택하고 실행할 수 있도록 고안되었다. 이 접근법에서는 치료자가 각 회기마다 변화를 이끌 것 같은 치료 요소를 제공하여, 적은 치료 시간으로도 효과를 낼 수 있도록 한다. Weisz와 동료들(2012)은 7세에서 13세 사이의 아동 174명을 대상으로 한 무선할당 연구에서 이러한 모듈화된 접근이 일반적 치료나 표준화된 매뉴얼 치료들(우울과 불안을 위한 인지행동치료, 문제 행동을 위한 행동적 부모 훈련)보다 증상 경감에 더 도움이 된다고 보고하였다. 이러한 모듈화된 접근의 효과는 개인의 특정 요구와 환경에 맞도록 구성한 치료 요소를 찾아 제공하는 것이 중요함을 강조한다. 이 장의 초반부에 기술한 청소년기의 발달 특성과 관련된 특정 기능적 결함을 목표로 하는 치료 전략에 초점을 둔다면 우울한 청소년의 치료 반응을 향상시키는 것이 가능할 것이다(Forbes, 2009; Forbes et al., 2009). 이러한 내용을 고려하여 행동활성화 요소가 청소년의 우울을 치료하는 데 충분한 가치 있는지 검증해 볼 수 있었다.

우울에 대한 행동활성화 모델

행동활성화는 우울의 행동 모델을 따라 개발되었다(Ferster, 1973; [그림 1-1] 참조). 행동활성화는 한 개인의 삶에서 우울한 행동이 갖는 기능과 환경으로부터의 정적 강화 및 처벌을 강조한다. 행동활성화는 개별 사례 접근이다. 즉, 사례별로 개별 맥락 내에서 우울 행동에 기여하는 요소들을 찾고, 우울 행동을 유지하고 치료하는 데 필요한 행동과 사건을 고려한다. 다음 두 가지 개념은 서로 관련되어 있으며, 행동활성화에서 변화를 이끄는 핵심이다. 첫째, 우리는 환경에서 적응적 행동을 강화하는 정적 강화를 경험할 기회를 가져야 한다. 둘째, 회피는 적응 행동을 방해하는 공통 요인이다. 즐거운 사건을 계획하는 것은 인지행동치료에 자주 포함되는데, 사회에서 철수된 사람이 사회 활동과 신체 활동을 활성화하는 데 도움을 주어 기분을 향상시키는 전략이다. 인지행동치료의 이 요소가 최근에 행동활성화로 명명되었다. 하지만 인지행동치료 모델 내에서 제안하는 즐거운 활동 계획이나 행동활성화는 대부분의 사람에게 즐거운 활동을 계획하는 보편적인 접근이다. 초기에 지적한 바와 같이, (여기에서 이야기하는) 행동활성화는 개별 사례적 접근을 따라 각 개인별로 우울을 야기하고 유지하는 특정 사건을 파악하고, 악순환의 고리를 끊기 위해 특정적인 보상이 되는 반응과 활동을 이용하며, 악순환의 고리를 유지시키는 회피를 극복하는 데 초점을 둔다. 회피 행동은 주로 단기적으로는 증상을 경감시키지만, 부적 강화(부정적인 자극/경험을 없애 우울 행동을 증가시키는)로 증상을 오히려 유지시켜 장기적으로는 우울이 지속되는 데 영향을 미친다. 1970년대에 이미 회피 행동이 우울과 불안을 유지하는 핵심 역할을 함을 인지하였지만, 인지행동치료나 대인관계치

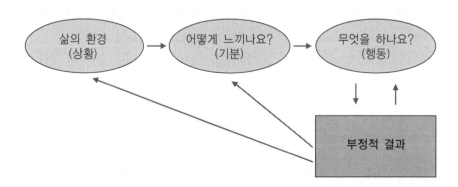

[그림 1-1] 우울증의 행동활성화 모델

료와 같은 우울을 위한 치료들에서는 회피 행동이 주요 치료 목표로 강조되지는 않았다. 행동활성화는 회피 행동을 강조한다는 측면에서 다른 치료들과 구분되는 독특함이 있다. 행동활성화는 한 사람의 인생에서 특정 사건들이 어떻게 우울을 유발하고 유지하는지 그리고 이러한 악순환을 유지하는 데 회피가 어떤 역할을 하는지에 대해 강조한다.

성인 우울을 위한 행동활성화

성인 우울증 치료에 대한 Jacobson과 동료들(1996)의 연구에서, Beck의 우울증을 위한 인지치료의 요소별 분석을 시행했다(Beck, Rush, Shaw, & Emory, 1979). 연구자들은 인지치료의 행동활성화 요소가 전체 인지치료적 접근(인지개입과 행동개입을 포함)과 비교하여 유사하게 효과적인지 살펴보았다. 놀랍게도, 행동활성화 요소만으로도 인지치료와 효과가 유사하였고, 더 대규모 연구가 시행되었다(Jacobson, Martell, & Dimidjian, 2001; Martell et al., 2001). 이 대규모 연구에서 행동활성화를 인지치료, 항우울제 그리고 위약 집단과 비교하였다. 연구 결과, 더 심하게 우울한 성인들에게 행동활성화는 항우울제와 유사하게 효과적이었고, 인지치료보다 더 효과적이었다(Dimidijian et al., 2006). 성인을 위한 행동활성화는 개별 사례적 접근으로, 치료자는 행동적 사례개념화를 시행하고, 개별 내담자의 생활 환경, 목표, 일상 활동들의 기능을 분석하여, 우울을 유지하는 행동들과 회피 기능을 하는 행동들을 특별히 주의 깊게 파악한다. 나머지는 인지행동치료의 표준화된 회기 구조(즉, 치료 목표를 정하고, 각 회기별 어젠다를 협력적으로 설정하며, 과제를 할당하고 검토하는 등)를 따르지만, 행동활성화 내에서 개별 내담자가 활용할 치료 전략은 기능 분석과 개별 내담자의 요구에 따라 다양화된다.

청소년에게 왜 행동활성화가 필요한가?

행동활성화는 우울한 청소년들에게 유망한 접근법일 수 있다. 행동활성화는 청소년들의 환경 안에서 가능한 강화물을 활용하므로 좋은 결과를 이끌 수 있는 하나의 전략일 수 있다. 행동활성화는 인지 및 정서 신경과학 분야에서의 최근 연구 결과에서 보고하는 청소년들의 발달 특성과 잘 매칭된다. 행동활성화의 초점은 청소년들의 요구 및 능력에 잘 부합한다. 정교하고 고차원적인 인지능력을 요구하는 기존의 치료들과는 다르게, 행동활성화는 ① 자연스러운 보상경험을 할 가능성을 높여 주며, ② 활성화의 방해물을 찾아 줄이고, ③ 개별 청소년에게 보상이 되는 경험을 되살리는 대안적 대처 전략을 세우고 회피 패턴을 파악하는 개별 사례 중심의 행동적 접근이다.

게다가 행동활성화가 청소년에게 적합한 이유는 행동활성화는 적은 수의 기본 치료 전략을 사용하여 배우기 쉽고 효과적으로 활용이 가능하다는 것이다. 최근 치료 효과 연구(implementation science)의 결과에 따르면, 근거 기반의 치료들이 실제 치료 세팅에서 활용되기 어려운 이유가 치료자가 가능한 치료를 적용하기에는 지식과 기술이 부족하기 때문이었다(Garland et al., 2010; Palinkas et al., 2008). 간소화된 치료 구성을 통해 새로운 치료적 접근을 배우고 활용하는 것의 용이성이 더욱 커진다(Aarons & Chaffin, 2013; Rotheram-Borus, Swendeman, & Chorpita, 2012). 인지행동치료가 고도로 통제된 효과 검증 연구에서도 치료 세팅에 따라 치료 결과가 다르다는 점 때문에 보급하는 데 어려움이 있다(DeRubeis et al., 2005). 또한 인지행동치료는 정확하게 가르치고 시행하는 데 어려울 수 있다는 점도 보급하는 데 있어 어려움으로 지적되었다(Kerfoot, Harrington, Harrington, Rogers, & Verduyn, 2004; Weisz, Jensen, & McLeod, 2005). TADS에서 인지행동치료를 제공하려는 노력(TADS Team, 2004, 2007)으로 현재까지 이루어진 가장 대규모의 청소년 우울증 치료 연구는 그 결과가 실망스러웠다. 즉, 인지행동치료를 시행하기 위해서 강도 높은 훈련과 수퍼비전을 제공해야 했음에도 불구하고 약물치료보다 나은 결과는 보이지 못했다(TADS Team, 2003). TADS에서 인지행동치료의 실망스러운 수행 결과는 다양한 치료 기법을 사용한 점 때문일 수 있다는 점이 지적되었는데, 다양한 치료 기법을 치료자가 능숙하게 사용하기 위해서는 충분한 연습과 핵심 기술을 숙달하는 것이 필요하기 때문이다(Hollon, Garber, & Shelton, 2005). 이와 대조적으로, 몇 가지 핵심 행동 전략에만 초점을 둔 행동활성화는 개별 청소년의 개별화된 요구에 맞게 기법을 반복적으로 적용하고 연습할 수 있는 시간이 있다. 행동활성화는 너무 많은 전략을 제안하지 않으며, 복잡한 인지 요소들을 숙달할 것을 요구하지 않는다. 그러므로 다양한 세팅(예: 지역사회 정신건강센터, 학교, 1차 의료기관 등 사례 부담이 높고 자원이 제한되고 시간이 한정된 곳)에서 일하는 다양한 교육과 경험 수준을 가진 다양한 치료자가 효과적으로 사용하는 것이 가능하다. 임상 현장에 빠르게 적용될 수 있는 행동활성화의 장점이 우울한 청소년과 작업하는 치료자들에게도 적용이 될 것이다.

청소년기 우울에 행동활성화가 도움이 되는가?

행동활성화를 활용하여 집, 학교 그리고 친구들과의 상호작용 시 회피 행동에 초점을 두었던 초기 연구들은 고무적이었다(Chu, Colognori, Weissman, & Bannon, 2009; Jacob, Keeley, Ritschel, & Craighead, 2013; Ritschel, Ramirez, Jones, & Craighead, 2011). Ritschel과 동료들(Jacob et al., 2013; Ritschel et al., 2011)은 적은 수지만 다양한 인종의 청소년을 대상으로 한 2개의 공개 임상 시험에서 행동활성화 접근의 효과를 검증했는데, 그 결과 우울 증상에 유의한 향상이 있었다고 보고하였다. 대부분의 참가자가 치료의 마지막(17회기)에 우울장애 진단 기준을 충족하지 않았다. 유사하게, Chu와 동료들(2009)도 우울이나 불안을 경험하는 청소년들을 위해 학교 세팅에서 집단 기반의 행동활성화가 시행 가능하며 효과적임을 보고하였다. 이 책에서 소개하는 A-BAP를 활용하여 저자들 팀에서 연구를 한 결과, A-BAP가 우울한 청소년들에게 성공적으로 적용되었고 효과도 나타났다. 우리 연구에서 A-BAP를 능숙한 치료자가 제공한 인지행동치료나 대인관계치료와 비교하여 검증하였다. 이 두 통제집단에서도 치료 효과가 있을 것으로 예상했기 때문에, A-BAP도 이들 통제집단과 유사한 정도의 효과가 있을 것이라 가설을 설정하고 검증하였다. A-BAP 집단에 할당된 청소년들은 치료 조건을 알지 못하는 평가자가 평정한 전반적 기능, 임상적 결과와 더불어 우울 증상에서 사전에 비해 사후에 통계적으로도 임상적으로도 유의한 향상을 보였다. 모든 변화 점수는 95% 신뢰구간 내에 있었기에 변화 추정치는 신뢰할 수 있다고 볼 수 있었다(McCauley et al., 2015). A-BAP의 효능성(efficacy), 효과성(effectiveness)을 밝히고 결과의 예측요인을 밝히는 더 많은 연구가 필요하겠지만, 초기의 연구 결과는 더 구조화된 행동활성화 전략들을 통합하여 우울한 청소년들의 치료 반응을 높일 수 있음을 보여 주었다.

요약하면, 행동활성화 치료는 청소년에게 적용될 수 있는 상당한 잠재성을 지니고 있다. 행동활성화는 우울증 치료에 대한 혁신적인 접근으로 충실한 이론에 근거하며, 최신 인지 및 정서신경과학에서 보고한 청소년 발달 특성과도 잘 부합한다. 행동활성화의 초점은 발달적 필요와 청소년의 능력과 잘 부합한다. 마지막으로 다시 한번 정리하면, 정교하고 고차원적인 인지적 개념을 필요로 하는 기존의 치료와는 다르게, 행동활성화는 ① 청소년들이 자연스러운 보상 경험을 할 수 있도록 활성화하며, ② 활성화의 방해물을 찾고 그것을 경감시키며, ③ 회피 패턴을 파악하고 개별 청소년의 보상 경험을 증진하기 위한 대안적 대처 전략들을 활용한다.

A-BAP 개관

이 책에서는 A-BAP를 포괄적인 개입법으로 소개하고 있지만, A-BAP는 개별화되어 치료에 적용할 수 있다고 믿는다. 청소년의 우울을 치료하는 데 인지

행동치료나 대인관계치료를 대신하여 행동활성화를 제공하기보다는, 개별 청소년의 요구에 가장 부합하도록 전략과 기법들을 잘 선별할 것을 제안한다. 필요한 경우, 행동활성화의 전략과 기법들은 인지행동치료나 대인관계치료와 통합하여 포괄적으로 제공될 수 있는 가치를 지니고 있다고 본다.

A-BAP는 5개의 모듈로 구성되었고, 일반적으로 12회기에서 14회기 정도에 제공될 수 있는 분량이지만, '필요한 경우 개별적으로 사용할 수 있는' 요소들로도 구성되어 있다. 회기별 구체적인 내용은 이 책의 제2부에 소개되어 있다. 8개의 회기는 구조화된 교육 요소와 덜 구조화된 회기로 구성되어 있어, 치료 전반에 걸쳐 필요한 경우 활용할 수 있도록 하였다. 치료자들이 청소년과 협력적으로 작업하고, 코치의 역할을 하며, 청소년 개개인의 요구에 맞추어 기술/기법들을 소개하도록 구성되었다. 이 치료 프로그램은 12세에서 18세 사이의 청소년들에게 사용하도록 개발되어 초기 청소년과 후기 청소년들[역자 주: 한국의 경우 초기 청소년(9~14세)과 중기 청소년(15~18세)에 해당함]에게 모두 적합하도록 내용이 구성되어 있다. 참여자들이 A-BAP에 잘 참여하고 내용을 통합할 수 있도록 돕기 위해 처음 두 회기는 시기적으로 가깝게 일정을 짜는 것이 좋다(가능한 경우, 일주일에 2회 하는 것을 추천한다). 그 이후에는 일주일에 한 회기를 제공하는데, 이런 방식으로 일정을 조율하여 가족들의 이동 부담을 줄이고 치료에 빠지는 것을 예방하면서도 최적의 치료를 제공할 수 있도록 한다. 회기는 주로 50~60분 정도 소요된다. 회기 시간은 내담자/가족의 요구, 치료 세팅의 특성(예: 학교 기반 세팅에서는 주로 30분 정도 하며, 부모와의 면담은 더 제한한다)에 따라 쉽게 조절할 수 있다. 대부분의 회기는 주로 청소년들과의 치료 시간으로 할당하고, 이후 보호자와 간단한 치료 회기를 갖는다. 때로 청소년과 보호자가 함께 작업할 때도 있지만, 이러한 공동작업이 모든 청소년이나 세팅에서 효과적인 것은 아니므로 적절하게 조율할 수 있다.

〈표 1-1〉에 기술한 대로, A-BAP 모듈과 회기의 진행은 모듈 1 '들어가기(두 회기로 구성)'에서 주로 시작한다. 첫 회기에 치료의 전반적인 구조를 소개하며, 치료자와 청소년 내담자는 보호자의 의견을 고려하여 사례개념화를 협력하여

작성하고 초기 치료 목표를 세운다. 1회기에 A-BAP 모델을 소개하고, '연습하기(Test It Out)' 과제로 소개된 활동기록지를 활용해 A-BAP 모델을 내담자의 삶에 적용해 본다. '들어가기'의 2회기에서는 활동들과 기분 사이의 관계에 대해 청소년 내담자와 이야기하고, 상황-활동-기분 순환을 검토한다. 회기 마지막에는 보호자와 간단히 만나 청소년 우울에 대한 심리 교육을 제공한다.

모듈 2 '행동하기'는 행동활성화에 초점을 두고, 2개의 회기에서 다룰 내용을 소개한다. 3회기에서는 목표-기반 행동과 기분-기반 행동의 개념을 소개한다. 또한 1회기에 소개했던 활동 기록의 개념에 더하여 활동-기분 기록지를 소개한다. 회기 이후에는 보호자와 짧게 만나서 우울한 청소년을 양육하면서 경험한 바에 대해 논의한다. 청소년 내담자의 행동을 활성화하는 것은 4회기에서도 지속된다. 청소년 내담자들이 기능 분석을 하면서, 어떤 활동이 활력을 주고(기분을 좋게 하고, pump you up), 어떤 활동이 기분을 저하시키는지(bring you down) 살펴본다. 기능 분석의 두 번째 초점은 내가 선택한 행동의 단기적/장기적 결과를 이해하고, 좋은 기분을 어떻게 유지할 수 있을지에 둔다. 모듈 3 '기술 훈련하기'는 5회기에서 8회기로 구성되며, 이 회기들에서는 기술을 습득하고 강화에 대해 논의한다. 이 단계에서 목표를 세우고, 목표를 달성하는 과정에서의 방해물을 찾고, 문제 해결을 한다. 8회기에서는 그동안 소개하고 연습한 회피 극복 전략에 초점을 두며 모듈 3을 마무리한다. 모듈 4 '연습하기'는 9회기에서 11회기로 구성되며, 이 회기들에서는 청소년 내담자 개개인의 우선순위와 목표에 따라 필요한 만큼의 기술과 전략들을 연습하고 숙달한다. 모듈 5 '앞으로 나아가기'에서는 그동안 치료에서 달성한 목표들을 검토하고, 지속적으로 작업할 목표들 그리고 재발을 방지하는 전략을 논의한다. 구체적으로 이야기하면, 개별화된 계획을 세워 우울이나 다른 문제 행동의 유발 요인들을 찾고, 기분을 다스리는 방안들과 어려움을 가속화하지 않는 방안을 논의한다. 이 모듈은 치료의 효과를 공고히 하고 치료를 종결하기 위해 개별 청소년 내담자의 요구에 따라 세 번의 회기에 걸쳐 유연하게 사용된다.

이 매뉴얼의 내용이 구조화되어 있으며 기술/전략에 초점을 두고 있지만, 행

〈표 1-1〉 A-BAP의 구조와 내용

모듈/회기	내용
모듈 1: 들어가기	
1회기: A-BAP 소개	• 치료의 구조(비밀보장, 역할, 자기보고식 증상 평가, 회기 밖 연습의 필요성)를 검토한다. • 청소년 내담자와 보호자의 사례력/가족력을 살피고, 행동활성화 모델에 통합하여 설명한다. • 우울의 행동활성화 모델과 치료를 소개한다. • 행동활성화 모델과 청소년/보호자가 제공한 사례력을 사용하여 서로 공유된 사례 개념화를 한다. • 활동기록지를 소개한다.
2회기: 상황-활동-기분 순환	• 관계와 활동이 기분에 어떤 영향을 미치는지 검토한다. • 상황-활동-기분 모델을 청소년 내담자에게 소개한다. • 보호자에게 청소년 우울에 대한 심리 교육을 제공한다.
모듈 2: 행동하기	
3회기: 목표-기반 행동 vs 기분-기반 행동	• 기분을 관리할 때 행동활성화의 역할을 소개한다: 목표-기반 행동과 기분-기반 행동을 소개한다. • 활동-기분 기록지를 소개한다. • 우울을 경험하고 있는 청소년 내담자의 보호자로서의 경험과 고민에 대해 보호자와 논의한다.
4회기: 행동의 결과 살펴보기	• 기능 분석을 소개한다. 행동을 유지하는 데 강화가 어떤 역할을 하는지 살피고, 선택한 행동에 따르는 비용과 혜택을 평가하는 것의 중요성을 논의한다. • 선택한 행동의 단기 혹은 장기 결과를 논의한다. • 활력을 주는 활동과 기분을 저하시키는 활동을 파악한다. • 좋은 기분을 만들어 가는 방안을 논의한다.
모듈 3: 기술 훈련하기	

5회기:
문제 해결하기
	• 우울을 유발하는 스트레스의 역할을 검토한다.
	• 스트레스 상황에서 무엇을 할지를 찾는 방안으로 문제 해결법을 소개한다.
	• COPE 단계를 사용하여 연습한다.
	  ◦ Calm and clarification: 진정하고 명료화하기(진정하는 기법과 문제 명료화 기술)
	  ◦ General Options: 일반적 선택안들을 생각하기
	  ◦ Perform: 시행하기
	  ◦ Evaluate: 평가하기
	• 보호자에게 의사소통 기술을 소개하고, 의사소통 연습 계획을 세운다.

6회기: 목표 세우기	• 효과적인 목표를 세우는 법에 대해 이야기하고, SMART 목표에 대해 소개한다. • 목표에 도달하기 위해 세부 단계들을 활용하는 것의 중요성을 소개한다(점진적 과제 할당). • 한 주간 연습할 목표를 세운다. • 보호자와 자녀를 지지하는 방법을 살펴보고, 지지 활동을 기록하는 계획을 세운다.
7회기: 방해물 파악하기	• 목표를 달성하는 데 있어 방해물을 찾는 것의 중요성을 논의한다. • 내적/외적 방해물을 찾는다. • 목표-기반 행동과 기분-기반 행동을 구분하고, 방해물을 극복하는 전략을 논의 한다. • 목표를 세우는 훈련을 한다. • 청소년 내담자와 보호자가 함께 작업하여 지원 방안을 찾는다. 보호자가 도움/지 지 행동을 스스로 모니터링하는 계획을 세운다.
8회기: 회피 극복하기	• 공통적인 내적 방해물로서 회피의 중요성을 논의한다. • 다른 종류의 회피 행동[미루기, 반추하기, 감정을 폭발하기, 도망가기(은둔하기)] 을 논의한다. • 나의 유발 요인, 반응, 회피 패턴(Trigger, Response, Avoidance Pattern: TRAP)을 이해한다. • TRAC로 되돌릴 수 있는 대처 방안을 사용한다. • 보호자가 지지를 연습했던 노력에 대해 함께 검토한다.
모듈 4: 연습하기	
9회기: 배운 것 통합하기	• 청소년 내담자의 현재 상황/상태를 살피고, 나머지 치료 기간에 어떤 것에 초점을 두고 싶은지 검토한다. • 내담자가 자신의 목표에 다가가도록 돕는 데 중요한 핵심 기술들(활성화하는 방 안, 기분을 좋게 하는 방안, COPE, 목표 세우기, 방해물 찾기, 회피 극복하기)을 검 토한다. • 행동계획을 세워 우선순위를 정하고, 목표를 세우고, 다음 치료 회기들에 걸쳐 초 점을 둘 활동들을 계획하면서 내담자와 협력한다.
10~11회기: 기술 연습하기	• 이전 회기에서 작성한 행동계획을 시행하기 위해 어떤 기술을 사용했는지 살펴보 고 지지한다. 기분/우울을 개선하기 위해 지속적으로 작업하는 것의 중요성을 논 의한다.
모듈 5: 앞으로 나아가기	
12회기(혹은 종결 회기): 재발 방지 및 종결 인사 나누기	• 필요에 따라 행동계획을 검토하고 업데이트한다. • 재발 방지를 위해 개별 계획을 세운다. 내담자가 우울의 유발 요인와 징후를 다루 는 데 효과적인 것을 하도록 돕는다. • 앞으로 나아가고 재발을 방지하기 위한 청소년 내담자의 계획을 내담자와 보호자 와 함께 검토한다.

동활성화 개입은 개별 사례적 접근을 취한다. 즉, 개별 청소년 내담자 개인의 경험의 맥락에서 필요한 기술들이 소개되어야 한다. 예시들도 각 청소년 내담자가 경험하는 실제 삶에서 끌어내는 것이 좋다. 메뉴얼에 소개된 기술들과 유인물은 보편적이고 가설적인 예시와 지침을 포함하고 있지만, 모든 활동지에는 각 청소년 내담자에게 특정적인 예시를 넣을 수 있는 공간을 마련해 두었다. 같은 원리가 보호자를 위한 내용에도 적용된다. 일반적인 개념이나 기술을 소개한 이후에는 각 가정에 적절한 예시를 논의해야 한다. 치료 전반에 걸쳐 치료자들은 개념들을 유연하게 적용하는 것이 좋으며, 내담자의 요구와 필요에 더 맞다면 기술 훈련 회기들을 앞으로 가져오고 나머지를 후반부로 미룰 수 있다. 하지만 이렇게 유연하게 치료를 적용하기 위해서는 당분간 치료자가 이 책에 제시한 프로토콜을 상당 기간 사용하여 익숙해지고 편안해질 필요가 있다. A-BAP를 사용해 본 치료자들은 매뉴얼에 익숙해지고 편안해질수록 매뉴얼에 소개된 개념과 기술들을 청소년 개인의 요구에 맞추어 적용할 때 더 자신감이 생긴다고 보고하였다. 그리고 오랜 기간 청소년들과 작업하고 치료를 마무리 해 본 이후에 치료자의 유연성이 생긴다고 본다. A-BAP는 12회기로 소개되었지만, 책에 소개된 모든 내용을 다루는 데 필요한 시간과 회기는 청소년에 따라 다르다. 짧은 시간 동안만 만날 수 있는 임상 현장에서는 A-BAP의 기술과 구조들을 소개하는 것만으로도 혜택을 볼 수 있고, 다른 곳의 경우에는 매뉴얼에서 소개하는 기술과 내용을 심도 있게 다룰 수도 있다. 모든 치료가 그러하듯이 치료의 종결은 청소년 내담자의 상황과 필요를 고려하여 결정해야 한다. 설령 매뉴얼에서 소개된 내용을 모두 다루었다 해도, 청소년 내담자에게 학교나 관계에 있어 스트레스 상황이 다가올 것으로 예상될 때에 치료를 종결하는 것은 좋은 생각이 아니다. 이러한 어려운 상황에서는 검토(check-in) 회기나 보조(booster) 회기를 제공하여 치료 종결을 자연스럽게 준비하고, 치료에서 얻은 혜택을 유지할 수 있도록 할 수 있다.

회기별(session-by-session) 개요에서는 치료자에게 각 회기의 주요 사항과 치료 시 대화의 예시를 제공한다. 대화 내용은 치료자가 특정 개입을 할 수 있도록 돕는 용도이며, 꼭 따라야 하는 것이라기보다 일종의 안내라고 볼 수 있다. 각 치료자는 자신과 내담자의 스타일에 맞도록 표현 방식을 수정할 수 있다. A-BAP에 소개된 대부분의 개념이 복잡하지 않아 큰 어려움은 없겠지만, 함께 제공한 대화록이 일종의 예시로서 내담자에게 처음 적용할 때 유용할 것으로 생각된다.

치료자들이 쉽게 예상할 수 있도록 하기 위해 각 회기는 일반적으로 동일한 구조로 구성된다. 이러한 동일한 구성의 회기는 청소년 내담자와 치료에서 일어날 일들에 대해 쉽게 의사소통하고, 내담자가 보다 편안함을 느끼고 치료자와 파트너십을 더 잘 형성할 수 있도록 돕기 위해 채택되었다. 〈표 1-2〉에서 회기 구조의 개관을 제시하였다.

개별 회기는 '프로그램 시작 전 검토'로 시작한다. 이때 내담자에게 우울 증상을 평가할 수 있는 자기보고식 검사[예: PHQ-9(Patient Health Questionnaire; Richardson et al., 2010; 역자 주: 한국의 경우 K-DEP)나 SMFQ(Short Mood and Feelings Questionnaire; Messer et al., 1995)]를 작성하도록 요청할 수 있다. 이후 평정 결과를 간단히 검토하고, 내담자가 회기에서 다루고 싶은 내용과 치료자가 준비한 내용을 어젠다에 포함시킬 수 있다. 이러한 과정에서 청소년 내담자가 치료자와 함께 공동 작업을 할 기회를 얻고, 치료자가 어떤 작업을 할지에 대해서도 내담자에게 미리 언급하게 된다. 각 내담자가 가지고 온 주요 고민을 A-BAP의 어젠다에 반영하는 것은 매우 중요하다.

회기 간 연습(혹은 과제)은 A-BAP의 핵심이며, 여기에서는 '연습하기'라고 부른다. A-BAP에서의 '연습하기'를 통해 내담자가 회기에서 배우고 연습한 기술, 개념 그리고 전략들을 일상의 문제와 상황에 적용하고 일반화할 수 있도록 돕는다. 그러므로 매 회기 어젠다에 포함되는 첫 번째 활동은 지난주에 정한 '연습하기'를 함께 검토하는 것이다. 이후에 각 회기에서 소개할 기술들과 개념들에 대해 명료하게 근거를 설명하고, 회기 초반부나 이전 회기에 내담자가 이야기한 염려 사항을 고려하여 해당 기술을 회기 내에서 적용하거나 연습한다. 다음 주에 연습할 '연습하기'를 계획하여 각 내담자의 요구에 맞추어 기술이나 전략을 적용할 수 있도록 한다. 회기 개관에서 시간 관계상 자료의 일부만 다루더라도

〈표 1-2〉 A-BAP 회기 개관

프로그램 시작 전 검토
- 기분/문제 기록지 양식(모니터링 양식) 작성하기
- 청소년 내담자와 기록지 검토하기
- 주의를 요하는 사건/이슈들을 확인하기
- 내담자의 의견을 듣고, 회기 어젠다를 세우고 검토하기

연습 검토하기
- 지난 회기에서 '연습하기' 살펴보기

핵심 요소
- 회기에서 다룰 내용의 근거 설명하기
- 청소년 내담자의 개별 고민과 연결하기
- 이전 회기에서 다룬 내용/기술들과 연결하기

기술 훈련/교육
- 청소년 내담자의 고민과 예시를 이용하여 새로운 내용이나 기술들을 소개하기

연습하기
- 다음 주 '연습하기'를 계획하기

보호자와의 시간

프로그램 시작 전 검토
- 보호자가 가진 질문, 관찰, 고민들 듣고 나누기
- 회기 어젠다와 주제를 검토하기

연습 검토하기
- 지난 시간에 '연습하기'가 있었다면 함께 검토하기

기술 훈련/교육
- 새로운 내용 공유하기

연습하기
- 필요한 경우 다음 주 '연습하기'를 계획하기

* 몇 회기에서는 보호자와 청소년 내담자가 함께 작업하는 것이 필요하고 몇 회기에서는 보호자와만 작업하는 것이 필요하다.

회기 시간 동안 주어진 구조를 유지하는 것이 중요하다. 즉, 우울 증상을 체크하고, 활동기록지를 통해 진척 사항을 체크하며, 연습 내용을 검토하고, 회기 내 연습/적용 사항에 참여하고, 다음 주 연습을 계획한다. 각 청소년 내담자의 개

별적 요구 사항과 염려 사항은 모든 기술 훈련과 연습 회기에 잘 통합이 되어야
만 한다.

주요 개입 전략

A-BAP에서는 우울과 기분을 개선하기 위한 행동 변화를 이끄는 중요한 요소
들이나 전략을 강조한다. 행동활성화는 우울과 치료의 행동 모델에 기초를 둔
다. 행동심리학의 기초에 관심이 있는 치료자들은 Baum(2005)이나 Kazdin과
Rotella(2013)를 참고할 수 있다. 행동활성화에서 사용되는 핵심 개념은 강화의
종류, 특별히 반응-유관적 정적 강화, 기능 분석, 회피의 극복이다. 다음에서 이
러한 핵심 개입 기술들과 구조(활동을 기록하고, 시연하고 연습하는)를 소개하고
근거를 제공한다. 마지막으로, 청소년 내담자의 변화에 대한 동기를 강화하고
협력을 증진하기 위한 전략들과 기법들을 소개하면서 청소년과 치료자가 맺는
협력적 파트너십이 A-BAP의 핵심 요소임을 논의한다.

강화

행동치료자나 인지행동치료자들에게 강화의 개념은 익숙하다. 하지만 다른
치료 오리엔테이션으로 훈련받은 치료자들의 경우 강화와 관련된 용어에 덜 익
숙하거나 오해를 갖는 경우가 있다. 첫째, 강화는 과정(process)이다. 유사한 상
황에서 특정 행동을 할 가능성이 올라간다면, 그 행동이 강화되었다고 말한다.
강화는 정적 강화(행동이 발생할 가능성을 높이기 위해 환경에 무언가를 더하는 경
우)와 부적 강화(행동이 발생할 가능성을 높이기 위해 환경에서 무언가를 제외하는
경우)로 나뉜다. 정적 강화의 예를 들어 보면, 어떤 남학생이 체육관에 갈 때, 친
구들이 이 학생을 (이 학생이 들어가고 싶은) 팀에 포함해 경기를 한다. 이후 이
학생은 시간에 맞추어 체육복을 입고 체육관에 간다. 이 경우에 친구들이 팀에
끼워 주는 것이 '정적 강화'가 되고, 강화되는 행동은 시간에 맞추어 체육관에 가
는 것이 된다. 부적 강화의 예를 들어 보면, 한 학생이 운동을 싫어하여 체육관

에 가는 것이 불안하고 싫어 체육 수업으로 체육관에 가야 할 때 갑자기 배가 아
프고 두통이 생겼다. 이 학생은 체육 수업에 들어가는 대신에 몸이 아프다는 이
유로 양호실에 가서 시간을 보낼 수 있었다. 이 학생의 몸이 아픈 행동은 결국
체육 수업을 들어가지 않아도 되는 결과(더 이상 불안하지 않아도 되는)로 강화를
받았다. 앞으로 이 학생은 체육 시간이 되면 몸이 아플 가능성이 높아진다.

　행동은 처벌로도 변화될 수 있다. 처벌도 정적 처벌과 부적 처벌로 나눌 수 있
다. 정적 처벌은 유사한 상황에서 어떤 행동이 발생할 가능성을 낮추기 위해 환
경에 무언가를 더하는 것이다. 예를 들면, 아이가 교회 예배 시간에 몸을 가만히
있지 않고 계속 부산하게 할 때, 부모가 어깨에 손을 얹고 엄한 눈초리로 바라보
면 부산한 행동을 멈출 가능성이 높아진다. 이때 부모의 행동이 정적 처벌이 되
고, 부모의 행동으로 인해 아이의 행동이 줄어들 가능성이 높아진다. 아이가 교
회 예배 시간에 시끄럽게 할 때, 아이가 좋아하는 인형을 만지지 못하게 하여 아
이의 행동이 줄어들 가능성이 높아진다면 이는 부적 처벌이 된다.

　Lewinsohn(1974)은 우울한 사람들이 그들의 환경에서 경험하는 반응-유관
적 정적 강화(response-contingent positive reinforcement)의 영향을 강조하였다.
특별히 Lewinsohn은 이러한 반응-유관적 정적 강화가 감소하여 우울감이 증가
하는 것으로 보았다. 치료자들이 반응-유관적 정적 강화(반응에 따른 정적 강화)
의 의미를 오해하는 경우가 있다. 반응-유관적 정적 강화는 내담자가 처한 환
경 내에서 특정 행동(반응)을 하고 나서 얻는 긍정적/즐거운 경험 혹은 결과로
정의할 수 있는데, 이 긍정적 결과가 내담자의 행동 가능성을 높여 준다. 내담자
의 삶에서 반응-유관적 정적 강화가 줄어드는 이유는 다양할 수 있다. 예를 들
면, 죽음이나 이사, 가족 분리 등으로 중요한 사람을 상실하는 경우나 보상이 가
능하지 않은 열악한 환경에 처한 경우 등을 들 수 있다. 치료자들이 때로 '강화'
라는 말을 오해하여 정적 강화가 좋은 행동에 무언가 보상을 제공하는 것이라고
생각하기도 하며 부적 강화와 처벌을 헷갈려 하기도 하는데, 앞의 설명이 그러
한 오해를 명확히 했기를 바란다. A-BAP에서는 청소년 내담자와 강화에 대해
심도 있는 논의를 하지는 않지만, 대신 자신들의 행동이 주어진 환경에서 어떤

결과를 낳는지, 강화를 받는지 또는 처벌을 받는지를 함께 평가한다. 이러한 평가는 기능 분석 과정을 통해 이루어진다.

기능 분석

치료자가 내담자와 함께 삶에서 나타나는 다양한 행동 패턴이 어떤 역할을 하고, 우울을 유지하거나 긍정적 보상을 가져오는 행동을 줄어들게 하는지 살펴보는 과정을 거치는데, 이 과정을 기능 분석이라고 한다. 기능 분석을 철저하게 하기 위해서는, 즉 행동에 영향을 미치는 변인들을 정확하게 이해하기 위해서는 환경에 있는 모든 변수(변인)를 철저히 통제해야만 한다. Skinner(1953)는 이런 이유로 보다 통제된 환경(예: 입원 병동 등)이 아닌 자연스러운 환경(지역사회 등)에서는 사람을 대상으로 기능 분석을 하는 것이 불가능하다고 지적하였다. 그럼에도 불구하고 행동활성화에서는 다소 덜 통제된 환경에서라도 기능 분석을 실시하는 것을 중요하게 여긴다. 기능 분석은 모듈 2의 '행동하기'에 처음 소개되며, 그 이후부터는 어떤 행동을 선택할지 평가하는 데 지속적으로 활용된다. 기능 분석에서 행동은 그 자체로 의미를 갖지 않고, 그 사람이 처한 환경과 개인 내에서 다양한 의미를 갖는다고 본다. 예를 들어, '인터넷 서핑' 행동은 다양한 기능을 갖는다. 만약 한 청소년이 고대 로마와 관련된 중요한 사건들과 일정을 찾아보는 인터넷 서핑을 한다면 교육적인 기능을 갖는다. 이런 경우 행동이 지식을 함양하는 도구로 기능한다. 같은 청소년이 학교 과제 등을 마치고 나서 여가 시간에 소셜 미디어에서 친구를 찾고 즐거운 사회 활동을 한다면, 인터넷 서핑 활동이 사회 활동의 수단으로 기능할 것이다. 반면, 같은 청소년이 방 청소를 하라고 부모에게 전해 듣고는 (방 청소는 미루고) 인터넷 서핑을 한다면, 같은 행동이 회피, 지연, 고집을 부리는 수단으로 기능할 것이다. 또한 같은 청소년이 학교에서 괴롭힘을 당한 후에 기분이 우울하고 자기비판적이 되어 아무것도 하고 싶지 않은 상태로 인터넷에서 유명 록 밴드나 스포츠 스타들의 이야기를 찾으며, 자신도 언젠가 유명인이 되어 주변 사람들에게 괴롭힘을 당하지 않을 것이라고 상상한다면, 인터넷 서핑 행동이 정서적 회피나 탈출 행동의 기능을 할 것이다. 이처럼 기능 분석에 대한 간단한 교육을 하고, 치료자는 청소년 내담자와 함께 내담자 자신의 행동에 대한 기능 분석을 해 보아야 한다. 즉, 특정 행동과 그것의 결과를 살펴볼 수 있다. A-BAP에서는 전문 용어를 사용하기보다 '환경' '자신의 행동', 또 결과가 어떻게 상호작용하는지 그리고 행동이 기분에 어떤 영향을 미치는지에 대해 배운다고 소개한다. 행동의 결과는 다양한 요소를 포함한다. 행동이 정서적으로는 기분을 나아지게 하거나 악화시킬 수 있고, 신체적으로는 신경계의 긴장을 완화할 수 있다. 또한 행동의 결과가 타인에게 영향을 미칠 수 있고(부모가 계속 숙제하라고 잔소리하는 행동을 멈추게 될 수 있다), 행동이 다른 환경적 결과를 가져올 수도 있다(예: 분노가 치밀어 자신의 핸드폰을 바닥에 던진 경우 핸드폰이 부서지는 결과를 낳는다). 청소년 내담자는 자신의 행동이 어떤 결과를 가져오는지 살펴보고, 자신이 진정 원하는 결과를 가져오기 위해 할 수 있는 행동 목표를 정할 수 있다.

회피 극복하기

내담자와 회피에 대해서도 논의한다. 이때 우리 모두는 혐오적인 환경이나 기분들을 피하고 싶은 자연스러운 경향이 있다는 점을 타당화(validtation)하는 것이 중요하다. 그리고 이러한 회피가 단기적으로는 도움이 될 수 있다는 점을 인정한다. 너무 걱정되고 무서운 시험이 있는 날 몸이 심하게 아파 집에 있어야 하는 경우, 그 시험을 치르지 않아도 된다. 그런데 아쉽게도 이렇게 시험을 회피하였지만 시험 자체가 사라지지는 않고, 대체 시험을 보거나 나쁜 성적을 받아야 하는 결과를 낳는다. 즉, 그 행동이 불안을 피하는 등 단기적으로는 도움이 되지만, 장기적으로는 더 나쁜 결과를 가져온다. A-BAP에서는 단순성을 위해 '회피/도피(escape)'라는 용어 대신, '회피'라는 용어에 도피라는 뜻도 포함하여 사용하였다. 만약 어떤 사람이 슬프거나 우울하다면, 이런 기분을 최소화하거나 이러한 감정에서 주의를 돌리는 활동(예: 인터넷 게임을 하는 등)을 하는 것이 부정적 정서를 다루는 논리적인 방안일 것이다. 하지만 불행히도 이러한 회피 행동은 우울의 악순환의 고리를 형성하게 만든다. 일시적으로 우울의 감정을 피할 수는 있겠지만, 장기적 관점에서 항우울 효과를 낳는 데 필요한 환경의 변화를 이끌 수 있는 활동에 적극적으로 참여하지 못하게 된다.

A-BAP는 청소년 내담자에게 자신의 행동이 회피의 목적으로 행해지는 때를 파악할 수 있도록 돕는다. 이러한 회피 행동을 발견하게 되면, 회피 행동 대신 대안적인 접근 행동을 했을 때 어떤 결과가 나타나는지를 행동 실험을 통해 살펴본다. 만약 청소년 내담자가 몸이 아파 시험을 치르지 못하고 집에 있는 경우, 자신의 행동이 회피라는 점을 알았다면 앞으로의 시험에 더 잘 대비할 단계들을 준비할 수 있다. 학교에서 친구들과 언짢은 논쟁을 한 이후에 부정적인 감정을 피하기 위해서 몇 시간 동안 인터넷 게임을 하는 경우에는 자신이 믿는 친구에게 전화를 하여 지지를 얻을 수 있고, 이를 통해 소속감과 충분한 관심을 느껴 결과적으로 덜 우울해질 것이다.

치료의 주요 구조 요소

모니터링

치료 중에 증상 변화를 꾸준히 모니터링하는 것이 중요하다는 증거들이 보고되고 있다(Bickman, Kelley, Breda, de Andrade, & Riemer, 2011; Goodman, McKay, & DePhilipis, 2013; Lyon, Borntrager, Nakamura, & Higa-McMillan, 2013). 꾸준히 치료 진척과 증상을 모니터링하는 경우, 성인 대학생들을 대상으로 연구하였을 때(Lambert et al., 2002; Miller, Sorensen, Selzer, & Brigham, 2006) 그리고 청소년을 대상으로 했을 때(Bickman et al., 2011) '신뢰할 수 있고 유의한(reliable and significant) 증상의 변화율'이 더 높았다. 증상과 행동 변화를 모니터링함으로써 치료 진척에 대해 치료자, 내담자, 보호자 모두 중요한 정보를 얻으며, 필요한 경우 치료적 접근에 변화를 줄 수 있다. 또한 이러한 모니터링은 치료자들과 내담자들이 서로 의사소통하는 것을 돕는다(Carlier et al., 2012). 이런 이유로 A-BAP에서는 정기적으로 증상을 모니터링한다. 치료에서 목표로 하는 증상과 행동을 내담자와 치료자가 협력하여 모니터링하고 점검하면서 어떤 증상/문제들이 청소년 내담자에게 가장 힘든지 논의할 수 있고, 그에 따라 치료의 초점을 맞추어 갈 수 있다. 이런 과정을 통해 치료자와 내담자는 자신들이 치료에서 작업하는 행동의 변화를 이해할 수 있다. 내담자에게 치료 절차가 보다 투명하게 인식되고, 결과적으로 내담자-치료자 관계를 보다 협력적인 것으로 만들어 갈 수 있다. 모니터링은 새로운 문제 행동이 생기고 있는지 혹은 위급하게 개입해야 할 문제(예: 자살이나 고위험 행동 등)가 있는지 내담자의 상태를 평가할 수 있는 방안이 된다. 자해 행동, 불안 혹은 저조한 학교 참여와 같은 추가적인 행동 목표를 모니터링하는 것이 몇몇 내담자에게 유용할 수 있다. 단, 이러한 추가적인 모니터링은 평가하는 것이 간단해야 하고, 내담자가 많은 부담을 느끼지 않아야 하며, 치료의 목표에 혼란을 주지 않아야 한다.

행동 시연/연습

역사적으로 행동 기술 훈련이 실시되면서 내담자가 행동을 시연하고 연습하는 것이 중요하다는 점이 강조되었다. A-BAP에서는 새로운 행동을 할 경우 시연하고 연습할 것을 장려한다. 시연(rehearsal)은 회기 내에서도 할 수 있고, '연습하기' 활동을 하면서 회기들 사이에도 연습할 수 있다. 과제 순응도(homework adherence)가 성인 인지행동치료(Kazantzis, Whittington, & Dattilio, 2010)나 청소년 우울을 위한 인지행동치료(Clarke et al., 1992; Gaynor, Lawrence, & Nelson-Gray, 2006)에 중요한 요소라는 연구 결과들이 있다. 행동 시연이 중요한 데는 두 가지 이유가 있다. 첫째, 새로운 전략/행동을 시행할 때 청소년 내담자의 기술 수준이 어느 정도인지 치료자와 내담자가 함께 평가할 수 있다. 둘째, 어떤 전략이 유용한지 내담자가 실험해 볼 수 있는 기회를 제공한다. 내담자가 스스로 '행동을 변화시키면 기분이 변한다'고 말하기는 어려울 수 있다. 대신 '연습하기'를 활용하여 새로운 행동을 시도해 보고, 그것이 기분에 어떤 영향을 미쳤는지 관찰하거나 주의를 기울여 보도록 한다. 이 과정에서 아주 짧은 시기의 적은 기분의 변화가 시간이 흐르면서 더 크고 의미 있는 변화를 이끌 기초가 된다는 점을 강조한다.

기술 훈련

A-BAP는 행동활성화 모델에 중심이 되는 개념들, 기술들과 전략들을 소개하고 연습하는 데 초점을 준다. 문제 해결과 목표 설정을 기술 훈련(skill-building) 요소에 포함하였는데, 이유는 이 두 기술이 이전 청소년 대상 연구에서 높은 치료 반응률과 관련이 있었기 때문이다(Kennard et al., 2009). 또한 이러한 기술들은 청소년 내담자들이 다양한 문제에 접근할 때 명백한 전략들과 단계를 제공하며, 많은 청소년이 경험하는 사회관계(또래 압력, 괴롭힘), 의사소통(가족, 선생님, 또래와의 갈등), 정서 조절(분노, 충동, 불안) 문제를 해결하는 데 지침으로 활용될 수 있다.

A-BAP에 대한 보호자의 개입

A-BAP에서 보호자는 주요 협력자로 참여한다. 보호자는 다음의 세 가지 특정한 방식으로 치료에서 역할을 담당한다. 첫째, 보호자는 A-BAP 회기에서 다뤄지는 청소년 내담자의 다양한 활동에 대한 의사결정 권한을 갖는다. 또한 내담자가 특정 활동을 하는 데 실제로 필요한 교통수단 등의 자원을 제공한다. 특히 혼자서 대중교통수단을 이용하기에는 나이가 어리거나 불편함이 있는 아동/청소년의 경우에는 더욱 그렇다. 그러므로 보호자가 특정 활동을 선택하고 활동에 필요한 지원을 하는 것이 매우 중요하다. 둘째, 보호자는 청소년 내담자와 상호작용하거나 의사소통하면서 내담자의 우울의 악순환을 유지하는 데 일부분 기여할 수 있다. 그러므로 보호자가 이러한 악순환의 고리를 이해하고 변화하는 데 참여하는 것은 중요하다. 이런 이유로 A-BAP는 팀 접근을 하면서 내담자, 치료자, 보호자가 각자 자신의 역할을 수행하는 것을 강조한다. 셋째, 청소년들은 종종 자신이 경험하는 감정의 어려움을 적게 보고하거나 비효과적으로 이야기할 수 있다. 따라서 치료가 실제 어떻게 진행되어 가는지 평가하기 위해 다양한 정보를 활용하는 것이 중요하다. 그러므로 가능한 경우 보호자에게 내

담자의 증상을 평정하도록 할 수도 있으며, 보호자를 치료팀의 일원으로 포함하여 지속적으로 치료 반응을 평가하고 치료 계획을 수정해 가는 것이 중요하다.

A-BAP에서는 보호자에게 청소년 우울과 행동활성화 모델에 대해 치료 초기에 심리 교육을 제공한다. 치료 후반부에서는 청소년들과의 원활한 의사소통을 돕는 전략들과 청소년 내담자가 자신의 치료 목표에 이를 수 있도록 자녀를 지원할 방안들에 대해 교육을 제공한다. 보호자에게 대부분의 회기에 참여하도록 요청하며, 청소년 내담자와 함께 회기에 참여하기도 하고, 따로 치료자를 만나기도 한다. 청소년과 보호자가 함께 회기에 참여하는 것은 상황에 따라 불가할 수 있으므로 필수라기보다는 치료자가 하나의 선택사항으로 고려할 수 있다. 보호자에게 청소년 내담자가 회기 밖에서 기술들을 연습할 때 지원해 줄 것을 독려하고, 회기 사이에 작성할 수 있는 부모용 '연습하기' 활동을 제공한다.

가족이 참여하는 경우, 가족 구성원들이 청소년 우울의 행동 모델을 더 잘 이해할 수 있고, 내담자가 악순환의 고리에서 벗어나는 데 도움이 되는 전략들을 잘 이해할 수 있다. 예를 들면, 청소년 내담자가 목표를 정하고 방해물을 찾는 경우, 보호자가 어떻게 자녀가 목표를 이루어 가는 데 도움이 되거나 방해가 되는지 논의할 수 있다. 내담자가 보호자의 행동이 방해가 된다고 판단한다면, 치료자와 함께 이런 문제를 어떻게 해결할 수 있을지 논의할 수 있다. 보호자가 회기에 참여하는 경우, 함께 자녀의 목표를 지원할 방안에 대해 문제 해결적 논의를 할 수 있다. 함께 논의한 이후에 보호자와 치료자가 단둘이 회기를 진행할 수 있다. 일대일 회기에서 보호자가 지니는 주요 염려 사항들을 논의할 수도 있고, 자녀가 목표를 향해 나아가는 데 이를 어렵게 하는 부가적 정보들을 얻을 수 있다. 또한 이 일대일 회기에서 우울한 청소년에 대해 많은 부모가 지니는 기대들에 대해 논의하고 편향된 경우 이를 조정할 수 있다. 특히 행동활성화 치료의 맥락에서 '지지'라는 것은 자녀의 행동을 증가시키거나 변화시키기 위해 자녀가 하는 노력을 증진하는 것임을 강조할 수 있다.

청소년 내담자와의 비밀보장과 신뢰/협력적 관계를 유지하는 측면에서 어느 수준까지의 정보를 보호자나 가족 구성원들과 공유할지 미리 상의해야 한다.

청소년 내담자가 구체적인 정보를 보호자와 공유하지 않고자 하는 경우, 보호자에게는 일반적인 행동활성화에 대한 정보, 자녀의 말을 경청하는 기술들, 자녀에게 지지적이 될 수 있는 방안들/전략들을 제공하고, 청소년이 밝히고 싶어 하지 않는 정보는 제공하지 않을 수 있다. 또한 보호자는 청소년, 특히 우울한 청소년을 키우면서 경험하는 어려움들에 대해 지지를 얻을 수 있다. 예를 들면, 청소년들이 우울의 증상으로 짜증을 낼 수 있음을 이해하도록 도울 수 있다. 이런 방식으로 청소년들이 보호자 자신에게 무례하게 군다고 생각하는 대신, 자녀가 우울감으로 힘들어하고 있다는 측면에서 자녀에게 보다 지지적이 될 수 있도록 돕는다. 보호자들 중에는 때로 자녀의 일에 거의 관여하지 않는 경우도 있고, 일일이 관여하는 경우도 있다. 특히 자녀가 자살 위험이 있는 경우 보호자가 과보호하는 행동을 할 수 있는데, 청소년 내담자는 이런 보호자의 행동을 과도한 침해라고 여기기도 한다. 그러므로 치료자는 보호자와 함께 협력적인 환경을 만들어 보호자와 내담자 모두가 견딜 만하고 실제적으로 도움이 되는 수준으로 보호자의 관여 정도를 결정할 수 있다.

청소년과 협력하며 변화를 위한 동기 증진하기

치료자와 청소년 내담자가 협력하는 것은 치료의 핵심이다. 내담자와의 관계에 있어 A-BAP 치료자는 정신건강 전문가보다는 코치와 같은 역할을 한다. 코치는 행동활성화 접근을 배우고 시행하는 데 도움을 주는 협력적 파트너이다. 운동 경기에서 코치는 선수가 운동을 할 때 서로 논의하고 가르치고 지지하지만, 결국 경기를 하는 사람은 선수 자신이다. 이 비유는 A-BAP에서도 마찬가지로 적용된다. 코치로서의 치료자는 치료에 중심이 되는 개념을 제공하고 함께 치료 계획을 세우지만, 회기 사이에 계획을 시행하는 것은 청소년 내담자이다. 운동 경기에서 선수가 했던 경기 내용을 코치와 함께 검토하듯이, A-BAP 치료자와 청소년 내담자(혹은 보호자)도 회기 사이에 했던 활동들을 검토하고, 필요한 경우 계획을 수정한다. 또한 회기 사이에 내담자가 '연습하기' 활동을 한 경우에는 보호자와도 유사한 검토 시간을 갖는다. 치료 전반에 걸쳐 치료자는 내담자와 서로의 책임을 공유하는데, 시간이 지나면서 내담자는 점차 자신의 행동에 대해 더 높은 책임을 지게 되고, 이를 통해 내담자가 치료 작업에서 자기효능감을 증진시킨다.

우울한 청소년의 행동을 활성화하는 것은 도전적인 작업이다. 우울의 증상으로 낮은 동기, 저하된 기분, 무력함 혹은 피로감 등이 나타난다. 우울장애가 생긴 이후에는 그 전보다 일상적 활동에 참여하는 것이 심리적으로도 신체적으로도 더 어렵게 된다. 동기가 저하되어 이전에는 즐겁고 보상이 되었던 활동들이 즐겁지 않게 된다. 따라서 행동을 시작하는 데 있어 동기를 증진할 수 있도록 각별히 주의를 기울여야 한다. 이런 측면에서 A-BAP 전반에 걸쳐 동기 강화 전략을 사용한다(King & Suarez, 2011). 행동활성화 모델에서는 행동 패턴이 유지되는 것이 강화를 받기 때문이라고 가정한다. 그러므로 청소년들은 자신의 우울을 유지하는 행동에 대해 강화를 받는다. 치료자는 내담자가 이러한 행동을 변화시킬 수 있도록 동기를 부여하고, 새로운 행동이 내담자가 처한 환경에서 강화를 받을 수 있도록 주의를 기울여야 한다. A-BAP에서는 동기 강화 면담(Motivatonal Interviewing: MI)의 기법들을 활용한다(Miller & Rollnick, 2002). 특히 유발성(evocation), 즉 청소년 내담자를 전문가로 보는 것과 협동성(collaboration), 즉 개입 전략(특히 본인의 상황에 적합한 전략을 찾는 법)에 대한 내담자의 이해를 돕는 것이 A-BAP에 적합한 MI 기법이다.

A-BAP 회기에는 다양한 교육적 요소가 있지만, 이러한 요소들은 내담자가 효과적으로 참여하는 데 도움이 되도록 동기 강화 원리에 기반해 제공되어야 한다(Naar-King & Suarez, 2011). 특히 내담자의 삶의 맥락에서 내담자의 어려움을 공감하고 타당화하는 것이 중요하다. 치료자는 교훈/메시지를 명료화할 때, 동기 강화 면담에서 제안하는 핵심 의사소통 접근(개방형 질문, 인정, 반영적 경청 그리고 요약)을 사용하여 동기를 증진하는 것이 좋다. 예를 들면, 수학에 대한 두려움을 회피하기 위해 수업을 빠지는 행동에 대해 이야기할 때, 내담자에게

중립적 태도로 이 행동의 장단점에 대한 개방형 질문을 할 수 있고, 수업 시간에 경험하는 불편감을 감안할 때 이 행동이 얼마나 이해되는지를 짚어 줄 수 있다. 또한 치료자가 들은 바에 대해 요약하여 내담자의 말을 잘 이해했는지를 함께 확인하고, 이번 회기에서 배운 점들과 다음 단계에 대해 간단히 요약하고 검토할 수 있다. 이러한 협력적 접근을 통해 치료자는 청소년 내담자, 보호자와 자주 검토하여 활용하고 있는 전략이 적절한지를 평가할 수 있다. 치료적 전략들이 특정 상황에 적합할 때, 청소년과 가족들이 더 잘 관여할 것이다. 그러므로 A-BAP 치료자는 우울에 대한 행동 개념화가 내담자와 가족들에게 적합한지 확인하는 노력을 기울여야 한다. 이를 위해서는 청소년 내담자 및 가족 구성원들에게 직접적으로 확인하는 것이 가장 좋은 방법일 것이다.

요약

A-BAP는 청소년 내담자가 회피 패턴을 바꾸기 위해 활동 참여를 체계적으로 늘리도록, 그리고 어려운 정서를 다루고 문제를 해결하는 기술들을 배우고 연습하도록 구성되었다. A-BAP는 문제 행동을 줄이고 긍정 행동을 늘리는 것을 강조한다. 치료자는 프로그램 매뉴얼에 제시된 대로 차례로 회기를 진행해 갈 수 있다. 하지만 내담자에 따라 덜 적합한 내용은 건너뛸 수도 있고, 유연하게 적용할 수 있도록 구성되었다. 치료자가 치료의 순서를 바꾸는 것이 내담자에게 더 도움이 된다고 판단하는 경우에는 치료 순서를 유연하게 적용하는 것이 가능하지만, '연습하기'는 회기에 걸쳐 지속적으로 시행하는 것이 좋다. '연습하기'는 치료의 핵심 요소이므로 반드시 간과되어서는 안 된다. 가능하면 꼭 보호자를 치료팀에 포함하는 것을 제안하고, 불가할 경우에는 보호자에게 적어도 청소년의 우울과 청소년을 지원할 방안들에 대한 자료를 제공하는 것을 독려한다. 보호자가 자녀의 우울을 이해하고, 자녀와 의사소통을 원활하게 하며, 자녀를 효과적으로 지원할 수 있는 전략을 배우는 것이 때로 치료의 성공에 핵심이 되기

도 한다.

치료자는 치료의 궁극적 목표가 치료에서 배운 전략들을 청소년의 실제 삶에 적용하고 회기 내에서 다룬 내용을 일상의 삶에 일반화하는 것임을 기억해야 한다. 치료의 종결 시기는 유연하게 결정해야 하는데, 몇몇 내담자의 경우 우울을 극복하는 데 시간과 지지가 더 필요할 수 있기 때문이다. 또한 치료에서 종결로 이행할 때 입학 혹은 전학 후 첫 개학이나 이별과 같은 삶의 주요 사건들의 시기도 고려할 필요가 있다. 치료자는 이와 함께 종결 이후에 치료에서 얻은 효과를 유지하고, 주요 삶의 스트레스를 경험하면서 다시 회피 행동의 덫에 빠져들지 않는지 정기적으로 확인하는 추수 회기들을 마련할 수 있다.

제2장

평가, 사례개념화 그리고 치료 계획

　평가, 사례개념화 그리고 치료 계획은 모든 개입에 있어 초석이 되며, A-BAP 에서도 마찬가지이다. 이 장에서는 A-BAP의 평가, 사례개념화 그리고 치료 계획에 대해 소개할 것이다. 먼저, A-BAP는 어떤 청소년들에게 적합한지 혹은 적합하지 않은지에 대해 간단히 논의할 것이다. 이후 평가와 사례개념화에 대해 간단히 개관하고, 행동활성화 모델 안에서 실시한 사례개념화의 예를 소개할 것이다. 마지막으로, 평가와 사례개념화가 어떻게 A-BAP 치료 계획에 통합되는지에 대해 논의할 것이다.

청소년을 위한 행동활성화는 누구에게 적합한가?

　누가 이 치료에 적합한가에 대해서는 몇 가지 질문으로 세분화하여 대답해야 할 것이다. 첫 번째 질문은 '순수한' 우울을 가진 청소년만이 행동활성화에서 효과를 얻는지이다. 무선할당 연구들은 주로 우울장애(주요우울장애, 지속성 우울장

애 등)의 1차적 진단을 받은 사람을 대상으로 하지만, 그들 중 '순수한' 우울장애
를 지닌 사람들은 드물다는 점에서 해당 표본이 대부분 실제 임상 현장에서 만
날 수 있는 다양한 환자군을 대표한다고 볼 수 있다. 일례로, 우리 연구팀이 우울
장애와 불안장애, 경도의 외현화 증상 그리고 평균 이하의 지능(IQ 70~85)을 지
닌 청소년들을 대상으로 연구를 진행하였는데, 공병 증상이 있었음에도 불구하
고 A-BAP는 효과적이고 도움이 되었다. 이 연구에서 경미한 수준(subthreshold)
의 우울 증상을 경험하는 청소년은 연구 목적상 일부러 제외하였는데, A-BAP가
이러한 청소년들에게도 도움이 될 수 있을 것으로 예상한다.

두 번째 질문은 A-BAP가 자살 위험이 있는 우울한 청소년들에게도 도움이
되는지이다. 만성적이고 심각한 자살 위험을 지닌 경우에는 다른 종류의 치료
(다음 페이지의 내용 참조)가 더욱 도움이 되겠지만, 경미한 정도에서 중간 정도
의 자살 위험성을 동반한 우울한 청소년에게는 A-BAP가 보다 적합할 것이다.
A-BAP 치료자들은 우울 증상에서의 변화를 모니터링하듯이 자살 사고, 정서,
행동에서의 변화를 평가한다. 이러한 증상들이 치료의 초점이 되면, 치료는 청
소년의 환경과 맥락이 어떻게 자살 사고의 증가와 감소에 영향을 미치는지에 주
의를 기울이게 된다. 우울한 청소년을 치료하는 과정에서 자살 경향성이 나타
나는 경우가 적지 않으므로, 우울한 청소년들과 작업할 때는 자살 경향성을 지
속적으로 모니터링하는 것이 중요하다.

세 번째 질문은 A-BAP에 적합하지 않은 정신과 진단이 있는지이다. 이 질문
의 답은 '그렇다'이다. 지난 세기 동안 많은 아동 및 청소년의 정신과 문제나 장
애에 효과적인 치료들이 개발되었고 큰 진전이 있었다(Weisz, Jensen-Doss, &
Hawley, 2006). 그리고 A-BAP는 특별히 청소년의 우울을 치료하기 위해 개발되
었다. 따라서 특정 문제를 해결하기 위해 개발된 치료가 있고 충분한 과학적 근
거가 있다면 해당 치료를 적용하는 것이 최선이다. 한 예가 Barkley(2005)가 개
발한 주의력결핍/과잉행동장애(Attention Deficit/Hyperactivity Disorder: ADHD)
를 위한 치료적 접근일 것이다. 인지행동치료나 대인관계치료와 함께 혹은 그
대신 행동활성화를 적용하는 것이 유용할 수 있다는 연구가 있지만, 아직 행동

활성화를 다양한 형태의 심각한 정신질환을 지닌 청소년의 문제에 적용하는 것에 대한 과학적 근거가 충분하지는 않다. 구체적으로 A-BAP가 정신증이나 양극성 장애를 지닌 청소년에게도 효과가 있는지는 명확하지 않다. 물론 행동활성화 요소들이 이러한 청소년들을 치료하는 데 활용될 수는 있지만, 더 효과적으로 알려진 접근들[예: 양극성 장애를 지닌 청소년을 위한 대인관계 및 사회 리듬 치료(Interpersonal and Social Rhythem Therapy for Adolescents: ISRT-A; Hlastala, Kotler, McClellan, & McCauley, 2010)]을 고려해야 한다. 유사하게, 청소년들이 물질 남용이나 의존, 심한 품행 문제, 심한 지적장애, 자폐스펙트럼장애, 심한 자살 경향성 혹은 심한 정서 조절 문제와 관련된 만성적 자해 문제를 보일 경우에도 A-BAP는 1차로 고려할 치료가 아닐 것이다. 대신 연구자들(예: Linehan, McCauley, Berk, & Asarnow, 2012)이 변증법적 행동치료(Dialectical Behavior Therapy: DBT; Linehan, 1993)의 정서 조절과 고통 감내 기술이 만성적 자살 경향성/자해 문제를 지닌 청소년에게 적합한지 검증하고 있다. 강박장애나 외상후 스트레스 증상을 지닌 청소년들에게는 노출/반응 방지(Exposure and Response Prevention: ERP; Foa & Kozak, 1986; Piacentini, March, & Franklin, 2006)와 외상초점 인지행동치료(Trauma-Focused Cognitive-Behavioral Therapy: TF-CBT; Cohen, Mannarino, & Deblinger, 2006)가 적합할 수 있다. 행동활성화 전략이 앞의 문제를 지닌 청소년들에게 유용할 수 있지만, 행동활성화 연구의 초기 단계인 현재로서는 행동활성화가 기존의 효과가 검증된 치료들에 보조적으로 활용되는 정도로 사용되어야 한다고 생각된다.

평가

A-BAP는 다중-특성/다면적 방법(Multitrait, Multimethods: MTMM)을 활용한 평가를 사용하여 사례개념화를 하고 이에 기반하여 치료 계획을 세운다(Campbell & Fiske, 1959). 치료자는 우울 증상들과 우울 증상이 나타나는 맥락

그리고 공병 증상들을 이해하고 평가할 필요가 있다. 다른 문제들이 공존할 때에는 다른 치료적 접근이 더 적합할 수 있기 때문이다. 또한 행동활성화 치료는 단순히 증상에만 초점을 두지 않고, 내담자의 삶 전반에 걸친 기능 결함에도 주의를 기울여야 한다. MTMM 평가를 활용하는 것이 다소 시간이 소요되지만, 이를 통해 내담자의 전반적인 문제와 기능을 이해할 수 있고, 이에 기반하여 개별화된 종합적 사례개념화를 할 수 있다. MTMM 평가 접근에서는 다중 영역(다양한 삶의 영역), 다중-방법(자기보고, 임상 면담) 그리고 다양한 정보제공자(청소년, 보호자, 선생님 등)의 정보를 활용하여 사례개념화를 한다. 다음 절에서 MTMM 평가를 통해 얻은 정보를 소개하고, A-BAP의 사례개념화에 어떻게 최적으로 활용되는지에 대해 소개하고자 한다.

감별 진단과 공병 장애의 영역(범위)

최근에 정신과 진단의 초점이 범주적 접근에서 차원적 접근으로 변화하고 있다(American Psychiatric Association, 2013; Helzer, Kraemer, & Krueger, 2006; Kraemer, 2007). 이러한 변화는 동일 진단 범주 내에서도 증상이 다양하고, 서로 다른 진단들도 증상을 공유한다는 과학적 근거들을 반영하는 것이다. 증상을 차원적으로 평가함으로써 치료자가 증상을 정확하게 이해할 뿐 아니라, 치료 선택과 실시에 영향을 미칠 수 있는 공병 장애가 있는지를 이해할 수 있다. 연구들에 따르면, 주요우울장애를 지닌 아동/청소년들의 40~70%가 적어도 하나의 공존 정신과 진단을 가지고 있고, 20~50%는 둘 이상의 공존 정신과 진단을 가지고 있다고 한다(Birmaher, Ryan, Williamson, Brent, & Kaufman, 1996). 다중 영역을 신중히 평가하지 않으면 공존하는 문제를 발견하지 못할 수 있으며, 이는 치료 반응과 결과에 영향을 미친다. A-BAP에서는 이처럼 포괄적이고 차원적인 접근을 취하여 모든 관련된 증상을 평가한다. 예를 들어, 우울과 불안 증상은 자주 함께 나타난다. 평가에서 청소년 내담자가 우울 증상 이외에 걱정과 사회불안을 보고했다면, 어떻게 이러한 증상들이 내담자의 기분과 기능에 영향을 미치는지 철저히 이해해야 한다. 사회불안이 있는 청소년과 작업하는 치료자는 사회불안이 '연습하기' 과제에 어떤 영향을 미치는지, 제공하는 개입이 적절한지 주의 깊게 평가해야 한다. 이때 치료자는 사회불안이 단계적 목표들을 달성하는 데 내적 방해물이 될 수 있음에 대해 심리 교육을 제공하고, 사회불안을 어떻게 다룰지에 대해 논의할 수 있다. 때로 파괴적 행동장애들과 같은 몇몇 정신질환은 청소년 우울의 시작점으로 볼 수도 있다(Burke, Loeber, Lahey, & Rathouz, 2005). 가능한 증상군들을 포괄적으로 평가한다면 치료자가 보다 효과적으로 개입할 수 있다. 만약 청소년의 품행 문제의 부정적인 결과로 우울이 나타난다면, (문제 행동 대신) 청소년이 건강한 즐거운 활동들을 찾고, 계획하고, 그런 행동을 강화하는 방향으로 작업하는 것이 좋다. A-BAP에서는 우울이나 역기능적 행동을 유발하거나 유지할 수 있는 삶의 환경과 공존 증상과 같은 다양한 요인을 명료화하는 것이 중요한데, 이를 통해 대안적 강화 행동을 수립할 전략을 세울 수 있기 때문이다.

정보 제공자의 다양성

다양한 정보 제공자에게 내담자의 증상과 기능 손상 수준에 대한 정보를 얻는 것은 모든 치료적 접근에서 치료 계획을 세울 때 유용하지만, A-BAP 치료에서는 특별히 중요하다. 청소년 내담자와 보호자 모두에게 정보를 얻는 것은 필수적이다. 이러한 정보를 얻지 못하게 되면 내담자에 대한 보다 포괄적인 이해를 하지 못하게 된다. 조금 더 구체적으로 이야기하면, 증상에 대한 보고는 보호자와 청소년이 다르며 서로 일치하지 않는 경우가 있다(Edelbrock, Costello, Dulcan, Conover, & Kalas, 1986). 보호자는 주로 외현적 행동에 초점을 두지만, 청소년들은 내적 경험에 초점을 두며 자신의 보호자가 걱정하는 문제를 최소화하는 경우도 있다. A-BAP에서는 어떤 요소가 청소년의 우울을 강화하는지 구체적으로 이해할 필요가 있으므로 이 두 정보 제공자에게 정보를 얻는 것이 중요하다. 청소년 내담자와 보호자를 같은 시간에 만나 평가하면 시간을 절약할 수는 있겠지만, 일정 부분 청소년과 보호자를 따로 만나는 것이 필요하다. 따로 만나 평가를 진행하면 치료자가 청소년 내담자를 치료의 주요 초점으로 확립할 기회를 가질 뿐 아니라, 청소년과 보호자 각각이 치료자와 개별적인 시간을 갖게 되는 이점이 있다. 몇몇 청소년은 보호자가 있는 방에서 자신의 증상이나 문제들을 이야기하고 싶어 하지 않는다. 유사하게, 보호자들도 자녀가 없는 상황에서 나누고 싶어 하는 정보가 있다. 일대일 회기를 갖지 않는다면 이러한 중요한 정보를 얻지 못할 가능성이 있다. 그러므로 각자와 나눈 정보 가운데 어떤 정보를 공유할지, 어떤 정보는 비밀을 유지할지를 미리 논의하는 것은 중요하다. 조금 더 구체적으로 이야기하면, 보호자는 치료자가 자녀에게 보호자와 연락했다는 사실과 그 연락의 일반적인 이유를 알리게 된다는 것을 알아야 한다(예: "○○ 씨 어머니께서 학교 출석 때문에 걱정이 되셔서 이번 주 초에 전화하셨어요."). 하지만 반대의 경우, 즉 그 청소년 내담자와 나눈 대화의 경우는 다르다. 즉, 위험한 상황(예: 자해, 타해, 학대)을 제외하고는 청소년 내담자와 나눈 대화 내용에 대해서는 비밀을 보장한다.

A-BAP에서 치료 계획을 세울 때, 한 예로 청소년 내담자와 부모가 현재 (내담자의) 친구들과 하는 활동이 적은 것을 어떻게 바라보는지 이해하는 것이 중요하다. 구체적으로, 친구와의 활동이 적은 것이 (청소년) 내담자에게 문제가 되는지, 기분 저하나 사회적 철수로 인해 나타나는 2차적 현상인지, 혹은 인터넷 게임을 마음껏 할 수 있어 좋게 생각하는지를 탐색할 수 있다. 보호자에게는 그것이 걱정이 되는 문제인지, 활동에 필요한 용돈이나 교통수단을 보호자가 제공하지 못하여(역자 주: 미국의 경우 대부분의 부모가 청소년의 활동을 위해 자동차로 데려다주고 데려옴) 발생하는 문제인지, 혹은 보호자가 자녀가 가족과 시간을 더 보내고 형제를 돌보는 등의 이유로 친구들과 시간을 보내기 원하지 않는지를 이해해야 한다. 학교 직원/선생님을 포함해 다양한 정보 제공자에게 정보를 얻으면, 청소년 내담자의 어려움에 대한 통찰을 얻을 수도 있으며, 사례개념화와 치료 계획(활성화를 위한 목표 행동과 회피하는 영역을 파악하는 등)을 세우는 데 도움이 될 수 있다.

발달

A-BAP는 내담자가 행동하는 맥락을 고려한다. 그러므로 내담자가 자라온 배경과 발달 과정을 고려하는 것이 중요하다. 청소년들은 인지적·정서적·사회적으로 지속적인 성장과 변화를 경험하므로 청소년이 보고하는 증상이 정상적인지 또는 병리적인지, 발달 과정에서 일시적으로 나타나는 현상인지, 더 지속적이고 심각한 것인지 파악해야 한다. 단순히 청소년의 나이에 근거해서 성숙도를 가정하는 것은 충분하지 않다. 제1장에서 논의했듯이, 청소년기에는 중요한 신경인지적 발달이 이루어진다. 반응 억제(response inhibition), 문제 해결, 장기적 계획 능력은 청소년기와 초기 성인기에 걸쳐 점진적으로 발달한다 (Somerville et al., 2010; Steinberg et al., 2006). 그러므로 청소년기(특히 초기 청소년기)에는 신체적으로는 성숙해 보이더라도 그들이 자신의 행동 반응 패턴을 관찰하고 변화시키는 능력에 대해 주의 깊게 평가하는 것이 필요하다. A-BAP에서 이러한 정보는 치료의 초점과 속도를 결정하는 데 활용된다. 인지적으로 덜 성숙한 청소년에게는 핵심 개념과 '연습하기' 활동을 구조화하는 데 더 많은 시간과 주의를 기울이는 것이 도움이 되고, 인지적으로 더 성숙한 청소년에게는 속도를 내어 회피 행동에 대한 기능 분석을 하는 데 시간을 더 할애하는 것이 도움이 될 것이다.

발달 요인으로 평가해야 할 또 다른 중요한 영역은 수면 습관에서의 변화이다. 사춘기가 되면 청소년들은 수면에 대한 생리적 욕구가 증가하게 되며, 잠자리에 늦게 들고 아침에 일어나기 어려운 수면-각성 사이클로 변한다 (Carskadon, 2002). 밤늦게까지 전화나 인터넷을 사용하는 것처럼 취침 습관과 수면에 변화가 생기는지 주의 깊게 관찰하고, 부모 교육을 통해 이러한 변화가 일정 부분 생물학적 변화로 인해 나타날 수 있다는 것을 나눌 수 있다. 치료자는 이러한 변화가 일반적인 청소년 발달로 인한 변화인지, 우울증의 증상으로 나타나는 것인지 주의 깊게 평가해야 한다.

청소년기 발달 과정에서 눈여겨보아야 할 또 다른 영역은 그들의 관계이다.

이전에는 보호자와의 관계가 일차적이었지만, 점차 친구나 또래 관계가 더 중요하게 된다. 이러한 변화로 인해 보호자들은 자녀들이 관계로부터 철수하려고 하거나 점점 과민해지고 우울해하는 것으로 걱정할 수 있다. 다시 한번 강조하지만, 청소년 우울을 이해하려는 맥락에서 치료자는 청소년이 맺고 있는 관계와 사회적 지지를 구하는 그들의 능력이 그들의 기능에 어떤 영향을 미치는지에 주의를 기울여야 한다. 이를 통해 이러한 관계에서의 변화가 정상적 발달 과정의 일부인지 또는 우울의 문제인지 이해할 수 있다.

모든 증상과 행동 변화에 있어 그것이 발달과 관련이 있든 없든 간에, 이러한 변화로 일반적 자아(usual self)에 눈에 띌 만한 변화가 동반되는지 식별해야 한다. 이를 위해 보호자의 평가가 중요하며, 동시에 다양한 정보 제공자에게 정보를 얻는 것이 중요하다.

증상 평가를 위한 도구

증상과 행동 패턴을 평가하기 위한 다양한 도구가 있다(종합적인 리뷰는 Klein, Dougherty, & Oline, 2005 참조). 치료자마다 선호하는 도구가 있을 것이지만 다음 기준을 충족하는 도구를 활용하는 것을 권고한다. ① 내담자의 증상과 행동의 시기를 이해할 수 있고, ② 우울장애와 공병 장애를 체계적으로 진단할 수 있으며[예: 종합적인 임상 면담과 자기보고, 보호자의 평가를 포함하는 YSR(Youth Self-Report)과 CBCL(Child Behavior Checklist; Achenbach, 2009)], ③ 우울 증상과 자살 경향성이 어떻게 변화하는지 매 회기 측정할 수 있는 도구[예: SMFQ(Angold et al., 1995), PHQ-9(Richardson et al., 2010)]를 활용하는 것이 좋다. 이후에 제시한 사례에서는 다음의 도구들을 활용하였다. SMFQ(Angold et al., 1995; 임상 컷오프 점수 11), SIQ(Suicide Ideation Questionnaire; Reynolds, 1987; 임상 컷오프 점수 89퍼센타일), YSR(임상 컷오프 T점수 70) 그리고 CBCL(Achenbach, 2009; 임상 컷오프 T점수 70).

맥락 내에서 우울 이해하기

평가와 치료 과정에서는 청소년 내담자의 삶의 맥락에서 정보를 얻는 것이 중요하다. 이러한 정보로는 문화적 이슈들, 일반적인 역경과 스트레스 요인들(중요한 삶의 사건들과 일상적 어려움들), 친구, 가족 그리고 다른 중요한 사람들(예: 선생님, 코치, 친구의 부모)과의 사회적 상호작용과 관계가 미치는 영향 등을 들 수 있다. 기분, 활동, 회피에 영향을 미치는 맥락 요소들을 밝히는 데 시간을 활용하는 것은 매우 중요하다. 그것이 사례개념화를 정교화하고, 내담자와 라

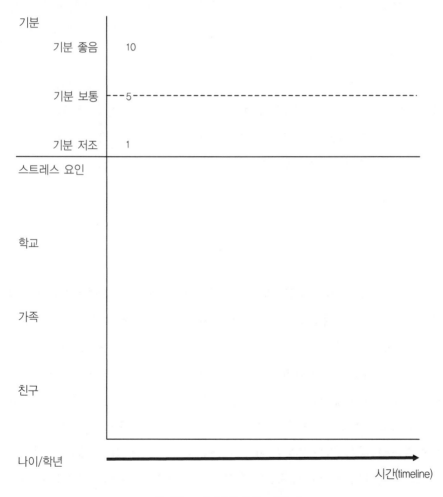

[그림 2-1] 현재 우울 기록지

포를 형성하는 데 도움이 된다. 이러한 정보는 회기 내에서 수집할 수도 있지만 보다 체계적으로 그것을 수집할 수 있는 도구를 활용하는 것을 추천한다. [그림 2-1]에 우울 기록지(depression timeline)를 제시해 두었다. 이 그림을 활용하면 시간의 변화에 따른 청소년의 기분, 증상, 스트레스 요인들, 관계, 학교가 미치는 영향을 이해할 수 있다. 이 정보를 통해서 어떤 맥락에서 증상이 나타나는지, 스트레스 요인들과 증상의 시간적 관계는 어떤지, 여러 시점에서 이런 증상과 기능 손상이 어떤 관련을 맺는지를 이해할 수 있다. [그림 2-1]의 우울 기록지가 이런 정보를 한눈에 보기 좋게 모아 정리하는 데 도움이 된다. 또한 우울 기록지는 면담을 할 때에도 유용하게 사용할 수 있다. 예를 들면, 이 기록지를 내담자 혹은 보호자에게 보여 주고 여러 사건, 상황, 내담자의 증상이 나타나는 시기에 대해 개방형 질문을 할 수 있고, 내담자의 병력을 명료화할 수 있다. 이처럼 시간에 따른 변화 양상을 기록하고 이해함으로써 치료자는 증상, 스트레스 요인들, 관련된 결함이 나타나고 사라지는 시기에 대해 이해할 수 있으며, 더 필요한 평정 도구를 선택하고 진단 평가를 실시하는 데에도 도움을 얻을 수 있다.

사례개념화

치료자는 여러 평가 도구를 이용해 얻은 정보를 조직화하고 명료화하여 사례개념화를 하는 것이 중요하다. 사례개념화를 통해 행동활성화를 보다 개별화하고, 이를 내담자의 삶에 적용하려는 목적을 지닌다. 제1장에 제시한 행동활성화 모델([그림 1-1] 참조)은 사례개념화와 치료 계획을 위한 유용한 지침이 된다.

기질(예: 유전, 우울의 가족력 등)과 환경(예: 학업 스트레스, 친구 갈등)을 포함한 다양한 요소가 청소년의 우울을 유발할 수 있다. 행동활성화에서는 청소년의 주변 환경, 스트레스, 적은 보상이 이들의 슬픔, 피로감, 과민함, 무쾌감, 무가치감 그리고 자살 경향성 등에 중요한 영향을 미친다고 본다. 이러한 증상들이 있을 때 인간의 자연스러운 반응은 뒤로 물러서고, 스스로를 고립시키고, 잠을 자고,

학교에 가지 않고, 상대의 관심을 끌지 않는 것일 수 있다. 하지만 이러한 행동은 다시 부정적인 감정을 이끌어 악순환의 고리(예: 친구와 학교에서 멀어지면, 친구들이 점차 연락하지 않게 되고, 성적이 떨어지고, 부모가 더 관여하게 된다)를 형성하게 된다. 이러한 악순환의 고리가 형성되면 삶이 재미없는 것이 되고, 환경은 점차 악화되며, 결국 우울의 악순환으로 연결된다. 행동활성화에서는 우울한 증상이 있을 때 이러한 악순환의 고리를 끊는 행동을 하도록 돕는 것을 중요하게 생각한다. 즉, 청소년들이 더 긍정적이고 보상이 있는 경험을 할 수 있도록 도와 세상에서 고립되지 않고 세상과 연결되도록 한다. 이러한 선순환의 고리가 만들어지기 시작하면 미래에도 부정적 결과가 나타나는 것을 예방할 것이다.

다음 4명의 사례에서 이들을 위한 A-BAP 사례개념화를 제시하였고, 치료 계획을 논의하였다.

사례 1

피터는 13세 남아로 생물학적 부모님, 동생과 함께 살고 있다. 피터는 유치원 때 ADHD 진단을 받았지만 몇 년간 약물치료(stimulant medication)로 증상을 잘 관리하고 있었다. 피터의 동생은 경도의 인지적 지체가 있었고, 부모님이 상당한 시간과 관심을 기울여야 할 만큼의 행동 문제도 있었다. 동생이 지닌 어려움 때문에 자연스럽게 피터는 부모님의 우선순위에서 밀려났다. 피터는 동생 주변에서 '평화로움'을 유지해야 했고, 동생과 논쟁하거나 동생이 떼를 쓰지 않도록 동생이 하고자 하는 대로 놓아두거나 피하게 되었다. 피터의 부모도 이런 부분을 잘 알고 있고 피터와 시간을 가지려 하며, 피터의 걱정에 대해 이야기하고 동생 때문에 피터가 원하는 것을 항상 포기하지 않을 수 있도록 신경을 썼다. 하지만 이 나이 때의 다른 남자아이들처럼 피터도 자신의 감정에 대해 이야기하는 것을 편하게 느끼지 않았다. 이런 부모님의 노력에도 불구하고 피터가 자신의 방에서 혼자 있으려 하고 사회적으로 고립되는 것을 보았다. 더 이상 친구들을 집에 초대하지 않았고, 밖에서도 친구들과 놀려고 하지 않았다. 부모님은 피터

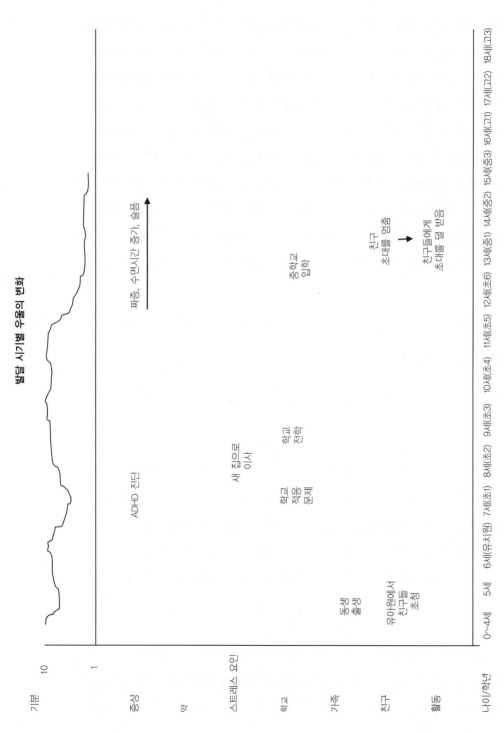

[그림 2-2] 피터의 삶의 주요 변화

가 슬퍼 보이고 짜증이 늘었으며, 예전에 관심을 가지던 활동에 더 이상 흥미를 갖지 못하고 더 많이 자며, 학교 과제에 집중하는 데 어려움을 느끼고 무가치하다는 이야기를 종종 한다고 했다. 피터의 부모님이 이런 부분에 대해 이야기하려 할 때마다 피터는 "저는 괜찮아요." "신경 쓰이는 건 없어요."라고 대답했다. 피터의 삶에 나타난 변화를 [그림 2-2]에 표기하였다.

피터의 평가 데이터

피터의 사례를 볼 때, 부모님이나 다른 사람들의 정보를 얻는 것이 얼마나 중요한지를 가늠할 수 있다. 접수면접 때에 피터는 우울 증상들을 부인했지만, 부모님은 우울장애의 진단을 고려할 만한 다양한 증상을 보고했다. 이러한 차이는 평가 설문에서도 유사하게 나타났다. 즉, 피터는 SMFQ에서 우울 증상을 모두 부인하여 0점을 받았지만, 부모님의 평가에서는 18점이 보고되었고, 이는 심한 우울 증상이 있음을 나타낸다. 피터의 점수가 매우 낮아(0점), 그의 답변의 타당성이 의심되었다. 유사하게, 피터는 YSR에서 적은 수의 우울과 불안 증상을 보고했지만(불안-우울 T점수=50), 부모님은 더 높은 점수를 보고했다(불안-우울 T점수=76). 자살 경향성과 다른 증상에 대한 점수들은 내담자와 부모님이 유사했기에, 우울 증상에 관한 점수 차이에 대한 임상가의 판단이 중요했다. 피터는 다른 청소년들처럼 감정에 대해 이야기하는 것을 불편해했지만, 임상 면접 때의 행동을 관찰해 보면 슬퍼 보였고 가끔 눈물을 흘렸으며 말이나 행동이 다소 느림을 알 수 있었다. 피터는 '아무것도 잘못된 것이 없다'는 생각을 하고 있었다. 피터의 행동 관찰을 보았을 때, 우울에 관한 부모님의 검사 점수에 더 신뢰를 갖게 되었고, 행동활성화 치료를 시작할 것을 추천하였다.

피터의 사례개념화

피터의 환경적 요소들이 피터의 주관적 슬픔, 짜증, 친구들과의 관계에서 철수하는 것, 학교에서 집중하기 어려워하는 것에 어떤 영향을 미치는지를 살펴봄으로써 피터의 사례개념화를 시작할 수 있다. 피터의 A-BAP 사례개념화는 [그

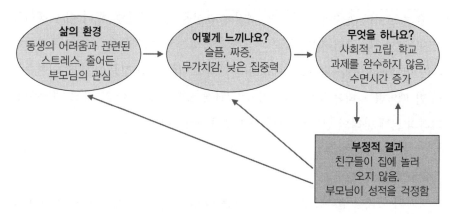

[그림 2-3] 행동활성화 모델을 이용한 피터의 사례개념화

림 2-3]에 요약해 두었다. 피터 동생의 행동 문제는 피터에게도 괴로울 뿐 아니라 부모님에게도 상당한 시간을 할애하게끔 해서 피터가 관심이 필요할 때 적절한 관심을 받지 못하게 한다. 사실 피터는 동생에게 양보하지 않아서 상황을 악화시키는 일이 발생하지 않도록 노력을 했다. 피터는 가족 내에서 크게 눈에 띄지 않는 존재가 되려고 했고, 이전에 좋아했던 활동(예: 동생과 재미있게 놀았던 것, 부모님의 관심을 받는 것)을 포기하게 되었다([그림 2-3] '삶의 환경' 참조). 피터의 '삶의 환경' 속에서 다양한 증상이 나타났는데, 예를 들면 슬픔, 짜증, 무가치감, 낮은 집중력 등이 있었고, 이는 피터가 보고하지는 않았지만 주변 사람들이 관찰할 수 있는 것들이었다([그림 2-3] '어떻게 느끼나요?' 참조). 피터는 이러한 우울한 감정을 느낄 때, 회피 전략을 사용하고 세상과 단절하는 행동 반응(예: 사회적 고립, 학교 과제를 완수하지 않음, 수면시간 증가)을 보였다([그림 2-3] '무엇을 하나요?' 참조). 피터의 회피 행동은 단기적으로는 자신의 감정적 고통을 다루는 데 도움이 되었지만, 장기적으로는 우울 증상들을 강화하고 부정적인 결과(예: 친구들이 더 이상 피터와 이야기하지 않으려 하거나 부모님과 선생님이 학교생활에 대해 잔소리를 하는 등)를 이끌었다. 이러한 부정적 결과는 결국 피터가 자신의 삶이 가치가 없고 보람도 없다고 느끼도록 할 뿐 아니라 삶에 스트레스를 가중해 우울 증상, 회피 행동, 부정적 결과로 이어지는 악순환의 고리를 강화한다.

사례 2

잭은 영리한 17세 남아로, 아버지, 이모 그리고 삼촌과 함께 살고 있다. 잭의 부모님은 잭이 6세 때 이혼했다. 잭의 어머니는 남자친구와 동거하면서 2명의 아이를 낳았다. 잭은 10세 이후로 우울하지 않았던 적을 기억할 수 없었고, 슬픔, 짜증, 무쾌감증, 식욕과 수면 저하, 정신 운동 기능 저하, 무가치감과 죄책감, 집중력 저하, 피로감과 에너지 상실을 포함한 거의 모든 주요우울장애 증상을 보고했다. 지난 몇 년간 잭은 자살에 대해 생각해 왔다. 아직 자살 시도를 하지는 않았지만, 전기 감전 등의 다양한 방식으로 생을 마치고 싶다고 공공연하게 이야기한다. 잭은 어머니와 같은 도시에 살지만 서로 방문하는 경우는 드물다. 잭은 어머니와 만나는 시간을 소중하게 생각하지만, 어머니가 남자친구와 이복 동생들을 데리고 방문할 때면 자신이 '이방인' 같은 생각이 들어 실망감을 느끼곤 한다. 치료자가 잭과 이야기를 나눌 때 우울이 잭의 정체성에서 많은 부분을 차지하고 있으며, 잭이 우울한 행동 패턴을 바꾸고 싶어 하지 않아 보였다. 잭의 지속되는 우울은 그가 많은 친구들에게 소원하게 만들었고, 이는 잭의 어머니에게도 마찬가지였다. 잭은 친구가 거의 없었고, 대부분의 시간을 자신의 어머니가 자신의 삶에 관여하지 않는 것을 비통해하면서 보냈다. 잭은 여가 시간 대부분을 애니메이션 잡지와 영화를 보는 데 썼지만, 그것들이 창의성과 독창성이 부족하다며 불평했다. 잭은 두 가지 공상을 자주 했다. ① 그의 부모님이 다시 합치는 것과 ② 독창적인 그림과 스토리로 자신이 스스로 애니메이션을 만드는 것이다.

잭의 평가 데이터

잭과 그의 부모님은 현재 상황에 문제가 있으며, 이 상황이 잭이 겪는 문제의 본질이라는 점에 동의했다(많은 청소년의 경우 부모님과 청소년이 문제에 대해 동의하지 못하는 것에 반해). 접수면접에서 잭과 아버지는 잭의 문제에 관해 일관적인 이야기를 하였다. 잭의 증상은 주요우울장애 진단 기준에 부합했으며,

SMFQ(23점), 부모용 SMFQ(17점) 그리고 YSR(T점수 73점)과 CBCL(T점수 70점)의 불안-우울 점수가 모두 임상적으로 심각한 수준이었다. 잭은 SIQ(80점, 97퍼센타일)에서도 자살 경향성이 매우 높았다. 잭의 아버지도 잭이 자살 시도를 할까 매우 염려하였다. 잭과 아버지 모두 YSR(T점수 45점)과 CBCL(T점수 43점)에서 외현적 문제 행동을 보고하지 않았다.

잭의 사례개념화

잭이 6세 때 부모님이 이혼하고 나서 어머니와 연계가 없는 '삶의 환경'이 잭의 오랜 우울감에 영향을 미치는 것으로 보인다. 그 이후로 어머니를 자주 볼 수도 없었지만, 만날 때면 어머니의 가족과 만나면서 '이방인'과 같은 느낌을 받았다. 이런 경험이 잭의 심각한 우울 증상들(예: 슬픔, 짜증, 무쾌감증, 무가치감, 과도한 죄책감, 집중력 저하, 에너지 상실 등)을 이끌었다([그림 2-4] '어떻게 느끼나요?' 참조). 잭은 우울할 때, 주위 사람들에게서 물러서서 스스로를 고립시키고, 잠을 자며, 공상 속에서 위안처를 찾는다([그림 2-4] '무엇을 하나요?' 참조). 이러한 행동이 잭이 순간 우울감을 다루는 데 도움이 되지만, 장기적으로는 우울 증상을 강화할 뿐 아니라 더 부정적인 결과(친구들과 어머니와 소원해지고, 애니메이션 이

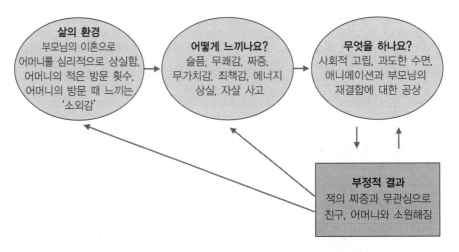

[그림 2-4] 행동활성화 모델을 이용한 잭의 사례개념화

외에는 관심을 제한하는 것)로 이어졌다([그림 2-4] '부정적 결과' 참조). 결국 이러한 부정적인 결과로 인해 잭의 환경이 보상이 적은 곳이라는 생각이 강화되고, 다시 우울 증상, 회피 행동, 부정적 결과들로 이어지는 악순환의 고리가 형성된다.

사례 3

에바는 생물학적 부모님과 생활하고 있는 17세 여아이다. 에바는 결혼한 언니가 있고, 언니와는 친하다. 에바는 항상 부끄러움이 많았지만 학교와 이웃에 친구들이 있었다. 에바는 친구들 생일 파티와 그룹 활동에 초대를 받았지만, 일대일로 친구 집에서 함께 잠을 자는 슬립오버 모임에는 초대된 적이 없다. 에바의 부모님은 친구들을 집에 초대하라고 하지만, 에바는 친구를 초대하지 않았다. 고등학교에서는 초기에 학업과 교우 관계가 모두 어려웠다. 에바는 점차 학업에 적응해서 평균이나 평균 이상의 성적을 받았지만, 아주 친한 친구를 사귀지는 못했다. 학령기에 에바의 부모님은 에바를 스포츠반과 댄스반에 등록시켜 주었지만, 고등학교부터는 점차 경쟁적이 되고 선수 선별이 이루어지면서 에바는 더 이상 이러한 활동을 할 수 없게 되었다. 에바는 교회 청소년 모임에 참여하지만 그렇지 않을 경우에는 자주 지루하다고 하고 무엇을 해야 할지 모르겠다고 했다. 에바는 자유 시간에 대부분 유튜브 영상이나 TV 쇼를 보면서 보냈다. 에바는 연애를 한 적이 없다고 했고, 연애에 관심이 없다고 했다. 학교 프로젝트로 자원봉사를 하고 그 경험을 학교에서 발표해야 하는데, 에바는 많은 신체 증상(예: 두통, 위통 등)을 호소하며 많은 날을 결석했다. 에바의 어머니가 그녀가 학교 가는 것을 피하고자 하는 것은 아닌지에 대해 직접 묻자, 에바는 자신이 학교 수업을 따라가는 것이 어렵고, 특히 자원봉사를 하고 학기 말에 발표하는 것이 두렵다고 했다. 정신건강 서비스를 신청하면서 에바는 자신이 사회적으로 고립되고 슬프다고 보고했다. 또한 에바는 주의 집중의 어려움, 초기 불면증(잠드는 것이 어려움), 피로감, 과민함, 낮은 자기존중감, 울컥 우는 행동, 죽음에 대한 다소 모호하고 수동적인 생각들이 있다고 보고했다.

에바의 평가 데이터

에바의 사례에서 보면, 부모님은 알고 있지 못했던 다양한 문제를 내담자 자신이 보고하고 있다. 그 이유는 에바는 자신의 내적인 측면에 주의를 기울이고 있고, 부모님은 외적으로 보이는 행동에 주의를 기울이기 때문이다. 임상 면담과 검사들을 마무리하고 나서 에바의 치료자는 명시되지 않는 우울장애와 명시되지 않는 불안장애로 진단을 내렸다. 진단은 에바의 어머니보다는 당사자의 보고에 기반해서 내려졌다. 예를 들면, 에바와 임상 면담을 했을 때 우울장애로 생각될 만한 반응이 많았지만 어머니의 보고는 그렇지 않았다. 이러한 양상은 검사지에서도 유사하게 나타났다(에바의 SMFQ 점수는 11점이었으나 어머니의 점수는 3점, 에바의 YSR 불안-우울 T점수는 72점, CBCL 불안-우울 T점수는 60점이었으나 부모님의 평가 점수는 훨씬 낮았다). 에바와 어머니의 보고가 일치한 영역은 낮은 자살 위험이었다(SIQ 점수=4, 29퍼센타일). 하지만 에바는 죽음에 대한 다소 모호한 생각(예: 학교에서 청소년이 죽으면 장례식에는 누가 참석할지 궁금해함)을 보고했다. 평가를 진행하면서 치료자는 에바의 보고에 더 신뢰를 갖게 되었다. 에바는 자신의 내적 상태에 대해서 신뢰 가능하게 보고할 수 있었으며, 치료자에게 슬프고 수줍음 많고 불안한 청소년으로 보였다. 하지만 에바의 어머니는 에바에게 무슨 일이 일어나고 있는지에 대해 다소 혼란스러워 보였는데, 그 이유는 에바가 자신의 일을 어머니에게 잘 이야기하지 않아서 어머니 자신은 눈에 보이는 행동(예: 두통과 배가 아프다며 학교를 결석하는 등)으로만 에바의 상태를 판단할 수 있기 때문이었다.

에바의 사례개념화

에바를 위한 A-BAP 사례개념화는 [그림 2-5]에 요약해 두었다. 에바의 어려움에 영향을 주는 삶의 환경으로는 친구들과의 관계를 소원하게 만드는 데 영향을 미친 사회불안과 고등학교의 상당한 학업 분량과 관련된 학업 스트레스를 고려할 수 있다. 이러한 문제들과 걱정이 결국 에바를 슬프고 과민하게 하였고, 피로감과 자해 및 자살 생각을 이끌었다([그림 2-5] '어떻게 느끼나요?' 참조). 이러한

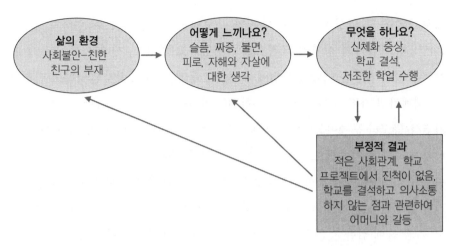

[그림 2-5] 행동활성화 모델을 이용한 에바의 사례개념화

감정을 느끼면 에바는 신체화 증상 뒤로 숨어 버리고, 결국 학교에 결석하게 되어 학업 수행이 어렵게 된다([그림 2-5] '무엇을 하나요?' 참조). 앞에서 소개한 피터와 잭의 경우처럼 에바가 우울에 대처하는 방식은 다양한 부정적 결과(예: 제한된 사회관계, 학교 과제에서의 진척 부족, 어머니와의 갈등 등)를 낳았다. 이러한 악순환은 다시 에바가 삶이 재미없다고 느끼게 하고, 지속되는 우울감을 강화하고 자해와 자살에 대한 생각을 부추긴다.

사례 4

레베카는 15세 여아로 어머니와 살고 있다. 레베카는 아버지를 2주에 한 번 주중에 며칠 정도 만나는데, 아버지가 그녀의 축구팀을 코치하는 것을 돕고 축구 관련 활동에 교통을 제공하기 때문이다. 레베카에게는 두 형제가 있는데, 10세 여동생은 레베카와 어머니와 살고 있으며, 17세 오빠는 아버지와 산다. 레베카는 성장하면서 큰 문제를 보이지 않았으나 다른 아이들에 비해 일찍 성숙하여 초등학교 6학년 마지막 무렵에 월경을 시작했다. 초등학교와 중학교 초기까지 레베카는 성실한 학생이었고 친구들도 많았으며, 많은 활동에 적극적으로 참여하고 외향적이었다. 하지만 부모님은 7학년(역자 주: 한국의 중학교 1학년) 때 레베카의 상황이 극적으로 바뀌었다고 하였고, 레베카 본인도 그 즈음 친구들이 자신을 떠났고 학업에 대해서도 동기 부여가 되지 않았다고 인정했다. 레베카의 가장 친했던 친구가 8학년(역자 주: 한국의 중학교 2학년) 때 전학을 가면서 학교의 문제아들(부모님이 보고한 바에 따르면)과 어울리기 시작했다. 레베카가 축구는 지속적으로 했지만 학교 성적이 떨어지기 시작했고, 과민해졌으며(부모님이 가족 활동을 함께 하자고 할 때는 특히), 대부분의 시간에 인터넷을 하거나 친구들과 문자를 하면서 보냈다. 레베카는 종종 학교에 결석하기 시작했고, 가끔 술에 취한 것을 들키기도 했으며, 집에서 몰래 빠져나가 그녀의 부모님이 생각하기에 너무 나이가 많고 '속물'인 남자친구와 시간을 보냈다. 레베카는 현재 고등학교 1학년이고 새로운 변화에 대해 기대를 하면서도 학업, 친구 관계 그리고 '모든 극적인 일들'에 대해 걱정을 많이 했다. 레베카는 점점 더 밤에 잠들기 어려워했고, 이 때문에 다음 날 아침에 제시간에 등교하는 데 어려움이 있었으며, 항상 피곤하다고 이야기했다. 레베카의 어머니는 그녀의 학업에 대해서도 걱정을 했지만 부정적인 태도와 활동을(좋아하던 축구 활동조차도) 하지 않으려 하는 것에 대해서도 걱정을 했다. 겨울 방학 직전에 레베카가 좋아하던 남자친구가 다른 여자친구와 어울리는 것을 알았고, 레베카는 자신이 추하고 희망이 없어 보인다고 보고했다. 어느 날 저녁, 레베카는 몰래 아스피린 한 병을 방으로 가져가 자살하려는 생각을 했지만 무서워져 어머니에게 자신의 힘든 감정을 털어놓았다.

레베카의 평가 데이터

레베카의 사례를 보면, 치료자가 레베카의 공병 증상을 확인하는 것과 정상적 발달 과정에서 나타나는 증상들을 구분하는 것이 중요함을 알 수 있다. 레베카와 부모님의 검사 결과에 따르면 레베카는 주요우울장애 진단에 부합하는 것으로 보인다(SMFQ=17, SMFQ 부모 보고=15점). 또한 레베카는 치료적 개입이 필요한 몇 가지 외현적 증상(집을 몰래 빠져나가거나 술에 취해 발견되는 등)도 보인다.

외현적 증상에 대해 레베카는 심각하지 않다고 보고하지만(YSR T점수=63점), 부모님은 상당히 심각하다고 보고하였다(CBCL T점수=70점). 게다가 레베카의 약물 및 알코올 사용에 대해서는 추가 검사가 필요해 보였고, 레베카 및 어머니와 심층 면담을 했을 때 레베카는 물질 의존이나 물질 중독 혹은 다른 파괴적 행동장애의 진단 기준에는 부합하지 않는 것 같았다. 대신 레베카의 행동은 그 나이 때 청소년들이 실험 삼아 해 본 정도로 보였으며 우울한 증상의 일환으로 보였다. 하지만 치료자는 종종 약물이나 알코올 사용에 대해 빈도를 체크할 생각이었고, 필요시에는 이를 A-BAP의 치료 목표로 삼을 수 있도록 메모를 해 두었다.

레베카의 사례개념화

레베카에 대한 A-BAP 사례개념화는 [그림 2-6]에 정리해 두었다. 레베카의 경우, 스트레스가 시간이 지나면서 점차 축적된 것으로 보인다. 다양한 스트레스가 축적됨에 따라 그에 대응하는 것이 힘에 부치게 된 것으로 보인다. 8학년에 레베카의 친구가 전학을 가면서 우울의 악순환이 시작된 것으로 보이며, 또래 압력, 고등학교 진학 후의 학업 스트레스, 남자친구로부터의 거절과 같은 환경적 요인이 이에 영향을 미쳤다. 이러한 환경 및 스트레스 요인들이 과민함, 무쾌감증, 피로감, 무가치감 그리고 자살 생각을 이끌었고([그림 2-6] '어떻게 느끼나요?' 참조), 가족과 친구에게서 멀어지고, 학교와 스포츠 활동에 결석하며, 약물 사용으로 도피하게끔 한 것으로 보인다([그림 2-6] '무엇을 하나요?' 참조). 레베카의 우울은 이후 저조한 성적, 약물 사용에 대한 부모님의 분노, 친구들과 연락하지 않는 것 등의 부정적인 결과로 이어졌다.

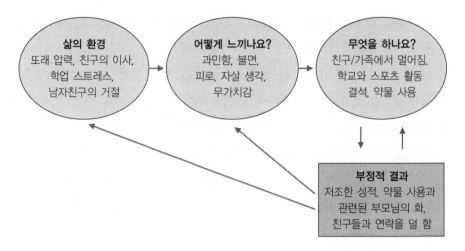

[그림 2-6] 행동활성화 모델을 이용한 레베카의 사례개념화

치료 계획

항상 사례개념화를 통해 치료 계획을 세운다. 앞에서 제시한 사례들에서, 각 사례개념화는 치료 계획에서 고려할 수 있는 변화 기제에 대한 가설을 제시한다. 행동활성화 모델에서 변화 기제는 반응-유관적 정적 강화(Response-Contingent Positive Reinformcement: RCPR)를 중심으로 이루어진다. 구체적으로 이야기하면, 행동활성화에서 변화 모델은 ① 활성화에 방해물을 찾아 해결하면서 내담자가 RCPR을 경험하고 활동에 참여할 수 있도록 능력을 향상시키고, ② 이러한 활성화를 반복적으로 시행함으로써 부정적인 기분이 들 때에도 정적 강화를 경험할 가능성을 높이며, ③ 활동이 정적으로 강화받을 때 우울 증상들이 줄어들 것으로 기대한다(McCauley, Schloredt, Gudmundsen, Martell, & Dimidjian, 2015). 이러한 변화 모델을 기억하고, 청소년과 함께 행동활성화 모델을 살펴보고, 어떻게 자신의 '삶의 환경'과 경험들이 행동활성화 모델에 적용되는지 살펴보면서 치료 계획을 세운다. 내담자와 이러한 환경과 경험들을 살피면서 기분에 따라 어떤 활동이나 행동을 하게 되는지와 이런 기분과 행동이 어

떤 부정적 결과를 가져오는지, 궁극적으로는 우울의 악순환을 살펴본다. 이러한 과정이 단순히 암기식으로 적용되는 것이라고 생각하는 치료자가 있을 수 있지만, 실제로는 개별화된 치료 계획을 세우고 기술을 습득하는 과정을 돕기 위해서 세심하게 각 사례의 특성을 고려해야 한다. 예를 들어, 피터 사례에서 피터는 자신이 우울증이 있다고 생각하지 않기 때문에 우울에 대해 논의할 때 '우울증'과 같은 진단명을 붙이지 않고 보다 구체적인 문제들(예: 성적이 떨어지는 것에 대한 부모의 걱정 등)에 대해 논의하는 것이 중요하다. 이때 사용하는 기술들이 달라지지는 않지만, 개별화된 접근을 통해 피터가 행동활성화 모델을 이해하고 치료에 처음부터 더 참여하도록 도울 수 있을 것이다. 반면, 잭, 에바 그리고 레베카의 경우에는 스스로 '우울'의 문제를 인지하고 진단명에 대해 덜 부담감을 가지므로 우울감에 대해 보다 직접적으로 논의할 수 있으며, 우울이 자신에게 어떤 의미인지 나눌 수 있다.

행동활성화의 맥락에서 사례개념화를 철저하게 검토한 이후에 치료자는 내담자가 행동활성화 모델과 자신의 상황을 이해할 수 있도록 회기 내에서 설명하고 심리 교육을 제공할 수 있다. A-BAP를 시작하면서 초점은 항상 활성화에 둔다. 활성화에 초점을 두기 위해서는 청소년이 우울에 대한 자연스러운 반응을 이해하도록 돕는 것이 중요하다. 즉, 우리는 우울할 때 자연스럽게 회피 행동(예: 잠을 많이 자거나, 에너지 소모를 줄이거나, 고립되거나, 해야 할 일에 대한 동기를 저하시키는 등)을 하게 되며, 이러한 반응이 우울에 대한 일시적인 해결안이 되기도 한다. 하지만 이러한 반응이 종국적으로는 증상을 악화하는 행동을 강화하거나 직접적으로 우울한 기분을 만들며(예: 청소년들이 평소보다 잠을 많이 자면 더 피곤함을 느끼고, 스스로를 고립시키면 더 외로움을 느낀다), 간접적으로 부정적인 결과(예: 청소년이 스스로를 고립시키면 친구들이 더 이상 연락하지 않고, 이는 더 슬프고 외로움을 느끼게 한다. 학업에 대한 동기가 저하되면 부모와 선생님이 이에 대해 화를 내고, 청소년은 더 큰 압력을 느끼면서 자신이 다른 사람들을 힘들게 한다고 생각한다)를 경험하게 한다. 행동활성화에서는 우울한 감정이 생길 때, 대안적인 행동 반응(RCPR을 가져오는)을 찾는다. 이러한 반응은 내담자에게 더 보상이 되는 경험을 할 수 있도록 돕는다. 피터의 경우에 그는 스스로를 고립시키고 학교 과제를 하지 않으려는 경향이 있는데, 그와 함께 한 주에 한 과목의 과제를 완수하는 정도로 작은 단계의 목표를 정해 작업할 수 있다. 이를 통해 피터가 그 과목에서 긍정적 피드백을 받을 가능성이 생기고, 짧은 순간이라도 더 활동에 참여하고 목표를 향해 노력함으로써 기분이 나아질 수 있음을 알게 된다. 잭의 경우에 그는 자신의 어머니와 의미 있는 시간을 갖고 싶어 하므로, 스스로를 고립시키고 잠을 많이 자고 환상에 빠져 지내는 것은 결국 어머니를 포함한 다른 사람들(잭이 함께 시간을 보내고 싶어 하는)을 소원하게 만든다는 것을 논의할 수 있다. 이러한 사례개념화를 통해 치료자는 잠시라도 잭의 기분을 좋게 만드는 대안적인 활동들이 무엇인지 찾아볼 수 있다. 치료 과정에서 치료자는 잭이 어머니와 지속적으로 의미 있는 시간을 보내도록 현실적이고 점진적인 계획을 세울 수 있다.

행동활성화는 내담자가 상황, 활동 그리고 기분의 관련성을 이해하도록 돕고, 기분-기반 행동과 목표-기반 행동의 주요한 차이를 인지하도록 돕는다. 이를 위해 치료자는 내담자가 활동, 기분을 기록하도록 격려하고, 기록된 정보에서 찾은 회피 행동을 하는 맥락과 회피 행동 대신에 할 수 있는 활동들을 계획하며, 반복적으로 이러한 활동을 할 수 있도록 돕는다. 예를 들면, 에바의 경우 사회불안이 있고 친한 친구 관계가 없기 때문에(이 부분이 에바의 우울을 가중한다), 자신의 주변에서 어떤 일이 일어나고 있는지(상황), 그런 상황에서 어떻게 느끼는지(기분), 무엇을 하는지(활동)를 기록하는 것부터 시작할 수 있다. 에바와 치료자는 에바의 행동 패턴을 살펴보고 대안적인 활동을 찾고 계획하며, 이런 대안적 행동을 했을 때 나타나는 기분의 변화를 기록하고 논의한다. 간단한 행동 실험의 예로는 친구들에게 간단한 문자(예: "오늘 수학 시간에 받은 과제가 너무 많지 않니?")를 보내 보고, 점차 조금 더 복잡한 내용의 문자(예: "수학 시험 공부 같이 하지 않을래?")를 보내 볼 수 있다. 그런 다음, 다른 특정 목표를 정하고 그 목표를 달성할 단계적 방법을 함께 모색할 수 있다. 예를 들면, 친구들에게 학교와는 무관한 활동도 같이 해 보자고 제안하는 목표를 세우고 이를 위한 세부 단계들 하나하나를 시도해 볼 수 있다.

치료자는 행동활성화에서 활용하는 개념들에 대해 내담자와 함께 논의할 필요가 있다. 예를 들어, 피터는 자신의 우울 증상을 별것 아닌 것으로 생각했고, 여러 가지 개념에 대해 콧방귀를 뀌었다. 피터는 목표를 이루기 위해서 특정 계획을 세울 필요가 없다고 했다. 몇 회기 동안 피터는 목표를 설정하는 것에 대해 어려움을 겪었다. 치료자는 피터가 미식축구에 관심이 있다는 것을 알았기 때문에 목표 설정 과정을 미식축구에 비유해서 이야기할 수 있었다(예: 쿼터백이 사이드라인에서 사인을 받고 팀원들과 의사소통하고 나서, 모든 팀원이 자신의 자리에서 위치를 잡고 준비를 하고, 쿼터백이 경기 시작을 알리면 팀원이 공격하기 시작한다). 이러한 비유를 통해 피터가 목표 설정 과정과 실행 과정을 잘 이해할 수 있었을 뿐 아니라, 치료자와 함께 모든 목표를 이러한 비유의 맥락에서 개념화하는 데에도 도움이 되었다. A-BAP의 전반적인 목표는 모든 청소년에게 유사하지만, 치료자가 목표에 도달하는 과정은 사례별로 유연하다. 종국적으로 치료 계획은 치료자가 내담자와 함께 종착점에 도달하는 안내가 될 뿐이며(RCPR을 통해 우울을 감소함), 그 과정에서 청소년들의 개별 요구를 무시하지 않아야 한다. 다시 말해, 내담자가 어떤 개념을 어려워한다면 더 많은 시간을 그 부분에 할애해야 한다. 치료자는 내담자가 치료에 가져오는 모든 내용에 행동활성화의 원리를 지속적으로 그리고 유연하게 적용할 책임이 있다. 예를 들어, 레베카가 목표를 설정하는 과정에서 얼마 전 헤어진 남자친구를 만날까 봐 두려워 친구들과 학교 미식축구 게임을 보러 가지 않으려 할 수 있다. 이때에는 목표-기반 행동과 기분-기반 행동(이전 회기에서 소개했던)을 논의하는 것으로 논점을 조금 바꿀 수 있으며, 그 이후에 목표 설정의 개념을 레베카의 상황에 적용해 볼 수 있다. 이런 방식으로 과제를 덜 두렵게 하면서도 치료자는 행동활성화 개념과 모델을 사용할 수 있다.

요약

평가, 사례개념화 그리고 치료 계획은 모든 개입 프로그램에 기초가 되듯이 행동활성화에도 마찬가지이다. 가능하다면 평가는 MTMM을 사용해야 한다. 이러한 평가를 통해 내담자의 진단과 A-BAP 프로그램의 적합성을 판단할 수 있을 뿐 아니라 사례개념화를 위한 정보를 얻을 수 있다. 사례개념화는 치료 계획을 이끌고, 각 청소년의 욕구와 임상적 특징을 고려하여 행동활성화 모델을 개별화하여 적용하도록 돕는다. A-BAP가 모든 청소년에게 적합하지는 않을 수 있지만, 경도의 자살 경향성 및 몇몇 공병 증상이 있거나 없는 우울한 청소년들에게 적용할 수 있는 탁월한 프로그램이다.

제3장

A-BAP 회기 지침 활용하기

제2장에서 강조한 것처럼 A-BAP 치료자는 사례개념화를 한 후 행동활성화 모델을 청소년의 개별 환경에 적용해야 한다. 회기가 진행되면서 새로운 정보를 얻게 되고 내담자를 보다 심층적으로 이해하게 되면 개별 사례개념화와 치료 계획을 그에 맞게 조절한다. 이 장에서는 행동활성화 접근에 대한 실용적 측면을 소개하고, 개별 치료 계획을 각 청소년의 요구에 맞도록 결정하고 적용하는 부분에 대해 소개할 것이다. 이 장에서는 각 모듈과 회기에 소개된 내용을 '어떻게' 활용할 것인지 설명하면서, 치료 요소들을 실제 임상 현장에서 만나게 되는 청소년의 요구에 맞도록 조율하는 방안을 예를 들어 설명할 것이다. 마지막으로 A-BAP 프로그램을 활용할 수 없는 임상 세팅에서도 주요 행동활성화 요소들을 통합할 수 있는 방안을 논의할 것이다.

이 책에서 개요를 소개했듯이, 처음 여덟 회기에서는 각각의 주요 개념들과 관련된 기술들을 소개한다. 개념들은 주로 복잡하지 않고 이해하기 어렵지 않으며, 내담자와 논의하는 데 많은 시간이 소요되지 않는다. 어려운 부분은 이런 개념들이 어떻게 내담자가 경험하는 매일매일의 어려움에 적용되는지 이해하며 각 개념들을 삶의 어려움에 대처하는 데 활용할 동기를 가질 수 있도록 돕는데 있다. 이를 위해 치료자는 각 내담자가 쉽게 이해하고 적용할 수 있는 예시들을 고안하여, 개념, 기술, 회기 밖에서의 연습 활동을 비유하여 설명할 수 있다면 좋다. 처음에는 너무 개인적이지 않은 일반적인 예를 활용하는 것이 내담자에게 불안이나 불편감을 줄여 줄 수 있지만, 점차 내담자 개인의 경험을 예로 활용하여 개념과 기술들을 소개하고 설명하는 것이 더욱 효과적이다. 회기가 진행되면서 치료자는 청소년 내담자가 더 핵심적인 문제 영역에 기술을 적용할 수 있도록 독려할 수 있다.

각 모듈과 회기에서 기술들을 특정 순서로 소개하지만 순서는 개별 내담자에게 맞도록 조율하는 것이 좋다. 정서 조절에 어려움을 겪는 청소년에게는 초기에 COPE(Calm and Clarify, Options, Perform, Evaluate; 진정하고 명료화하고 선택안을 만들어 본 후에 시행하고 평가하기)를 소개하여 문제를 해결하고 정서를 조절할 수 있도록 하는 것이 도움이 될 것이다. 일부 사례에서는 다른 근거 기반 개입법(예: 노출이나 습관 전환 훈련 등)을 소개하여 특정 문제를 해결하도록 도울 수도 있다. 새로운 기법을 추가할 때는 충분한 시간과 (치료자의) 역량이 있고, 사례개념화 내에서 명료한 근거가 있어야 한다. 이러한 많은 어려움과 이슈들은 가치/목표를 향해 나아가는 데 방해물(예: 사회적 회피/사회불안 등)이 되는 것을 찾고 해결하는 맥락에서 해결할 수 있다.

각 회기의 지침에는 주요 개념들을 설명하고 '연습하기' 활동을 돕는 유인물이 포함되어 있다. 유인물에 대한 선호는 청소년마다 다르다. 유인물은 257~297쪽에 있다. 치료자들은 회기 시작 전에 유인물들을 살펴보고, 개별 청소년 내담자에게 맞춰 수정할 수 있다. 우리가 경험한 바에 따르면 최소한 몇 가지 유인물을 선별해서 사용하는 것이 가장 도움이 되었다. 유인물은 필요시에 부가적으로 활용하는 용도이며, 치료자가 반드시 사용해야 하는 것은 아니다. 청소년들은 주로 회기 밖 연습 과제에 참여해야 한다. 이를 위해 치료자가 반드시 과제를 주기 전에 예상되는 어려움들을 살펴보고 논의해야 하며, 그다음 주에는 과제를 함께 검토해야 한다(내담자가 과제를 해 오지 않은 경우에도). 많은 회기에서 '프로그램 시작 전 검토'와 보호자에게 기술을 교육하는 시간이 마련되어 있다. 이런 부분들은 치료의 맥락과 치료자의 스타일에 따라 청소년 내담자와 보호자의 필요에 가장 적합하도록 조율할 수 있다. 부모 교육 내용은 따로 부모에게만 제공할 수도 있고, 청소년 내담자와 함께하는 시간에 제공할 수도 있으며, 보호자의 시간이 허락하지 않으면 전화 컨설팅 시간에 제공할 수도 있다.

모듈 1: 들어가기(1~2회기)

이 모듈은 2회기로 구성되어 있으며, 행동활성화 접근의 전반적인 구조와 가정들(assumptions)에 대해 청소년 내담자와 보호자에게 교육을 제공한다.

1회기: A-BAP 소개

일반적으로 치료는 내담자와 보호자와 함께 시작하지만 치료의 맥락, 내담자, 보호자, 치료자의 요구와 우선사항에 따라 유연하게 적용될 수 있다. 치료자는 비밀 유지, 치료 회기의 횟수와 장소, 회기 시간(몇 분), 회기의 구조(내담자, 보호자 단독으로 만나는 시간, 함께 만나는 시간 등) 사항들에 대해 구체적인 지침을 제공해야만 한다. 또한 행동활성화에서 각자의 역할을 명확하게 하는데, 변화의 주체는 청소년 내담자이며 치료자와 보호자는 변화 과정에서 내담자를 지지하고 용기를 북돋우고 지원하는 역할을 한다.

치료자의 역할은 내담자에게 무엇을 할지 알려 주거나 내담자의 걱정을 들어 주는 것에 국한되지 않고, 도움이 되는 전략을 알려 주고, 내담자의 '코치'가 되어 주며, 내담자의 상황과 성향에 가장 적절한 전략들을 협력하여 찾아가는 것이다. 보호자는 내담자를 지원하면서 청소년이 원하는 활동이나 사건에 참여할 수 있는 여건을 마련하고(특히 초기 청소년기에 있는 내담자들), 사회생활이나 학업에 필요한 자원들을 지원하고, 내담자가 새로운 해결책이나 행동을 할 때 정서적인 지지를 제공한다. 내담자(때로는 보호자)가 치료실 밖에서 새로운 행동을 시험해 볼 수 있도록 격려함으로써 행동활성화가 (내담자의 입장에서) 적극적인 치료 방식이라는 점을 부각하는 것이 중요하다. 이를 통해 '연습하기' 활동이나 행동 실험에서 청소년들이 자신의 불편감을 경감시킬 수 있는 방안들을 배울 수 있다. 행동활성화 모델에서는 이러한 치료 내용들을 친숙하고 협력적인 방식으로 제안하는데, 이러한 방식은 청소년의 경험을 정상화하고, 치료가 신비로운 것이 아님을 보여 준다. 이러한 원리는 "모든 사람은 안 좋은 기분이 들어 힘들어하는 때가 있습니다." 혹은 "축구 같은 운동을 잘 하기 위해서 코치에게 지도를 받는 것처럼 기분을 다루는 데 도움이 되는 전략을 배울 수 있어요."와 같은 말로 표현할 수 있다.

그다음으로, 치료자는 행동활성화 모델을 소개한다. 유인물 1 '행동활성화 모델'을 활용할 수도 있고, 보다 편안한 방식으로 행동활성화 요소를 설명할 수 있다. 빈 종이나 화이트보드에 그림을 그려 가면서 설명하는 것이 이해를 돕는 데 유용하다. 행동활성화 모델에 대해 전반적으로 설명한 후에는 유인물 2 '행동활성화를 내 삶에 적용하기'를 작성해 볼 수 있다. 유인물 2를 작성할 때 내담자의 삶 속에서 행동활성화 모델의 예를 찾아보는 시도를 하지만, 내담자가 불편해하는 정도까지 자신의 이야기를 하도록 강요하지 않는 것이 좋다. 이 시점에서 치료자가 가지고 있는 정보는 접수면접이나 평가에서 얻은 것이므로, 내담자나 보호자가 서로 함께 하는 회기에서 정보를 공유하는 것이 불편할 수 있음을 이해하고 그 점을 존중하는 것이 중요하다. 이번 회기에서는 청소년 내담자와 가족이 각자의 이야기를 경청하고, 행동활성화가 어떻게 자신의 필요를 충족할 수 있을지 생각해 본다. 즉, 이번 회기에서는 행동활성화 모델을 이해하는 데 초점을 두고, 가족 스트레스나 보호자-청소년 갈등, 내담자의 어려움에 대한 깊이 있는 논의는 추후 회기에서 중점을 두는 것이 좋다. 내담자와 보호자의 관계가 껄끄럽다면, 다른 청소년의 '예시'를 사용하여 모델을 설명하고 치료자가 주도하여 설명해 가면서 유인물을 작성해 볼 수 있다.

이번 회기의 마지막에 치료자는 내담자와 단둘이 만나 두 가지 중요한 치료 요소에 대해 설명할 수 있다. 첫 번째로, 매 회기를 시작할 때 간단한 증상 체크리스트를 작성한다는 것을 설명한다. 이를 통해 내담자가 경험하는 어려움을 치료 시작 전에 확인할 수 있고, 치료가 진행되면서 증상에 어떤 변화가 생기는지를 추적해 갈 수 있다. 두 번째로, 각 회기에 어젠다에 따라 시간을 어떻게 할 애할지에 대해 논의한다는 것을 소개한다. 이를 통해 내담자가 어떤 것에 초점을 두고 싶은지 알 수 있다. 때때로 내담자가 변화 전략에 대해 이야기하기 전에 자신의 생각과 감정에 대해 이야기하고 싶어 할 수 있다는 점을 이해하는 것이 중요하다. 어젠다에 대해 이야기하면서 회기에서 다루는 내용의 균형을 세울 수 있다. 마지막으로, 치료자는 매 회기에 '연습하기' 활동이 있음을 소개한다. 이 활동은 내담자에게 너무 부담되지 않는 간단한 활동으로 시작하되, 치료 회기 밖에서 자신의 기분에 영향을 미치는 활동을 할 수 있도록 목표를 세운다. '연습하기' 활동에 활용할 수 있는 양식이 부록에 제시되어 있다. 이러한 양식은 내담자의 특성에 맞도록 수정하여 사용할 수도 있고, 치료의 맥락에 따라 활용할지를 결정할 수 있다. 만약 적합하지 않다고 판단되면 내담자의 핸드폰을 사용하는 등 정보를 모니터링할 수 있는 보다 개별화된 방식을 생각해 볼 수 있다. '회기 밖' 활동을 할 때 방해물을 예상해 보는 것, 그리고 각 과제가 내담자의 요구와 선호에 잘 맞는지 확인하는 것이 중요하다. 치료자는 비판단적인 방식으로 과제를 조율하고, 내담자의 활동이 어떻게 기분과 감정에 영향을 미치는지 이해할 수 있도록 주의를 기울인다. 회기 밖 활동에 대해서 치료 회기 내에서 설명하고, 과제를 어떻게 하는지 안내하며, 과제에 대한 질문에 답을 하고, 내담자가 과제를 충분히 할 수 있는 정도(너무 힘들거나 사생활을 침해하는 정도가 아니도록)로 시작한다.

2회기: 상황-활동-기분 순환

2회기 '시작하기'에서는 회기 대부분을 청소년 내담자와 함께하고, 보호자와는 회기 마지막에 간단히 몇 가지 확인하는 시간을 가진다. 이번 회기의 목적은 내담자의 현재 관계와 활동들을 이해하고, 내담자가 활동과 기분 간의 관계에 대해 알아보고 이해할 수 있도록 돕는 것이다. 이후 회기들과 마찬가지로, 2 회기에서도 자기보고로 평정한 기분 질문지를 작성하고 간단히 결과를 검토하며, 회기의 어젠다를 결정한다. 어젠다를 결정하기 위해서 내담자가 다루고 싶어 하는 주제들과 치료자가 다루고 싶어 하는 부분을 나누고 시간을 할애한다. 이 회기에서는 두 가지 중요한 개념을 소개한다. 첫 번째는 관계와 활동이 기분에 어떤 영향을 미치는지를 이해하는 것이다. 이를 위해 내담자에게 중요한 관계와 활동들을 함께 검토하며, 이때 유인물 4 '당신의 인생에서 누가, 무엇이 최우선입니까?'를 활용할 수 있다. 이 작업은 청소년을 위한 대인관계치료(Mufson et al., 2004)에 기반하고 있는데, 치료자가 청소년기에서의 사회적 상호작용의 중요성을 고려하여 내담자가 처한 사회적 맥락을 이해하는 데 그 목적이 있다(Slavich, 2014). 두 번째는 악순환과 선순환을 유발할 수 있는 본인의 대처 방식을 이해하는 것이다. 즉, 어려운 상황에서 어떻게 반응하는지에 대한 것이다.

내담자가 급하게 논의하고 싶어 하는 주제를 내놓더라도, 지난주 과제였던 '연습하기' 활동, 새 기술 혹은 다음 주 '연습하기' 활동을 거르지 않고 다루는 것이 중요하다. 지난주 '연습하기' 활동과 새로운 기술에 대해서는 필요한 경우 간단하게라도 검토할 수 있으며, 다음 주 '연습하기' 활동은 내담자가 새로 논의하고 싶어 하는 주제와 연관 지어 개개인에 따라 적용해 볼 수 있다. 예를 들어, 레베카(제2장 참조)는 지난주 중에 쇼핑몰에서 '새로운' 친구와 마주친 이후 자신이 소외된 것 같고 더 우울해지고 가치가 없다고 느낀 것에 대해 이야기하고 싶어 했다. 이 주제에 대해 이야기하는 것도 물론 중요하지만, 그 정보를 누가 레베카의 삶에 중요한지 그리고 그 사람들이 어떻게 레베카의 기분에 방해가 되거나 도움을 주는지 통합하여 논의하는 것이 중요하고 또한 매우 시의적절할 것이다. 치료자는 레베카에게 지난주의 경험이 그녀가 친구들을 바라보는 방식과 자신의 기분을 다스리는 능력에 어떤 변화를 주었는지 물어볼 수 있다. 이러한 방식을 통해 레베카의 경험을 타당화할 수 있을 뿐 아니라 새로운 것을 배울 수 있는 기회를 제공할 수 있다. 레베카와 치료자는 함께 상황(친구를 마주치는), 그녀의 반응과 행동 그리고 기분을 검토해 볼 수 있고, 레베카가 기분을 다스리는 데 도움이 될 만한 행동을 협력적으로 찾아볼 수 있다. 유인물 5 '악순환, 선순환'을 활용하여 '연습하기' 활동을 계획하면서 악순환을 야기할 수 있는 친구 문제에 부딪혔을 때 자신을 돌보기 위해 할 수 있는 긍정적인 일들을 생각해 볼 수 있다.

청소년 내담자와 이 회기를 마무리한 이후에는 간단히 보호자를 만나 몇 가지 청소년 우울에 대한 심리 교육을 제공할 수 있다. 이때 유인물 6 '청소년 우울에 대한 보호자 안내서'를 활용할 수 있다. 심리 교육의 목적은 부모에게 도움이 되는 정보를 제공할 뿐 아니라 청소년 내담자가 보이는 어려운 행동들(위축되거나 예민한 행동들)을 우울의 맥락에서 이해할 수 있도록 돕는 것이다. 즉, 청소년 내담자의 행동이 보호자를 거절하거나 일부러 힘들게 하려는 의도를 지니고 있는 것이 아니고, 그런 행동을 내담자가 스스로 쉽게 조절할 수 있는 것도 아님을 이해시키는 것이 도움이 된다는 것이다. 보호자와 청소년 내담자를 지지할 수 있는 방안을 논의하고 회기를 마무리할 수 있다. 레베카의 사례를 예로 들면, 레베카가 동의하는 경우 레베카가 친구들의 거절을 경험할 때 부모가 지원할 수 있는 방안을 찾아볼 수 있다. 많은 부모가 자녀가 우울할 때 자녀의 행동에 당황하여 그 의미를 오해하곤 한다. 즉, 자녀의 예민한 행동이나 철수 행동을 때로 자신이나 가족에게 반항하는 것이라고 개인적으로 받아들이며 오해하는 것이다. 보호자/부모가 자녀의 행동을 우울의 맥락에서 이해하도록 돕는 것은 그들이 자녀의 어려운 시기를 옆에서 지원해 줄 수 있는 힘을 준다.

모듈 2: 행동하기(3 ~ 4회기)

이 모듈의 두 회기에서는 기분을 다스리는 데 있어 행동활성화의 역할을 소개한다. 선택한 행동의 단기 및 장기 결과를 이해하는 데 주의를 기울인다.

3회기: 목표-기반 행동 vs 기분-기반 행동

3회기는 2회기에 더하여 행동-기분에 초점을 두고 진행한다. 즉, 행동이 기분을 변화시킬 수 있으며, 어떤 행동은 우리 기분을 나아지게 하고 어떤 행동은 기분을 저조하게 한다는 것을 강조한다. 첫 번째 주요 개념으로 기분-기반 행동과 목표-기반 행동을 이해하고 기분이 저조할 때조차도 행동을 하는 것의 중요성을 이해하는 것이다. 유인물 7 '행동하기!'를 함께 살펴보며 회기 내에서 다룰 주요 개념들을 명료화해 볼 수 있다. 일례로, 청소년 내담자가 한 간단한 행동이 기분에 어떤 영향을 미쳤는지(예: 유튜브에서 재미있거나 감동적인 영상을 본 후의 기분 변화, 흥겨운 음악을 들은 후의 기분 변화 등)를 보면서 간단한 '행동 실험'을 할 수 있다. 이런 시도는 일종의 실험으로 '한번 시도해 보기' 정도로 소개해야 하고, 실험을 통해 기분이 변화될 수도 있고 그렇지 않을 수도 있음을 이야기하는 것이 좋다. 치료자는 기분을 바꿀 수 있는 활동을 내담자 스스로 찾도록 격려할 수 있다. 유튜브에서 내담자가 좋아하는 재미있는 영상을 찾는 것과 같은 대화를 하는 것 자체도 내담자의 기분을 바꿀 수 있다. 만약 이러한 변화가 나타난다면, 아주 간단한 행동의 변화 혹은 행동도 이렇게 기분을 바꿀 수 있음을 강조할 수 있다. 때로는 치료자도 이러한 행동 실험에 적극적으로 함께 참여하고 자신의 기분 변화를 기록해 보는 것이 도움이 된다. 몇몇 청소년 내담자는 행동 실험에 쉽게 참여하지만, 어떤 내담자는 아무것도 하지 않으려 하거나 마음을 닫아 버리는 경우도 있다. 새로운 것을 시도하지 않으려 하거나 정서적으로 마음을 닫아 버리는 내담자에게는 아주 작은 변화(예: 음악 듣기, 좋아하는 스낵을 먹기 등)를 시도해 보도록 하는 것이 도움이 될 수 있다. 치료자는 이러한 '변화 없음'을 유용한 정보로 받아들이고, 청소년 내담자의 입장을 수용하는 것이 중요하다.

두 번째 개념은 1회기에서 소개한 활동기록지(일상활동 모니터링)를 확장시켜 활동-기분 기록지를 작성하면서 어떤 활동이 자신의 기분을 더 긍정적으로 혹은 부정적으로 변화시키는지 이해하는 것이다. 활동-기분 기록지는 내담자가 자신의 감정과 활동을 기록한다는 점에서 일상활동 모니터링 '연습하기' 활동과 차이가 있다. 활동-기분 기록지는 회기 내에서 내담자와 치료자가 함께 작성해 보는 것이 좋다. 회기 내에서 치료자는 내담자가 했던 활동(예: 점심시간에 친구와 이야기했던 것 또는 모임에서 혼자 앉아 있었던 것)이 기분의 변화를 조금 만들었더라도 그 시기를 놓치지 않고 기록할 수 있도록 안내한다. 이 활동은 '연습하기' 활동으로 연결되며, 유인물 8 '활동-기분 기록지 예시'와 유인물 9 '활동-기분 기록지'를 이용하여 자신의 활동과 기분을 기록해 보는 연습을 할 수 있다.

이 회기는 부모 교육 요소도 포함하고 있는데, 유인물 10 '청소년 자녀 양육을 설명하는 표현들'을 활용한다. 치료자는 청소년 내담자에게 보호자와 무엇에 대해 이야기할 것인지 미리 알리고, 내담자의 개인적인 이슈나 걱정 중에 논의하거나 논의하지 않을 부분에 대해서 이야기를 나누는 것이 중요하다. 만약 치료자가 보호자와 이야기하기를 원하는 부분에 대해 내담자가 이야기한다면, 내담자와의 회기 내에서 먼저 이 부분에 대해 열린 대화를 하고 문제를 해결하는 치료자의 방법을 보여 주어 모방할 수 있는 기회를 제공하는 것이 좋다. 2회기에서처럼 부모 교육 부분은 시간이 부족한 경우 다른 때에 할 수도 있고 전화로 할 수도 있다. 혹은 상황이 적절하다면 청소년 내담자와 함께 하는 회기 내에서 진행할 수도 있다.

4회기: 행동의 결과 살펴보기

4회기에서는 '왜 이 행동을 하는가?'라는 질문을 사용하여 이해하기 쉽게 기능분석을 소개하고, 행동계획을 효과적으로 세울 수 있는 기반을 마련한다. 4회기는 항상 증상 체크리스트를 작성하는 것으로 시작하고, 회기 어젠다와 지난주에 과제로 했던 '연습하기'를 검토한다. 청소년의 개인별 이슈는 이러한 활동들 속에서 개별화하여 논의하고, 4회기에서 새롭게 제안되는 개념들과 관련을 짓는다. 4회기는 이전 회기들보다 더 많은 내용을 다루고 있고(2개의 주요 개념보다는 4개의 개념을 소개함), 필요한 경우 이 내용들을 더 작은 요소로 나누어 유연하게 진행할 수 있다. 예를 들면, 청소년 내담자가 회기에서 다루고 싶은 내용을 가지고 왔을 때, 치료자의 시간이 제한적일 때, 내담자가 더 적은 내용에 집중하여 작업하는 것을 선호할 때, 개념들 각각에 더 많은 시간을 할애하기를 원할 때, 몇 회기에 걸쳐 이런 내용을 다룰 수 있다. 하지만 우리의 경험으로 볼 때, 청소년 내담자가 커다란 이슈를 가져오지 않는 한 4회기에서 다음에 제시되는 내용을 모두 소개하는 것은 가능했다.

첫 번째 주요 개념은 행동으로 인한 이득과 비용을 분석하는 것인데, 이 개념은 '왜 이 행동을 하는가?'를 이해하는 데 기반이 된다. 제2장에서 소개한 피터의 사례에서 피터가 동생과 생활하고 대처하면서 한 행동의 '보상'과 '비용'을 고려해 볼 수 있다. 예를 들면, 동생이 떼를 쓰는 것을 참아야 하는 '비용'을 지불해야 하기 때문에 동생과 부딪히지 않으려 하는 것을 이해할 수 있다. 하지만 피터가 친구들을 만나지 않으려 하는 행동의 경우에도 '비용'과 '이득'을 평가해 보는 것이 도움이 될 것이다.

그다음 논의에서는 행동의 '비용'과 '이득'에서 한 걸음 더 나아가 단기와 장기 결과에 대해 생각해 보는 것이다. 이때 유인물 11 '단기적 vs 장기적 결과'를 활용할 수 있다. 여기에서 주의를 기울여야 할 것은 단기적으로는 기분을 완화시키는 행동이 장기적으로는 '비용'을 지불하게 할 수 있다(예: 컴퓨터를 하면서 숙제를 미루면 단기적으로 기분이 좋을 수 있지만, 다음 날 학교 수업 시간에서는 난감함을 경험함)는 점이다. 또는 단기적으로는 '비용'이 들지만(예: 시험을 위해 공부하는 것), 장기적으로는 이득(예: 좋은 성적을 받음)이 되는 행동들도 있다. 세 번째 개념은 기분을 다스리기 위해 활동을 활용하는 것이다. 이 개념은 활동 계획이라는 행동활성화의 핵심 기술에 대한 심도 있는 논의를 하면서 다룰 수 있다. 행동활성화에서 활동 계획은 단순히 '즐거운 일들'을 더하는 것 이상이다. 유인물 12를 활용하여 '나에게 활력을 주는 활동과 기분을 저하시키는 활동'을 살펴보면서, 자신에게 보상이 되며 개인의 목표와 가치에 부합하는 활동들을 찾는다. 목표와 가치라는 개념이 초기 청소년들에게는 다소 복잡한 개념일 수 있지만, 자신이 원하는 것이 무엇이고 어떤 것이 중요한지에 대해 단순화하여 탐색하면서 개인의 목표와 가치를 치료자와 함께 찾아갈 수 있다. 초기에는 평상시의 활동에 초점을 맞추면서 내담자가 특별히 어떤 활동을 중요하게 여기고 좋아하는지 신중하게 평가하는 것이 중요하다. 이러한 평가가 내담자가 다시 이전의 삶으로 회복할 수 있도록 돕는 주춧돌이 될 것이다. 개인의 목표와 가치를 평가할때, 내담자에게 활력을 주거나 기분을 저하시키는 활동들을 찾고, 부정적인 기분과 싸울 수 있도록 돕는 다양한 활동을 논의할 수 있다. 유인물 13 '활동 목록'이 이러한 논의를 돕고 아이디어를 생각해 내는 데 활용될 수 있다.

이번 회기에서 행동의 기능 분석을 마무리하면서 간단한 연습을 통해 기능 분석의 개념을 보다 구체화할 수 있을 것이다. 내담자가 부정적인 기분에 휩싸여 있을 때 잠시라도 긍정적인 활동에 참여하거나 이런 활동을 즐길 수 있다는 개념을 연습을 통해 체험해 보는 것이 좋다. 회기 내 연습을 통해 행동을 활성화하여 단순히 논의와 대화만 하는 것에서 벗어날 수 있다. 이전에 논의했듯이 이번 회기에서 소개한 내용들은 내담자의 요구와 치료자의 스타일에 따라 유연하게 진행될 수 있다. '좋은 기분 만들어 보기'의 개념은 회기 내에서 간단한 실험을 하여 내담자의 이해를 도울 수 있다. 먼저 청소년 내담자가 좋아하는 활동에 대해 이야기하면서 현재 기분이 어떤지 짧게 평정하도록 요구한 후, 이 활동을 언제, 누구와 했는지, 활동을 할 때 경험한 소리, 냄새, 색깔과 느낌을 이야기해 보고 어떤 점이 이 활동을 즐겁게 만드는지 기술해 보도록 독려한다. 몇 분 동안이 '좋은' 느낌에 머물러 있도록 하고 다시 기분 평정을 요청한다. 기분을 평정할 때 개별 청소년 내담자가 잘 이해할 수 있고 사용할 수 있는 용어를 선택할 수 있다. 예를 들어, 피터의 사례에서 피터는 '우울'이라는 감정에 대해 평정하려고 하지 않을 것이며, 하기도 어려울 것이다. 치료자는 대신 피터가 이해할 수 있는 용어들(예: 에너지, 짜증, 초조, 관심)을 활용해서 자신에게 활력을 주었던 활동이나 친구들과 즐거웠던 시간을 보낸 활동 전과 후에 평정하도록 할 수 있다. 회기 내에서 이러한 실험을 할 때 치료자는 내담자가 구체적으로 기술할 수 있도록 돕고, 즐거운 기억을 공유하고, 긍정적인 시간과 활동에 참여하는 것의 중요성에 대해 이야기하도록 독려한다. 이러한 치료자와의 대화 자체가 내담자에게 긍정적인 기분을 불러일으킬 것이다.

이번 회기도 '연습하기' 과제로 마무리하는데, 유인물 14 '활력을 주는 활동들'을 활용하여 하나 혹은 두 가지 정도의 활동을 계획해 볼 수 있다. 이 과제가 단순해 보이기는 하지만 활동 계획 과제를 처음 시도하는 것이므로 어느 정도 주의를 기울일 필요가 있다. 따라서 과제에 대해 다음과 같이 단계를 나누어 충분히 시간을 가지고 설명하고 안내하는 것이 중요하다.

- 청소년 내담자와 어떤 활동(들)을 계획할지 협력적으로 논의한다. 회기 내에서 자연스럽게 논의가 되었을 수도 있고, 다시 한번 기억을 되살릴 필요가 있을 수도 있다. 여기에서 목표는 단순히 어떤 동작이나 활동을 하는 것이나 쉽게 해치울 수 있는 것을 선택하는 것이 아니라 내담자에게 의미가 있는 활동을 찾는 것이다.
- 과제의 난이도에 대해 논의하면서 필요한 경우 과제를 더 작은 단계로 나누어 해 볼 만한 수준으로 구성할 수 있다. 여기에서 목표는 다소 도전적이기는 하지만 해 볼 만한 과제(challenging but doable)로 내담자에게 너무 부담되지 않도록 하는 것이다. '알맞은 과제/난이도'를 찾기 위해 내담자와 논의하는 것이 중요하다.
- 내담자와 하나의 활동이라도 구체적으로 계획한다. 각 활동별로 육하원칙하에 '누구와, 무엇을, 언제, 어디에서, 어떻게, 왜'를 내담자와 함께 살펴본다. 가볍게 이러한 논의를 진행할 수 있지만, 중요한 것은 내담자가 자신이 계획한 활동을 충분히 '시각화'해 볼 수 있도록 돕는다는 것이다.
- 활동을 하는 데 방해물을 찾고 해결책을 찾는다.
- 활동과 기분 사이의 연관성을 모니터링할 체계를 만든다.

이 모든 단계를 하는 데 너무 많은 시간을 쓰지 않고 대화를 하면서도 점검할 수 있다. 항상 강조하는 것이지만, 이러한 활동 계획을 일종의 '실험'으로 생각하고, 내담자가 이 과정에서 무엇을 배울 수 있는지에 초점을 두도록 돕는 것이 좋다. 과제를 하면서 내담자가 언제 긍정적인 기분을 느꼈는지 기록하도록 하고, 때로 친구에게 문자를 보내거나 사진을 찍어 그러한 순간을 남기도록 격려할 수도 있다.

모듈 3: 기술 훈련하기(5~8회기)

모듈 3에서는 네 가지 주요 개념과 관련된 기술들(문제 해결, 목표 세우기, 방해물 찾기 그리고 회기 극복하기)을 소개한다. 앞에서도 강조했듯이 모든 회기는 프로그램 회기 전 검토, 증상 평가, 어젠다 세우기, 이전 회기에서 내준 '연습하기' 과제 검토로 시작한다.

5회기: 문제 해결하기

5회기는 절반 정도의 시간은 내담자에게 문제 해결을 위한 간단한 접근을 가르쳐 주는 데 할애하고, 나머지 시간은 보호자에게 할애한다. 내담자와 문제 해결에 대한 기본 단계를 논의할 때, COPE라는 약자를 활용한다. 유인물 15 '문제 해결을 위하여 대처 전략 사용하기'에 나와 있듯이 COPE의 'C'는 'Calm and Clarify'로 '진정하고 명료화하기'를 뜻한다. 치료자는 내담자가 화가 나거나 문제에 봉착했을 때, 어떤 행동을 취하기 전에 진정하는 것의 중요성에 대해 이야기한다. 일반적으로 활용되는 스트레스 관리 기법(숫자 세기, 호흡, 근육 이완, 주의 분산)을 살펴보고 내담자의 필요에 따라 연습해 볼 수 있다. 우리의 경험에 비추어 보면, 많은 청소년이 이미 이런 기법들에 대해 알고 있어서 때로는 자신들이 알고 있는 기법들을 간단히 검토하고, 선호하는 기법을 선정해 바로 사용할 수 있도록 하는 것도 좋을 수 있다. 내담자가 평정을 유지하게 되면 치료자와 내담자는 함께 문제를 명료화한다. 다음 두 단계는 'O'와 'P'인데, 각각 'Option'의 '선택안 만들어 보기'와 'Performing'의 '시행하기'이다. 즉, 활동 선택지들의 비용, 이득, 단기-장기 결과를 고려하여 선택안을 평가하고, 선택한 활동을 시행하는 것이다. A-BAP의 문제 해결 마지막 단계는 'E'로, 'Evaluating'의 '평가하기'이다. 평가하기 단계에서는 선택하고 시행한 활동이 기분에 어떤 영향을 미칠 것인지 예상하며 평가해 본다. 다음 주 연습해 볼 활동은 유인물 16 'COPE, 대처 전략 사용하기'를 활용하여 준비한다. 내담자가 대처 전략을 성공적으로 할 수 있는 가능성을 최대화하기 위해서 수행을 위한 육하원칙(언제, 어디서, 어떻게, 누구와, 무엇을, 왜)의 각 단계를 함께 생각해 본다.

5회기의 나머지 시간에는 보호자에게 유인물 17 '지지적으로 의사소통하는 방법'과 유인물 18 '지지적으로 의사소통하는 방법 연습하기'에 제시된 의사소통 방법(예: 적극적 경청 등)을 소개하고 연습한다. 보호자에게도 '연습하기' 과제를 제공하고, 유인물 19 '지지적으로 의사소통하기: 상호작용을 원만하게 하기 위해 내가 하는 일들'을 제공하여, 자신들이 지지적으로 의사소통하여 상호작용이 원만하게 이뤄졌던 때와 더 지지적이었던 때를 기록할 수 있도록 한다. 이 과제를 통해 보호자들이 자동적으로 반응하는 방식을 인식할 수 있으며, 자녀들을 대하는 대안적인 방법들을 생각하고 그 방안들의 잠재적인 이점에 대해 논의를 시작할 수 있다.

6회기: 목표 세우기

6회기에서는 각 개인의 목표와 의미 있는 활동을 하는 행동활성화의 핵심 기술을 소개한다. 이번 회기의 대부분의 시간은 청소년 내담자에게 할애하지만 보호자에게도 약간의 시간을 할애한다. 유인물 20 'SMART한 목표 세우기'를 활용하여 청소년 내담자가 어떻게 자신의 목표를 찾고 계획을 세우는지에 대한 주요 개념을 이해할 수 있도록 돕는다. SMART는 약자로, 목표의 특성을 기술하는데, S는 Specific(구체적인), M은 Measurable(측정 가능한), A는 Appealing(매력적인), R은 Realistic(현실적인), T는 Time-bound(시간 제한적인, 기한이 주어진) 목표를 설정하는 것의 중요성을 강조한다(Doran, 1981; Eggert et al., 1995). 치료자는 SMART 접근을 활용하여 내담자가 목표를 설정하고 평가해 볼 수 있도록 지도하며, 이때 유인물 20 'SMART한 목표 세우기'와 유인물 21 '이 목표가 얼마나 SMART한가요?' 그리고 유인물 22 'SMART한 목표 확인하기'를 활용할 수 있다. '세부 단계'의 개념을 소개하면서 목표를 세울 때, 자신의 상황(가족, 학교, 사회, 활동 특성)을 고려하여 자신의 상황과 기분을 완화시킬 수 있으면서도 자신이 작업을 해 나갈 수 있는 목표를 선택하는 것을 시작한다.

유인물 23 '목표 세우기'를 활용하여 SMART 목표들을 찾고, 이 목표를 이루기 위한 세부 단계를 설정하여 자신이 목표를 향해 나아갈 수 있도록 돕는다. 때로는 청소년들이 매우 광범위한 목표(예: 살 빼기, 직장 갖기, 고등학교 졸업하기, 수업 통과하기 등)를 세우는데, 이러한 목표는 달성하는 데 시간도 많이 걸리고 그 안에 많은 세부 단계가 존재한다. 치료자는 내담자의 광범위하고 장기적인 목표의 가치를 인정하면서도 내담자가 더 작고 달성 가능한 목표들로 나눌 수 있도록 도와, 내담자가 일종의 성취감과 숙달감을 느낄 수 있도록 돕는 것이 매우 중요하다. 만약 청소년 내담자가 찾은 목표를 성취하기 위해 보호자의 지지나 자원이 필요하다면 목표 설정 단계에서 보호자를 포함해 진행할 수 있다.

제2장에서 소개한 잭의 사례를 예로 들면, 잭은 자신의 어머니와 친구들과 더 많은 시간을 보내는 것을 목표로 정했다. 과거에 오랫동안 잭이 어머니와 친구들에게 느꼈던 실망감을 고려할 때, 잭의 이와 같은 '커다란' 목표는 더 구체적이고 현실적으로 수정될 필요가 있다. 잭은 자신의 어머니와 더 많은 시간을 보내는 것이 현실적인지 아직 잘 모르기 때문에 목표를 세부적으로 나누어 어머니, 아버지 그리고 다른 가족 구성원들에게 자신과 시간을 어느 정도 보낼 수 있는지에 대한 정보를 모으는 단계부터 시작하는 것이 좋으며, 시간이 있다면 잭과 어머니 모두에게 만족스러운 시간을 만들기 위해 무엇을 할 수 있을지에 대해 생각할 필요가 있다. 구체적으로 치료자는 두 가지 질문을 하여, 잭이 언제 어머니를 만나러 갈 수 있는지와 어머니가 그때에 시간을 낼 수 있는지를 탐색했다. 계획한 시간에 잭의 어머니가 시간을 낼 수 없을 수 있어 대안적인 스케줄을 생각할 필요가 있었다. 유사하게, 친구들과의 상호작용을 위해서 잭의 학교나 이

웃에 애니메이션에 관심이 있는 친구들이 있는지 찾아보는 것을 시작 목표로 정할 수 있고, 학교 클럽/동아리에서 찾아보는 세부 단계를 정해 볼 수 있다. 또한 온라인에서 잭이 거주하는 동네에 애니메이션 관련 모임이 있는지 찾아볼 수 있다. 그 첫 번째로 학교 홈페이지나 모임, 동아리 목록을 확인해 볼 수 있을 것이다. 반면, 에바는 고3 프로젝트를 끝내는 목표를 세웠는데, 이 목표는 더 세부적으로 나누어 시작해 볼 수 있다(예: 30분 동안 가능한 자원봉사 기회들의 목록을 만들기, 가능하고 흥미 있는 세 가지 자원봉사 활동 찾기, 자원봉사 활동에 대해 전화로 문의할 때 물어볼 내용을 정리하기).

6회기에서 보호자와는 이전 회기에서 제공했던 '연습하기' 활동을 검토하고, 유인물 24 '자녀에게 도움을 주기 위한 방법'을 활용하여 자녀에게 지지(support)를 제공할 수 있는 방법에 대해 논의할 수 있다. 보호자에게 자녀가 선택한 활동들 중에 자신들이 지원하고 싶은 활동을 선택하도록 요청하고, 효과적인 방법으로 도움을 주기 위해 자신들이 할 수 있는 것들에 대해 논의할 수 있다. 이때 치료자의 역할은 내담자가 기분 개선을 위해 선택한 보상이 되는 활동에 더 몰입할 수 있는 방식으로 보호자들이 지원을 제공할 수 있도록 돕는 것이다. 자신들의 도움 행동을 모니터링하는 것이 도움이 된다는 것을 교육하고, 유인물 25 '도움 모니터링'을 사용해 한 주 동안 도움 행동을 기록할 수 있도록 '연습하기' 과제를 제시할 수 있다. 보호자들이 이미 제공하고 있는 지지 행동들을 다시 한번 강조하고, 이러한 지지 행동이 청소년 내담자의 욕구에 더욱 부합하게끔 주의를 기울일 수 있도록 돕는다.

7회기: 방해물 파악하기

7회기에서는 목표를 달성하는 데 나타나는 다양한 방해물에 대해 논의하면서 이러한 경험을 정상화하는 데 초점을 둔다. 이를 위해 유인물 26 '방해물: 내적 vs 외적'을 활용할 수 있다. 내적 방해 요소(예: 하고 싶지 않은 느낌, 주의 분산, 반추)와 외적 방해 요소(예: 돈이 없는 것, 교통수단이 없는 것)의 개념을 살펴본다.

이전 회기에서 받은 '연습하기' 과제인 유인물 23 '목표 세우기'에서 세운 목표를 달성하는 데 실제 방해가 될 수 있는 방해물들을 찾아본다. 목표-기반 행동과 기분-기반 행동을 다시 검토하고, 자신의 기분을 (목표를 위해) 극복해야 할 대상으로 논의한다. 예를 들어, 잭의 사례에서 잭이 자신이 과거에 느꼈던 어머니에 대한 실망감을 반추하는 것이 방해물로 작용하여 어머니가 잭을 만날 수 있는 가능한 시간에 대해 물어보고자 하는 그의 계획을 방해할 수 있다. 이러한 방해물을 미리 예상하고 극복할 방안들을 찾는 것은 활성화 과정에서 핵심적인 요소이다.

7회기에서 다룰 다음 요소는 유인물 27 '목표와 방해물'을 활용하여 이번 주 '연습하기' 활동을 하면서 새로운 목표와 세부 목표들을 정하는 것이다. 이상적으로는 이전 주에 했던 목표의 다음 단계가 될 것이다. 잭의 사례에서는 지난주에 찾았던 애니메이션 모임들에 참여하는 방안을 모색하는 것이 될 것인데, 이를 위해 잠시 생각해 보는 것부터 이 모임에 대해 알고 있는 다른 사람들이나 수업을 함께 듣는 친구들에게 물어보는 것이 있을 수 있다. 에바의 경우에는 자원봉사 자리를 위해서 지난주에 찾은 자원봉사 활동들을 제공하는 기관에 전화하고, 작성한 전화 스크립트를 활용하는 것이 될 수 있다. 이전 주에 정한 목표가 잘 이행되지 않았을 때(내담자가 하지 않았음, 세부 목표 단계들이 효과적이지 않았음, 내담자가 자신의 목표에 대해 확신이 없었음 등), 치료자는 내담자가 더 추구하고 싶어 하는 목표를 찾도록 돕고, 목표 달성에서의 방해물에 대한 해결 방안을 생각하고, 세부 목표 단계들을 수정하도록 도울 수 있다. 지난주 활동 계획을 살펴보면서 세부 목표들을 수행했던 때를 찾아 언제 이러한 목표-기반 행동들을 했는지에 주의를 기울인다. 방해물을 미리 예상해 보고, 필요할 때마다 방해물을 극복할 전략을 함께 세운다.

7회기에서는 내담자와 보호자가 함께 참여하여 보호자가 도움/지지를 줄 수 있는 방식에 대해 함께 이야기한다. 지난주 보호자의 '연습하기' 활동을 검토하고, 보호자가 제공한 도움 중에 어떤 부분들이 내담자에게 도움이 되었는지 물어보고, 유인물 28 '지원 방안에 대한 아이디어들'을 작성할 수 있다. 이러한 시간을 갖는 목적은 내담자와 보호자의 의사소통을 돕고, 청소년 내담자가 어떤 도움이 되었는지 생각해 보고 보호자와 공유할 기회를 주는 것이다. 보호자에게 유인물 29 '지지하기 실험'을 제공하고, 다음 주에 도움을 줄 방법을 찾고 기록할 수 있도록 '연습하기' 과제를 부여한다.

8회기: 회피 극복하기

8회기는 구조화된 기술 교육을 제공하는 마지막 시간이다. 방해물에 대한 논의를 지속하면서 목표 달성을 위해 활동을 하는 데 방해가 되는 '내적' 방해물인 회피에 초점을 둔다. 첫 번째 단계는 청소년 내담자가 참여하여 회피의 다양한 측면에 대해 논의하고, 어떤 회피 행동이 방해가 되는지 유인물 30 '회피는 어떤 모습일까요?'를 작성해 볼 수 있다. 구체적으로 청소년들에게 공통적으로 나타나는 회피 행동들(예: 반추, 감정적 폭발, 스스로를 고립시키거나 잠만 자는 것 등)에 초점을 둘 수 있다. 치료자는 이러한 회피 행동이 단기적으로는 긍정적인 결과를 낳을 수 있다는 점과 행동 자체보다 행동의 여러 기능에 초점을 두는 것이 중요함을 다시 인식하도록 도울 수 있다. 예를 들어, 책에 푹 빠지는 행동은 부모가 다툴 때에는 긍정적으로 기능하지만, 시험 기간에는 회피 행동이 되고 부정적 결과는 낳는다. 다음으로, 내담자와 회피의 본질과 기능에 대해 명료하게 의사소통하는 것이 중요하다. 회피는 단기적으로 부정적 감정에서 피할 수 있도록 도와 그 순간에는 안도감을 주기도 한다. 하지만 시간이 지나면 더 큰 고통과 우울을 이끌 수 있다. 지금까지 연습했던 기법들을 활용하여 여러 감정과 상황에 대처하기 위해 회피해 온 방식들을 찾아볼 수 있다. 때로는 직접적으로 논의하고 변화를 시도해 볼 수도 있고, 때로는 변화하기에는 회피 패턴이 너무 안정적으로 삶에 자리를 잡아(정적 강화를 자주 받아) 바꾸기 어려운 경우도 있을 것이다. 내담자와 함께 회피가 문제가 되는지를 파악하고, 그렇다면 적절한 실제 예들을 살펴보는 것이 필요하다.

내담자와 회피에 대해 논의하면서, 행동활성화의 기본 모델인 TRAP-

TRAC(Trigger, Response, Avoidance Pattern-Trigger, Response, Alternative Coping; Jacobson et al., 2001) 개념을 소개하고, 내담자의 삶에서 실제 예시를 찾아 적용해 본다. 이를 통해 내담자들이 회피 행동에 변화를 주는 것이 어떤 이점이 있는지 이해할 수 있다. 유인물 31 '회피와 악순환 극복을 위해 TRAP-TRAC 사용하기'를 활용해 치료자와 내담자가 삶에서 이러한 예시들을 찾아볼 수 있다. 그 과정에서 회피 행동은 편한 반응일 수 있고(거의 자동적인 행동으로 나타남), 그래서 회피 행동을 찾고 그 유발 요인을 찾으며 대안적 반응을 찾는 데 많은 시간과 노력이 소요될 수 있다. 실제로 이러한 회피 패턴을 바꾸는 것은 상당히 어렵고, 익숙한 회피 행동을 하는 것보다 대안적 행동을 하는 것이 더 스트레스를 줄 수 있다. 이런 경우 다시 세부 목표에 초점을 두고, 세부 목표별 대처 방안을 모색하여 대안적인 대처 전략을 세우고, 그 주에 '연습하기' 활동을 실습해 보는 것이 필요하다. 청소년들이 불안감을 느낄 때, 회피 행동이 다시 나타날 수 있으므로 안정감을 주는 대처 전략을 먼저 연습한 이후에 대안적 대처 전략을 생각해 보는 것이 좋다. 예를 들어, 레베카가 갈등이 심해질 때면(유발 요인), 입을 다물고, 문자에 대답도 하지 않으며, 공부도 하지 않고, 때로는 학교나 수업에 가지 않는 경우도 있다. 이런 경우, 치료자는 레베카가 불안이 증가하는 징후를 식별하고, 안정감을 얻을 수 있도록 호흡법을 사용하고, 방과 후에 어머니와 이야기를 하거나 학교에서 갈등이 적은 친구들과 대화를 하거나 집에 있기보다는 과제를 하기 위해 도서관에 가는 등의 대처 전략을 세울 수 있도록 돕는다.

회기의 마지막에 치료자는 보호자와 함께 지난주 '연습하기' 활동을 검토하는 기회를 갖는다. 자녀에게 준 도움을 모니터링하고, 자신들의 행동이 자녀에게 어떤 영향을 미쳤는지 관찰하는 유인물 29 '지지하기 실험'을 한다. 보호자에게 다음 세 회기는 청소년 내담자가 배운 기술들을 자신의 목표를 달성하는 데 활용해 보고, 문제를 해결하는 데 초점을 둘 것이라는 점을 알려 준다. 보호자에게 이 과정에서 도움이 될 만한 정보를 요청할 수 있다.

모듈 4: 연습하기(9~11회기)

모듈 4도 다른 모듈들과 같은 구조(예: 프로그램 시작 전 검토, 연습하기, 주요 개념/이슈, 다음 주 연습 계획하기)로 구성된다. 하지만 9~11회기는 보다 개별화하는 데 초점을 둔다. 청소년 내담자와 치료자는 내담자의 상황과 요구에 맞게 회기 사이의 연습 활동과 회기 내의 초점을 함께 결정한다.

9~11회기: 배운 것 통합하기와 기술 연습하기

9회기에서는 이제까지 배우고 연습한 개념들과 기법들을 내담자의 목표를 실현시키고 내담자가 걱정했던 문제 해결에 적용하는 데 초점을 둔다. 지난주의 '연습하기' 과제를 검토한 후에 치료자는 지난 몇 달간 함께 작업해 온 부분들을 검토할 것을 제안한다. 어떠한 변화가 있었는지와 앞으로 남은 시간을 어디에 초점을 두고 싶은지를 논의할 수 있다. 시간 제약이 있는 현장에서 일하는 치료자의 경우는 남은 회기가 어느 정도 있으며, 이 시간을 어떻게 내담자에게 유용하게 활용할지에 대해 신중히 논의한다. 유인물 32 '진척 사항 살피기'와 함께 매주 실시하는 기분 평정을 그래프로 그려 시각적으로 어떤 변화가 있었는지를 살핀다. 1회기에서 사용한 유인물 2 '행동활성화를 내 삶에 적용하기'를 다시 살펴보면서 처음 치료에 왔을 때 어땠으며 현재는 어떠한지 그 차이에 대해 생각해 볼 수 있고, 현재 부정적인 감정을 완화하는 데 도움이 되는 것이 무엇인지를 생각해 보도록 한다.

내담자와 남은 치료 기간 동안 초점을 둘 우선순위 과제들을 생각해 보고, SMART 목표와 세부 목표들에 통합하는 것을 논의한다. 이 정도의 치료 시점에서는 내담자들이 자신의 목표를 인식하며, 자신의 목표를 향해 세부 목표/과정에 따라 적극적으로 노력하며, 회피 행동을 줄이고 있을 수 있다. 하지만 이 과정에서 내담자에게 필요한 기술들이 있는지, 목표-기반 행동을 하는 데 문제는 없는지 점검하는 것이 중요하다.

내담자와 협력적으로 작업하면서 유인물 33 '행동계획 세우기'와 유인물 34 '행동계획'을 활용하여 자신들이 세운 목표, 세부 목표를 달성하기 위해 어떤 활동을 언제 할 것인지를 구체화하고, '연습하기' 활동에 통합한다. 예를 들어, 잭의 경우에는 어머니와 만나는 일정을 정하는 과정에서 기분-기반 행동이 아닌 목표-기반 행동을 하는 것에 초점을 두고, 어머니와 만났을 때 긍정적인 시간을 만들어 가도록 연습할 수 있다. 에바의 경우에는 3학년 프로젝트를 마무리하는 것부터 새로운 친구를 사귀는 것까지 초점을 둘 수 있다. 새로운 친구를 사귀는 과정에서 자신이 어떤 말을 할지 미리 생각해 보고 연습하여 실시해 보고 다음에 무엇을 말할지 고민하기보다, 자신이 말을 한 이후에 다른 사람의 반응을 살피는 것에 주의를 기울이는 연습을 할 수 있으며, 이러한 활동/연습이 에바의 불안한 감정을 다루는 데 도움이 될 수 있다. 10회기와 11회기도 내담자가 목표를 달성할 수 있도록 도움을 제공하는 데 초점을 두며, 그 과정에서 내담자가 보상 경험을 하고 숙달감과 유능감을 느낄 수 있도록 주의를 기울인다. 이 회기를 진행하면서 치료자는 내담자와 이전 회기에서 다룬 내용들을 함께 검토하고, 회기 내에서 기술들을 연습하며, 연습할 과제를 정한다.

모듈 5: 앞으로 나아가기(12회기)

12회기: 재발 방지 및 종결 인사 나누기

이번 회기는 이전 회기들과 유사한 구조로 진행되지만 그간의 치료 내용을 요약하고, (증상의 악화 없이) 앞으로의 스트레스에 효과적으로 대처하도록 돕는 계획을 세우는 데 중점을 둔다. 그리고 한 가지 새로운 개념이 소개되는데, 바로 재발 방지이다. 치료가 종결된 이후에도 내담자는 때로 우울해지거나 실망감에 동기가 저하될 수 있다. 이런 '미끄러지는 것 같은(slips)' 경험을 하는 것은 일반적이지만, 중요한 점은 이런 경험이 일시적이며(계속 지속되지는 않음) 그것을 스스로 인식하고 A-BAP에서 연습한 기술들을 활용하여 극복할 수 있다는 것이다. 유인물 35 '재발 방지: 나에게 도움이 되는 전략들'을 활용하여 예상되는 스트레스 유발 요인들을 찾아보고, 이러한 문제나 유발 요인들에 어떻게 대처할지 계획을 세워 본다. 또한 내담자와 보호자와 함께 재발에 대한 징후(예: 증상이 지속되는 것, 학업이나 이전에 즐기던 활동에 참여하지 않는 것, 자해나 자살 생각을 하는 것)를 살펴보고, 이런 경험을 할 때 단순히 '나쁜 날/주'로 넘어가기보다 추가적인 치료가 필요할 수 있음을 논의하는 것이 중요하다. 이번 회기가 마지막 치료 회기이지만, 청소년 내담자가 스스로 '연습하기' 활동을 할 수 있도록 내담자의 용어와 방식으로 계획을 검토하는 것이 중요하다. 내담자가 예상하는 어려움에 대한 해결책을 논의하고, 그동안 내담자가 만들어 낸 치료 진척 사항과 내담자의 노력 그리고 치료자 없이 내담자가 진행할 수 있는 능력들에 대해 이야기하고, 앞으로 도움이나 지지가 필요할 때 추가 회기를 진행할 수 있음도 상기시켜 주는 것이 좋다.

　A-BAP 매뉴얼에는 그간의 치료 진척과 유인물 35 '재발 방지: 나에게 도움이 되는 전략'을 보호자와 함께 검토하도록 제안되어 있다. 치료의 맥락, 내담자의 요구, 가족의 상황에 따라 이러한 제안을 유연하게 적용할 수 있다.

치료 종결 시기 결정하기

　A-BAP 프로그램이 일주일에 1회씩 12회기에서 14회기로 구성되어 있지만, 치료의 종결 시점은 내담자의 요구에 따라 결정되어야 한다. 예를 들면, 때로 내담자가 남자친구와 헤어진 그 주나 가장 가까웠던 할머니가 돌아가신 주에 치료 종결 회기가 계획되어 있을 수도 있다. 치료자는 이러한 상황에 주의를 기울이고 계획을 조정할 수 있다. 치료자는 종결 회기를 한두 주 정도 미룰 수도 있고, 후반부 회기들을 격주로 진행하는 등 내담자의 상황과 치료 장면의 정책이나 절

차를 고려하여 조정할 수 있다. 지나의 사례를 예로 설명하면, 지나는 15세 여학생으로, A-BAP를 종결하는 시기가 새로운 학교로 전학하는 시기와 겹쳤다. 지나는 유명한 사립학교를 다녔으나 학교와 맞지 않아 주변에 다른 공립학교로 전학하는 것이 좋겠다는 어려운 결정을 내렸다. 이러한 결정은 지나가 겪은 여러 가지 어려움을 고려해서 내려졌다. 지나는 매우 똑똑한 학생이었지만, 지나의 사회경제적 수준을 고려할 때 자신이 사립학교 학생들과 잘 어울리지 않는다고 느꼈고, 지나가 우울 증상을 경험하면서 학교에서 부여되는 많은 과제를 감당할 수 없었다. 지나는 다음 학년을 새로운 공립학교에서 시작하고 싶다고 요청했고, 부모님의 바람과는 다른 생각이었지만 결국 부모님은 지나의 결정을 존중하였다. 지나의 치료가 종결 회기에 이르렀지만 치료자는 지나가 새로운 학교로 전학하는 것에 대해 높은 수준의 불안을 느끼고 있고, 그곳에 아는 친구가 없으며, 이번 전학 과정이 지나가 고등학교 시절을 성공적으로 마무리하는 데 결정적일 수 있다는 점을 고려하여 치료의 종결을 조금 미루는 것이 좋겠다는 생각을 했다. 따라서 지나의 종결을 조금 미루는 것으로 결론을 내렸다. 다음 상담을 전학 후 첫 2주 내로 예약하였고, 그다음 상담도 그 회기를 갖고 2주 후로 예약해 두었다. 지나는 학교 첫 주에 상당한 불안을 느꼈지만 A-BAP에서 습득한 기술들을 잘 활용하였고, 회피의 패턴으로 다시 빠져들지 않았으며, 활동을 잘 계획하고 성공적으로 새로운 학교에 적응하기 시작했다. 두 번째 추후 회기에 왔을 때 지나는 꽤 잘 적응하는 것으로 보였고, 새로운 친구들도 사귀었으며, 공립학교로 전학하기로 잘 결정한 것 같다고 이야기하였다. 이러한 정보들을 바탕으로 지나, 치료자, 부모님이 종결하는 데 모두 찬성하였고, 이후 추가적인 도움이 필요할 때 치료자에게 연락하기로 하고 치료를 종결하였다.

행동활성화와 다른 치료 전략을 통합하기

제1장에서 언급했듯이, 최근의 연구 결과들은 모듈화된 치료적 접근이 유용

함을 지지한다. 근거 기반의 치료 전략으로 구성된 모듈화된 접근은 치료 중 발생하는 문제 영역에 필요한 접근을 유연하게 활용할 수 있도록 하기 때문이다. A-BAP가 회기별로 구성되어 있지만, 필요한 경우 더 전반적인 인지행동치료나 대인관계치료에 A-BAP의 치료 요소를 쉽게 통합할 수 있다. 하지만 이렇게 치료 요소를 통합할 때에는 다음 사항에 주의할 것을 제안한다.

첫 번째, 행동활성화는 행동 평가와 기능 분석에 따라 개별 청소년 내담자에게 개별화된 치료적 접근을 하는 원리 기반 치료이다. 또한 행동활성화나 A-BAP에 고안된 전략들은 종합적인 사례개념화에 기반하여 시행되어야 한다(Eells, 2007). 다시 말해, 여기저기에서 필요할 때 약간의 행동활성화를 하는 것은 옳지 않다. 대신 회피 행동, 기분-기반 행동, 일반적인 비관여(disengagement), 특정 청소년 내담자에게 나타나는 문제들과 같은 우울을 유지시키는 요소들을 해결하기 위해 사례개념화에 기반하여 행동활성화의 모듈들이 알맞게 실시되어야 한다. Persons(2008)는 치료 초기에 문제 목록을 만들고, 특정 문제들을 다루는 데 타당하다고 검증된 치료적 개입법을 계획할 것을 제안하였다. 행동활성화의 주요 요소는 활동 모니터링과 활동 계획, 내담자에게 중요한 목표를 찾고 목표를 달성하는 데 보상이 되는 행동을 찾기, 행동을 하는 데 방해가 되는 요소들을 찾고 해결하기가 포함된다. 또한 특별히 방해 요소인 회피 행동에 초점을 둔다. 사례개념화를 할 때 청소년 내담자의 행동이 회피의 기능을 하는 경우, 관련된 행동활성화 전략을 계획하고 활용한다.

두 번째, 치료자가 행동활성화의 요소가 치료에 도움이 된다고 생각하지만 전반적인 치료는 인지행동치료나 대인관계치료를 활용하는 경우, A-BAP 모듈이나 치료 회기를 논리적이고 체계적으로 기존 치료에 통합할 방안을 치료 초기에 계획하는 것이 좋다. 예를 들어, 과제는 인지행동치료나 대인관계치료에서도 활용이 되지만 A-BAP의 치료 요소를 활용하는 경우, 치료 초기부터 '연습하기'로 과제를 명명하고 진행할 수 있다. 이러한 변화가 A-BAP의 유인물이나 회기 내용을 활용할 때 내담자에게 혼란을 덜 줄 뿐 아니라 더 쉽게 적용하여 활용할 수 있다. 인지행동치료와 대인관계치료에 쉽게 통합될 수 있는 A-BAP 치료 요소들은 활동 모니터링, 활동 계획, 강화 행동 찾기(유인물 12 '나에게 활력을 주는 활동과 기분을 저하시키는 활동'), 방해물 찾기(유인물 26 '방해물: 내적 vs 외적'), 대안적인 대처 전략 개발하기(유인물 31 '회피와 악순환 극복을 위해 TRAP-TRAC 사용하기') 등이다.

경험적으로 검증된 치료의 미래 형태는 전체 프로토콜을 적용하기보다 이처럼 초진단적 문제들에 초점을 둔 모듈화된 개입일 것이다. 이러한 접근은 진단보다는 행동에 초점을 둔 행동치료의 개별 사례적 본질(ideographic nature)과도 일치한다. 실제 현장에서는 특정 진단에 부합하지 않거나 특정 치료 프로토콜을 모두 적용하기 어려운 내담자를 종종 만나게 된다. A-BAP의 모듈식 접근은 전체 치료 프로토콜을 활용하는 것도 가능하고, 사례개념화에 기반하여 필요한 치료 요소들을 선별하여 활용하는 것에도 적합하다.

제4장

A-BAP에서 어려운 문제 다루기

A-BAP 접근은 우울을 경험하는 청소년과 작업할 수 있는 잘 확립된 이론 기반의 전략들을 제공한다. 하지만 개별 청소년 내담자들이 자신만의 고유한 필요와 환경의 어려움을 지니고 있기 때문에 치료 시간 동안 도전적인 상황에 맞닥뜨리는 것은 당연하다. 치료 시에 당면하게 되는 모든 도전적인 상황을 모두 개관하는 것은 불가능하지만, 청소년 내담자들과 일하면서 만나게 되는 공통적인 어려움들에 대해 소개하려고 한다. 이 장에서는 A-BAP 모델로 작업하면서 자주 경험하는 치료적 어려움과 이를 다루고 해결할 수 있는 전략에 대해 개관한다. 내담자 및 보호자와 함께 작업하면서 만나게 되는 어려움은 크게 세 가지 범주로 분류될 수 있다. ① 관여, ② 고통과 증상의 악화 그리고 ③ 가족과 환경이다.

관여

관여(engagement)와 관련된 문제는 매우 다양한 원인을 지니고 있으며, 모든 종류의 심리치료에서 공통적으로 나타난다. 관여의 문제는 다음의 도전적인 과제를 지니고 있다. ① 초기 관여/라포 형성, ② 규칙적 참여, ③ 과제 완수, ④ 변화에 대한 동기 그리고 ⑤ 치료 목표에 대한 내담자와 치료자의 의견 불일치이다. 우리는 행동활성화를 진행하면서 앞에서 이야기한 모든 어려움을 특정 시점에서는 모두 경험해 보았다. 앞에서 설명한 도전적인 상황에 대해 모두 개별적으로 논의하고 치료적 전략을 제시하겠지만, 명심해야 할 것은 제1장에서 언급한 바와 같이 A-BAP는 치료적 관여를 증진하기 위한 근거 기반 기법이라는 점이다(Naar-King & Suarez, 2011; Nock & Ferriter, 2005). 전반적으로 우리는 행동활성화 치료자가 변화와 행동 실험 등을 하면서도 관여에 대한 문제를 이해하고 타당화하기 위해 열려 있고 호기심을 가지며 진실한 관점을 유지하기를 바란다. 이전에 말한 바와 같이, 유발(evocation), 협력(collaboration) 그리고 핵심 동기 강화 면담 전략들(개방형 질문, 반영, 인정, 요약)을 활용할 수 있다(Miller & Rollnick, 2002).

초기 관여/라포 형성의 문제

모든 치료가 그렇듯이 행동활성화에서도 치료적 동맹(therapeutic alliance)을 강조하지 않을 수 없다. Pellerin, Costa, Weens 그리고 Dalton(2010)은 치료를 시작한 청소년 중 약 50%가 치료를 마무리 짓지 못한다고 보고하였다. 이 통계에 영향을 미치는 요인 중 하나가 바로 치료적 동맹이다. 연구 결과, 청소년과의 치료적 동맹을 높이는 데 기여하는 변인으로 내담자가 치료자를 따뜻하고, 존중하며, 믿을 만하고, 열려 있고, 해결 방안을 제공하는 사람으로 보는 것이 포함되었다(Shirk & Karver, 2003; Martin, Romas, Medford, Leffert, & Hatcher, 2006). 일부 연구자들은 청소년기에는 권위적인 대상으로부터 독립하고 차별화하는 과정을 겪기 때문에 치료적 동맹에서의 어려움을 겪는 것이 당연한 과정이라고 지적하였다(Eltz, Shirk, & Sarlin, 1995).

제3장에서 강조했듯이 A-BAP의 초기 회기들은 치료자와 내담자가 좋은 출발을 하는 것에 강조점을 둔다. 구체적으로 내담자와 보호자에게 치료의 구조와 본질, 치료자/내담자/보호자의 역할에 대해 명확한 정보를 제공하고, 치료가 진행되면서 어떤 것을 예상할 수 있는지에 대해 미리 논의한다. 이러한 노력이 초기 관여와 참여를 증진시키는 것으로 알려져 있다(Nock & Ferriter, 2005). 게다가 치료자는 청소년 내담자의 관점에서 청소년 내담자의 이야기를 듣고 이해하는 것에 각별한 주의를 기울인다. A-BAP는 처음 두 회기에 내담자의 과거력에 대해 알아 가면서 이 부분에 많은 강조점을 두지만, 치료가 진행됨에 따라 치료적 동맹의 잠재적인 취약성에 민감해져야 한다. 특히 내담자에게 변화를 위해 너무 압력을 가하여 치료적 동맹에 위협을 가하지 않도록 주의해야 한다. 이러한 부분을 다루는 한 가지 유용한 방안은 치료자가 내담자가 권위적인 대상에게서 독립하고 차별화하는 것과 관련된 발달적 과업을 달성할 기회를 제공하면서 (Eltz et al., 1995), 동시에 따뜻한 방식으로 구조와 안내를 제공하는 '코치'의 역할을 취하는 것이다(Martin et al., 2006). 행동활성화에서 '코치'의 위치를 유지하지 못하게 되면 치료적 동맹에 위협이 될 뿐 아니라 내담자와 파트너십을 강조하고 기술을 연습하는 행동활성화 프로그램의 구조에 위협이 될 수 있다.

규칙적인 참석의 문제

낮은 참석률은 모든 치료를 어렵게 하며 행동활성화도 예외는 아니다. 다른 모든 치료와 같이, 참석률이 낮으면 치료적 혜택을 얻기가 어렵다. 낮은 치료 참석률을 해결하기 위한 한 가지 방안은 보호자를 치료에 포함시켜(전화 통화 혹은 직접 대면을 통해) 도움을 주고 지속적인 의견을 들으며 대처 기술을 강화하는 것이다(Nock & Ferriter, 2005). 또한 A-BAP에서 낮은 참석률이 문제가 된다고 판단된다면 치료자는 낮은 참석 자체를 하나의 문제 행동으로 보고, 기능 분석의 맥락에서 이해하려는 시도를 할 수 있다. 즉, 치료에 불참하는 행동의 유발 요인을 찾고, 치료에 참석하지 않음으로써 나타나는 결과들을 분석하며, 대안적으로 치료에 참석하려는 행동에 방해가 되는 요소를 찾아 해결하는 것이다 (Becker et al., 2015). 간헐적으로 치료에 참석하는 이유는 청소년 개개인마다 다르다. 어떤 청소년들은 어느 정도 치료적 향상이 나타나면서 치료가 부담이 되고, 자신들의 목표 행동에 치료가 오히려 방해가 된다고 느낀다. 또 다른 청소년들은 다른 문제 때문에 간헐적으로 참석하게 될 수 있는데, 예를 들면 부모의 강요로 인해 참석하는 경우나 치료가 어떤 도움이 되는지 이해가 되지 않는 경우가 있을 수 있다. 또 다른 경우에 어떤 청소년들은 우울한 청소년으로서의 정체성을 포기하고 싶지 않아 치료가 이러한 정체성을 바꾸는 것에 불편해한다. 혹은 치료에서 어떤 도움도 받지 못한다고 생각하여 참석에 대한 동기가 낮을 수 있다. 어떤 이유에서든 치료자는 저조한 참석에 대해서 직접적으로 내담자 및 보호자와 이야기하고, 문제 해결의 노력을 기울여 치료가 다시 정상 궤도에 들어설 수 있도록 해야 한다.

　낮은 참석에 대한 문제를 해결하면서 치료자는 청소년 내담자가 솔직하게 치료 과정에 대해 (평가받지 않고) 이야기할 수 있는 충분한 기회를 제공하고 행동에 대한 기능 분석을 실시해야 한다. 이러한 논의에서 꾸준한 참석 없이는 치료에서 도움을 받을 수 없다는 점과 이로 인해 다시 치료는 도움이 되지 않는다는 생각 혹은 치료는 '위기' 때만 가는 것이라는 생각을 하게 되는 악순환이 이루어진다는 점을 이야기 나눌 수 있다. 치료자는 논의를 하면서 유연한 태도로 내담자의 말에 경청하고 문제를 해결해 가야 한다. 예를 들어, 여건상 지속적인 참석이 어려운 경우에는 회기에 참석하는 것과 화상(스카이프 등)으로 만나는 것을 번갈아 가면서 진행할 수 있다. 유사하게, 치료자와 내담자는 일관되게 격주에 한 번씩 만나고, 만나지 않는 주에는 내담자가 하고 싶은 다른 활동을 하는 방식으로 진행할 수 있다. 치료에 대한 간헐적인 참석이나 낮은 참석률은 치료자뿐 아니라 내담자와 보호자 모두에게 필연적으로 지속적인 실망을 안겨 줄 것이다. 낮은 참석에 대한 논의의 예시를 다음에 제시하였다.

> **치료자:** 저희가 시작하기 전에 몇 가지를 확인해 보면 좋을 것 같아요. 지난 2주 동안 저희가 만나지 못했는데요. 저희가 2주나 3주 정도 같이 만나고 나면 1주나 2주간 치료에 불참하고 다시 만나는 이런 패턴이 지속되고 있는 것 같아요. 무언가 ○○가 기분이 나아지면 ○○에게 치료가 덜 중요해지게 되고, 다시 치료에 오지 않으면서 상황이 악화되면 다시 치료가 중요해지는 것 같습니다. 제가 잘 이해하고 있는지 궁금하고, ○○도 이 부분에 대해 어떻게 생각하는지 궁금하네요.
>
> **내담자:** 뭐 모든 일이 괜찮으면 사실 치료에 와야 하는지 잘 모르겠어요. 여기에 오면서 사실 많이 좋아졌어요. 여전히 '좋기도 하다가 나쁘기도 하지만' 대부분…… 특히 최근에는 매주 치료에 오는 게 필요한지 모르겠어요.
>
> **치료자:** 음…… 어떤 느낌인지 알 것 같네요. 저희가 이 부분에 있어서 서로 다르게 이해를 하고 있는 것 같으니 이 부분에 대해 조금 더 이야기하면 어떨까요?
>
> **내담자:** 좋아요. 저는 모든 게 문제없이 흘러가는데 와서 어떤 이야기를 해야 할지도 모르겠고, 치료에 와야 하는 이유를 모르겠어요.
>
> **치료자:** 이런 상황에서 무엇을 이야기할지 모르겠다는 말을 잘 이해했어요. 저희가 치료에 대해 다른 생각을 하고 있는 것 같네요. 만약 모든 것이 잘 흘러가는 때에는 ○○가 어떤 기술을 활용했는지, 어떤 이유로 다른 때와는 다르게 문제를 경험하지 않는지에 대해 이야기하면 많은 도움이 될 거라 생각해요. 그리고 새로운 기술을 배울 시간이 될 수도 있고, 여러 상황을 비교할 수도 있을 것 같아요. 예를 들어, 이전에 부모님과 논쟁하는 게 힘들다고 했는데, 이제는 그런 논쟁을 하는 것이 이전보다 덜 힘들다고 하셨잖아요. 그럼 그때와 지금 이런 차이를 만든 것이 어떤 것인지, 치료에서 배운 어떤 기술들이 도움이 되었는지, 그런 기술들을 활용하고 난 후 기분에 있어서 이전과 어떤 차이가 있는지를 이야기해 보면 좋겠어요. 치료에서 특정 상황이 잘 흘러간 것과 그렇지 않은 것의 차이를 함께 이해해 볼 수 있을 것 같아요. 이렇게 이전 상황과 현재 상황, 좋은 상황과 그렇지 않은 상황에 대해 이해를 하면서 ○○가 목표를 향해 나아가는 데 도움이 되는 정보를 얻을 수 있어요. 그렇지 않고

위기 상황이나 어려움에 봉착한 때에만 치료에 온다면 위기에 대해서만 이야기를 하게 되고, 위기를 만들지 않았던 때 했던 도움이 되는 중요한 활동을 이해할 기회는 잃게 되겠죠. 그리고 치료에 정기적으로 참석하게 된다면 초기에 문제가 되었던 이슈들을 보다 지속적으로 다루게 되고, 치료에서 배운 기술과 전략을 숙달하게 되어서 치료를 더 빨리 종결할 수 있을 거예요. 이해가 되시나요?

내담자: 그렇겠네요.

치료자: 제게 아이디어가 있는데, 치료 약속을 취소하고 싶을 때 취소하기 전에 제게 전화를 하는 것은 어떨까요? 치료에 오는 것과 그렇지 않은 것의 장단점을 함께 이야기하고, 기분이 괜찮을 때조차도 치료가 유용할 수 있는 점에 대해 제가 다시 상기시켜 줄 수 있을 것 같아요.

내담자: 좋아요. 물론 제가 선생님과 여기서 하는 일들을 좋아하지만 치료를 더 빨리 종결할 수 있고, 치료에 오지 않게 될 수 있다는 점도 좋아요.

치료자: 우리가 같은 생각을 하고 있는 것 같네요.

과제 완수의 문제

A-BAP와 같은 행동 기반의 치료에서 회기 간에 과제나 활동을 부여하는 것은 흔한 일이다(Kazantzis, Deane, & Ronan, 2000). 이러한 과제를 통한 전략은 완수할 경우 배운 기술과 개념을 잘 습득하고, 일상생활에 일반화하는 데 유용하고, 회기 간에 내담자가 기술을 활용하고 있음을 확인하는 데 도움이 된다. '과제'가 여러 유용한 효과가 있음에도 불구하고, 여러 가지 이유로 많은 청소년이 과제를 완수하지 못한다. 여기에서도 기능 분석이 다시 한번 강조된다. 과제 수행에 어려움이 있을 때 치료자는 과제를 하는 행동에 대한 기능 분석을 실시할 수 있다. 낮은 치료 참석률 문제에서 살펴본 바와 같이 과제 완수에 어려움을 겪는 이유(예: 낮은 동기, 과제에 대한 불명확한 이해, 회기 사이에 고통스러운 경험을 하고 싶어 하지 않으려는 욕구, 변화하거나 나아지는 데 관심이 적음 등)도 다양하다. 치료자는 치료자 본인이 때로 내담자가 과제 완수를 잘 하지 않는 데 어느 정도

영향을 미치고 있을 수 있다는 가능성을 열어 두어야 한다. 예를 들면, 치료자들은 과제를 내줄 때에 내담자에게 미안해하거나 과제의 중요성을 자신도 모르게 평가 절하하는 경우가 있다. 이러한 치료자의 암묵적인 태도가 내담자가 과제를 완수하는 데 방해물로 작용할 수 있다. 과제에 대한 낮은 순응도에 영향을 미치는 요인이 하나는 아니기에 이 문제를 해결해 가는 과정이 치료를 진척하는 하나의 과정이라고 이해하는 것이 좋다. 이 과정에서 치료자는 과제의 중요성에 대해 내담자와 의사소통하고, 과제가 내담자의 필요에 적합한지, 과제가 명확하게 전달되었는지에 대해 시간을 할애하고 다루어야 한다. 또한 치료자는 지난주에 부여한 과제를 점검하고 살펴야 하며, 필요한 경우 회기 내에서 완성할 수 있는 기회를 줄 수도 있다. 이렇게 하지 않으면 과제를 완수하지 않는 행동을 강화하게 되며, 내담자에게 '과제는 하지 않아도 된다. 과제는 치료에서 어차피 잘 활용하지는 않을 것이다'와 같은 메시지를 전달하게 된다. 이런 이유로 A-BAP에서는 매 회기를 시작할 때 지난주의 과제를 점검한다. 과제를 회기 전에 완수했든지, 회기 내에서 완수했든지, 과제에 담긴 정보는 내담자가 얼마나 치료의 내용을 이해하고 있는지에 대해 알려 주며, 필요한 경우에 개념이나 기술을 다시 설명할 수 있다. 과제에 담긴 정보를 활용하여 새로운 개념을 설명할 때 활용할 수 있는 기회를 얻을 수도 있다. 치료자는 '숙달을 위해 연습이 필요하다'는 메시지를 전달하고, 덜 스트레스를 받는 상황에서 연습을 꾸준히 하면 정말 스트레스를 받고 필요한 상황에서도 필요한 전략과 기술을 사용할 수 있다는 점을 강조한다.

행동활성화 모델에서 과제의 중요성을 강조하는 것 이외에도 과제를 완수할 가능성이 높도록 과제를 구성하는 것이 좋다. 치료자가 목표 설정 과정을 구조화할 때처럼 다음의 내용에 초점을 기울인다.

1. 과제(assignment)가 무엇인가?
2. 완수하는 데 얼마나 걸릴 것인가?
3. 과제를 완수하는 데 걸리는 시간만큼 청소년 내담자가 시간을 할애할 수

있는가?

4. 과제를 하는 데 있어 방해물은 무엇인가?

5. 방해물들이 있을 때 내담자가 과제를 완수하는 데 어떤 해결책을 활용할 수 있는가?

목표를 설정할 때와 유사하게, 치료자가 과제를 더 구조화하여 제공할 때 이를 완수할 수 있는 가능성도 높아진다.

변화에 대한 낮은 동기의 문제

우울을 경험하는 청소년들 가운데 변화에 대한 동기가 낮아 보이는 경우가 있다. 이런 청소년에게는 종종 우울이 자신의 정체성인 것으로 받아들여진다. 우울한 것이 불편하지만 철학적이고, 사색적이며, 깊이 있는 사고를 하는 사람으로 스스로를 생각하고 가치를 매겨 우울을 완화시키려고 하지 않는다. 때로 어떤 청소년들은 나아지거나 우울을 '포기하는 것'이 자신의 정체성(내가 누구인가)에 근본적인 변화를 가져온다고 생각한다. 심지어 우울을 포기하면 자신이 가치 있게 여기던 개인적인 특성들이 없어질 것으로 생각한다. 유사하게, 어떤 청소년들은 우울을 포기하게 되면 자신의 앞에 놓인 앞으로의 일이 어떨지 몰라 불안해하기도 한다(특히 그들이 청소년기의 대부분을 또는 오랜 기간 동안 우울을 경험해 온 경우).

다른 치료에서처럼 동기 강화 면담의 기법이 이러한 문제와 관련된 논의를 하는 데 상당히 도움이 된다. 작은 변화를 가져오기 위해 필요한 것에 초점을 두고, 우울을 완전히 포기하거나 극적인 변화를 가져오지 않으면서도 어느 정도의 변화를 위해 시도해 볼 수 있다. 또한 청소년 내담자가 스스로를 철학적이며, 사색적이고, 깊이 있는 고민을 하는 사람의 정체성을 유지하면서도 행동을 활성화할 수 있는 방안들을 생각하고 그러한 기회를 만들어 볼 수 있다. 제2장에서 소개했던 잭이 이런 경우에 속할 것이다. 잭은 우울을 포기하는 것을 두려워했다.

잭은 할 수 없이 치료에는 참여했지만 치료가 효과가 없고, 과제는 '멍청해 보이고, 도움이 되지 않으며, 사소한 것 같다'고 비판했다. 치료자는 잭과 그의 비판에 대해 논쟁하기보다 잭이 똑똑하고, 생각이 깊으며, 예술적이고, 창의적인 젊은 남학생이라고 관점을 활용했다. 치료자는 잭에게 A-BAP가 도움이 될지 확신할 수는 없지만 다른 우울한 청소년들에게는 효과가 있음을 소개한 후, 잭이 자신의 예술적이고 창의적인 재능을 활용하여 활성화하는 방안과 과제를 함께 건설적인 방식으로 만들어 간다면 잭뿐만 아니라 다른 청소년들에게도 그것이 활용될 수 있을 것이라고 제안했다. 잭은 이 아이디어를 좋아했고, 매주 치료자에게 각 전략, 활동지, 과제에 대한 자신의 생각과 정보를 제공했고, 어떻게 이러한 활동과 과제를 향상시킬 수 있을지에 대한 아이디어를 나누었다. 흥미롭게도, 이런 과정을 위해 잭은 스스로 각 전략을 활용해야만 했다. 잭은 과제들이 여전히 멍청해 보인다고 했지만, 점차 더 관여 행동을 하기 시작했다. 하지만 잭이 자신의 사색적이고 깊은 사고방식을 포기할 필요는 없었다. 대신 자신의 행동을 활성화하기 위해 자신의 재능을 활용하도록 요청받았다.

변화에 대한 낮은 동기는 반추의 측면에서 이해할 수도 있다. 저자들의 이전 연구(McCauley, Schloredt, Gudmundsen, Martell, & Dimidjian, 2015)에서 자세히 기술했듯이, 반추는 종종 우울과 관련이 있고(Nolen-Hoeksema, 2000), 두 가지 하위 유형인 우울형 반추와 숙고형 반추로 나뉜다(Treyno, Gonzalez, & Nolen-Hoeksema, 2003). 이 두 가지 유형의 반추는 서로 다른 결과를 가져온다. 청소년이 반추를 하는 경우, 치료자는 어떤 유형의 반추인지를 이해하는 것이 매우 중요하다. '우울형' 반추는 우울 증상 및 비관여적 대처와 같은 부정적인 결과와 더 관련이 있고, '숙고형' 반추는 긍정적 결과와 더 관련이 있다(Burwell & Shirk, 2007; Lo, Ho, & Hollon, 2008; Treynor et al., 2003).

예를 들어, 오랜 기간 동안 자신의 사회적 관계와 관련해 반추해 온 15세 소녀인 앨리슨을 생각해 보자. 앨리슨은 친구들과의 사회적 상호작용을 예상하는 데 몇 시간씩 사용하고, 상호작용을 한 후에는 계속해서 다시 떠올리기를 반복한다. 자신의 반추가 도움이 되고, 자신이 원래 지난 일들과 앞으로 있을 일을 꼼꼼히 따지는 사람이라고 주장했지만, 점차적으로 자신의 반복적으로 생각하는 행동(반추)에 대해 기능 분석을 하는 것을 받아들였다. 기능 분석을 통해 앨리슨이 기분이 저조할 때 우울형 반추를 하며, 자신이 이미 통제할 수 없는 요인들(예: 이미 한 대화, 친구들이 한 반응, 그 순간에 느꼈던 감정적 반응들)에 대해 계속 생각하는 것을 알게 되었다. 앨리슨은 몇 시간 동안 이런 요인들에 대해 생각을 했고, 앞으로 이런 상황이 생기지 않도록 확신을 갖기 위해 과거에 일어난 일을 곱씹고 생각했다. 하지만 결과적으로 앨리슨을 부정적인 상황에 빠뜨릴 뿐이었고, 앨리슨은 자신이 앞으로 유사한 상황에서도 다르게 행동할 능력이 없다고 점차 더 비관적으로 생각하게 되었다. 이러한 패턴은 앨리슨의 기분을 더 저조하게 했고 초조하게 했다. 반대로 앨리슨의 기분이 좋을 때는 이런 반추를 덜 했고, 상황을 더 잘 반영할 수 있었다. 또한 기분이 좋을 때는 마음대로 잘 되지 않은 일들을 수용할 수 있었고, 자신이 통제할 수 없는 부분을 인정할 수 있었다. 그리고 다른 일(예: 과제나 다른 사회적 관계)에 주의를 돌릴 수 있었다. 앨리슨은 반추의 전형적인 유발 요인들과 패턴에 대해 배웠고, 이런 상황이 발생했을 때 자신의 기분을 평정하는 데 동의했다. 자신의 기분이 저조할 때(10점 만점에서 4점이나 그 이하), 자신에게 활력을 주는 활동에 더 관여하고, 우울형 반추를 하지 않기로 했다. 만약 자신의 기분이 5점이나 그 이상이면 상황에 대해 생각해 보지만, 그 시간을 5분으로 제한하는 것이 더 저조한 기분으로 이어지지 않는 데 도움이 된다는 것을 배웠다.

앨리슨의 사례는 반추가 어떻게 행동활성화 치료에 방해 요소가 되며, 변화에 대한 낮은 동기를 유발하는지를 알려 준다. 여기에서 매우 중요한 치료자의 역할은 내담자와 함께 반추 행동에 대한 기능 분석을 하는 것이다. 이를 통해 내담자가 반추가 무엇인지를 이해하며 그 순간에 반추를 식별할 수 있도록 돕는다(예: TRAP—유발 요인, 반응, 회피 패턴—을 인식하게 된다). 그뿐 아니라 대안적인 대처 전략이나 행동을 식별하여 반추를 극복할 수 있도록 돕는다. 앨리슨의 예에서는 '활력을 주는' 행동(예: TRAC—유발 요인, 반응, 대안적 대처)을 하는 것이었다.

치료 목표에 대한 불일치의 문제

청소년들과 작업을 할 때 자주 부딪히는 문제 중 하나는 청소년 내담자들이 치료에 스스로 오기보다는 부모나 보호자가 데리고 온다는 점이다. 이러한 과정으로 치료에 온 내담자들은 자신의 문제를 인식하지 못하거나 치료의 목표에 동의하지 않는 경우가 많다. 이런 경우에는 치료적 접근법에 상관없이 치료자가 어려움을 겪으며, A-BAP에서도 마찬가지이다. 우리도 종종 이러한 청소년 내담자를 치료한 경험이 있다. 부모는 상당한 수준의 우울 증상을 보고했지만 청소년은 강력하게 부정했고, 우울과 같은 용어를 사용하지 않기를 원했으며, 치료의 목표도 우울이 아닌 다른 것에 초점을 맞추기를 원했다. 이런 경우 청소년들도 무언가 잘못되고 있는 것 같고 치료가 도움은 될 것 같다는 자신만의 아이디어를 가지고 있을 수 있다. 이때는 청소년의 언어와 용어로 대화해야 한다. 제2장에서 소개한 피터의 사례가 이러한 어려움을 보여 준다. 피터는 자신이 우울하다는 것을 인정하려 하지 않고 우울증의 치료에도 준비가 되지 않았지만, 자신이 다른 사람들에게 동떨어져 있어 사회적 관계를 회복하고 싶지만 그 방법을 잘 모르겠다고 했다. 이 경우, 치료자는 '우울'이라는 용어를 사용하지 않았고 치료자의 아이디어를 강요하지 않았다. 대신 친구들과 더 많은 활동을 할 수 있는 목표를 정하고 어떻게 그것을 이룰지에 대해 논의했다.

진단 및 분류에 대한 차원적 접근에서 강조하듯이(Helzer et al., 2006; Kraemer, 2007), 내담자가 진단명이나 치료 목표에 대해 충분히 동의하지 않는다면 그러한 것을 사용하는 것의 장점이 없다. 청소년들에게 우울증을 치료 목표로 삼아야 한다고 강요하는 것은 치료적이지 않을 뿐 아니라 내담자를 치료 과정에서 소외시켜 치료에 관여하는 것을 막는다. 대신 청소년 내담자가 선호하는 용어를 사용하여 협력적으로 작업한다면, 결국 시간이 지나면서 청소년 내담자 스스로 자신의 문제를 다르게 보게 될 것이며, 치료 과정에서 자신의 어려움과 고통을 타당화할 수 있을 것이다. 그리고 이는 결국 치료적 동맹과 치료 관계의 향상을 가져올 것이다.

관여 파트 요약

요약하면, 내담자가 치료에 관여하는 데 어려움을 유발하는 요인들은 다양하다. 이 책에서는 이 가운데 몇 가지 A-BAP 프로그램을 실시하면서 자주 경험하는 요인들에 대해 소개하였다. 앞에서 문제들과 도전들 그리고 그에 대한 여러 가지 해결안을 제시했지만 충분하지는 않을 것이다. 최근 연구에서 Becker와 동료들(2015)이 치료 관여의 세 가지 영역[참여(attendance), 순응(adherence; 예: 회기 활동에 참여하기, 과제 완수하기), 인지적 준비(예: 역할에 대한 기대, 변화에 대한 동기)]이 치료 결과(outcome)와 맺는 관계를 연구하였다. 그리고 긍정적 치료 결과와 치료 관여에 영향을 미치는 임상적 치료 요소들을 제시하였다. Becker 등(2015)이 제시한 임상적 치료 요소들은 A-BAP에서도 공통적으로 활용된다(예: 지속적인 평가, 심리 교육, 역할과 서비스에 대한 기대, 치료의 방해 요소를 평가하고 이해함, 과제 부여 등). 어떤 치료에서도 치료 관여와 관련한 어려움이 발생하지만 치료의 결과를 향상시키기 위해서는 치료자가 이러한 문제들을 미리 인식하고 준비해야 하며, 이러한 관여의 문제가 발생했을 때 치료 내에서 계획하고 다룰 수 있어야 한다.

고통과 증상의 악화

제2장에서는 A-BAP가 적합하지 않아 다른 근거 기반 치료를 대안으로 생각하는 사례에 대해 논의했다. 제5장에서는 우울 이외의 다른 문제를 지니고 있는 청소년에게 행동활성화를 적용하는 방안에 대해 논의할 것이다. 여기에서는 고통이나 증상이 악화되어 어려움을 경험하는 경우(① 위기의 주간 시나리오, ② 고위험 행동, ③ 자살 경향성과 같은 급성 증상)에 초점을 두어 논의할 것이다.

'위기의 주간' 시나리오

어떤 종류의 심리치료에서도 '지속적으로 나타나는' '위기들'은 치료 과정을 어렵게 하고, 생산적인 방식으로 치료를 진척하는 데 어려움을 초래한다. 치료자와 내담자가 매주 치료 전략들을 배우고 습득해 가는 대신 '위기의 나날'을 관리하는 쪽으로 치료의 방향을 바꾸게 된다. 어떤 청소년들은 '위기'를 종종 겪기도 하지만, 어떤 청소년들은 '위기'가 그들의 임상적 특성을 지배하기도 한다. A-BAP 치료자들은 이러한 '위기'의 빈도와 패턴을 인식하고, 그에 따라 위기 행동을 다루어야 한다. 자주 나타나지 않는 위기는 지속적인 문제나 회피의 문제가 아닐 수 있으며, 지속적으로 나타나는 위기와는 구별되고 다르게 다루어야한다. 전자(자주 나타나지 않는 위기)의 경우, 치료자는 유연함을 가지고 내담자의 즉각적인 요구에 주의를 기울이는 것이 매우 중요하다. 다른 부분에서 논의했듯이 치료자는 내담자가 가져오는 '위기' 상황에 대처할 수 있도록 준비되어있어야 한다. 우리의 경험에 따르면, 치료자가 경험이 많고 행동활성화에 능숙할 때는 내담자가 가져오는 문제와 이슈들을 행동활성화 모델에 맞추어 해결안을 찾을 수 있었다. 위기의 경우에 치료자들은 치료 계획을 내려놓고 위기 문제를 먼저 해결하곤 한다. A-BAP 치료자는 위기 상황에서 안전을 보장하면서 위기를 다루는 데 행동활성화 치료 전략을 활용할 수 있도록 내담자와 검토할 수 있다. 하지만 만약 '위기'가 자주 나타나고 반복되는 패턴을 보인다면 행동활성화 치료자는 다른 방식으로 접근할 필요가 있다. 예를 들어, 정기적으로 나타나는 위기는 일종의 '회피 행동'일 가능성이 있다. 연속적으로 나타나는 위기는 치료의 초점을 흐리고 치료의 진척을 어렵게 하므로 치료에서 다루어야 하는 이슈들을 다루지 못하게 되는 상황이 생긴다. 이런 상황에서는 내담자와 치료자가 '외면할 수 없는 일(elephant in the room)'을 결국 다루는 것이 중요하다. 치료자는 내담자의 위기 행동을 기능 분석을 통해 이해하고, 청소년 내담자와 함께 위기 행동과 치료 계획에 다시 초점을 두는 것이 좋다. 잘 해결되지 않는 경우, 내담자는 치료를 위기가 닥치면 그 문제를 해결하기 위해서만 필요한 것으로 생각할 수 있어 다시 잦은 불참으로 이어질 수 있다.

'위기의 주간(crisis of the week)' 시나리오의 예로 조시의 사례를 들어 보자. 조시는 16세 남아로 어머니와 형과 함께 살고 있으며, 지난 몇 년간 아버지를 보지 못했다. 조시는 성공적인 변호사가 되기를 갈망했고, 그러면 자신의 어머니가 편안한 삶을 살 수 있을 것이라 생각했다. 조시는 이러한 열망이 있었지만, 아침에 일찍 일어나서 학교에 제시간에 등교하는 것이 매우 어려웠다. A-BAP 프로그램을 시작하면서 조시는 매주 주의를 기울여야 할 만한 일종의 '위기의 주간' 문제를 가져왔다. 그 문제가 한 주는 자신의 어머니의 건강과 관련된 것이었고, 다른 주는 언어 과목에서 낙제한 것과 관련된 것이었고, 그다음 주는 몇 년 만에 아버지와 연락하는 것과 관련된 것이었다. 매주 조시의 치료자는 A-BAP를 적용하는 것이 어려웠다. 조시의 치료자는 조시와 함께 이러한 문제들을 A-BAP의 맥락에서 우울과 함께 이해하려고 노력하면서 함께 상황, 기분, 그가 선택한 행동들의 관계를 살펴보았다.

치료가 시작된 후 네 번째 주에는 예정된 회기의 2시간 전에 조시의 어머니에게 전화가 왔다. 조시가 학교 카페테리아에서 친구와 말다툼을 하던 중에 자신이 무기를 가지고 있다고 모호한 협박을 해서 학교에서 긴급 정학 통보를 받았다고 하였다. 어머니가 생각하기에 학교는 조시의 위협이 심각하다고 판단하여 경찰에 연락했고, 집에도 연락을 하여 곧 경찰이 집을 수색할 것이라고 했다. 조시의 어머니는 그를 매우 걱정했고, 왜 그런 행동을 했는지 의아해했다. 아직 치료 4주째일 뿐인데 조시는 그 전에도 매주 여러 가지 위기 상황을 가져왔고, 그것을 행동활성화의 맥락에서 다루었다. 하지만 이번 위기 상황은 훨씬 더 심각했다. 먼저, 조시의 치료자는 회기 계획(행동의 결과 소개하기)을 포기하고, 위기 평가와 적절한 자원(예: 입원 등)을 찾아야 한다고 생각했다. 두 번째로, 치료자는 조시가 매주 새로운 위기 상황을 가져오는 바람에 치료 회기에서 배운 전략이나 기술을 실제 삶에 적용하지 못한다고 생각했다. 이에 조시의 치료자는 행동활성화를 하는 동료 치료자를 만나 자문을 구했다. 먼저 치료자는 오늘 발생한 위기 상황에 대한 위기 평가를 실시하고, 평가 결과에 따라 입원 과정을 밟거나 혹은 기능 분석을 실시하여 위기 상황에 적용하면서 치료를 진행하려는 계획을 가지고 있었다. 자문 회의에서 행동 기능 평가에서 얻은 정보에 따라 치료자는 행동활성화 문제 해결(5회기 '문제 해결하기') 개념들과 전략들을 활용해 다시 학교로 돌아가는 것에 대해 이야기하면서, '감정적 폭발(bursting)'과 같은 회피 행동의 의미를 이해하는 것(8회기 '회피 극복하기')이 필요하다고 논의하였다. 이 모든 내용을 한 회기에서 다루기에는 너무 많기에 조시의 치료자와 동료는 이번 회기에는 안전과 학교 복귀와 관련된 당장의 문제에 초점을 맞추는 것이 중요하다고 논의하였고, 이번 주에 추가 회기를 계획하거나 다음 주에 '회피 행동'의 여러 가지 다른 패턴이 어떻게 지속되는 위기와 관련이 있는지 살펴보는 것이 좋겠다고 생각했다.

조시가 치료에 왔을 때 그는 눈물을 흘리며 후회하는 모습을 보였다. 자신이 모든 것을 망친 것 같고, 다시는 교장 선생님, 담임 선생님 그리고 다른 학교 친구들을 볼 수 없을까 봐 두려워했다. 또한 오늘 자신이 위협했던 남학생에 대해서는 깊은 실망감을 표현했다. 그 남학생이 자신을 평소에 괴롭혀 왔고, 오늘 일을 통해서 그 학생이 자신을 괴롭힌다는 것을 학교 담당자들이 알기를 바랐고, 그가 자신을 그냥 내버려 두기를 바라는 마음에 위협을 한 것이라고 했다. 치료자는 위기 평가와 행동 기능 평가를 실시한 후에 조시가 한 행동은 실제 학교의 다른 학생들을 위협할 의도는 없었고, 괴롭히는 가해 학생이 한 말에 놀라기도 하고 속상하기도 하여 자신을 좀 내버려 두라는 의미에서 감정이 폭발한 상태에서 한 말이라는 확신을 갖게 되었다. 치료자는 조시와 기능 분석의 개념뿐 아니라 문제 해결과 회피에 대해 논의할 수 있었고, 이 과정에서 (자신을 괴롭혔던) 그 남학생의 행동을 멈추게 하기 위해 '감정적 폭발' 행동이 회피 행동이 될 수 있다는 점을 이야기하였다. COPE를 활용하여 문제 해결을 위해 선택할 수 있는 안들을 생각하고 각각을 평가해 볼 수 있었다. COPE를 활용하여 조시가 다음 단계로 학교로 돌아가기 위한 일들을 나열해 보았고, 회기를 마친 후에 학교 심리학자에게 바로 연락하기로 했으며, 교장 선생님과 면담을 할 수 있도록 도움을 요청하기로 했다. 회기 마지막에 이 계획은 조시의 어머니와 검토했고, 그의 어머니도 교장 선생님께 연락을 취하도록 했다. 치료의 마지막에 치료자는 반복되는 위기를 회피 행동으로 규정하여 가설을 세웠으며, 이 부분에 대해서는 다음 회기에 이야기할 것에 대해 모두의 동의를 얻었다.

다음 회기가 시작되었을 때 조시는 자신에게 최근에 일어난 일들이 자신의 우울과 관련된 것이며, 실제 위기는 아니라고 이야기했다. 단지 조시는 이런 상황에서 어떻게 대처할지에 대한 기술을 배울 필요가 있었다. 이러한 내용을 인정하면서 조시는 자신이 치료에 대해 가지고 있던 생각을 부끄럽게 내어놓았다. 조시는 치료를 문제를 다루거나 해결하는 데 초점을 두는 시간이 아니라 얼마나 '나쁜 일들이 있었는지'에 대해 토로하는 시간이라고 생각했다고 했다. 이것이 치료자에게는 행동활성화의 역할, 기대에 대한 정보를 제공하고, 조시와 어머니에게는 자신들의 생각을 공유할 기회를 제공하였다.

고위험 행동 다루기의 문제

'위기의 주간' 상황에서 회피 행동에 대해 논의했던 것처럼, 고위험 행동에도 유사하게 적용될 수 있고, 이는 자해 행동들(예: 커팅, 화상, 섹스팅, 위험한 성 행동, 약물 사용 등)에만 국한되는 것은 아니다. 먼저, 위험 행동을 행동활성화 모델의 관점에서 점검할 필요가 있다. 즉, 기능 분석을 통해 행동이 내담자에게 어떤 의미가 있고, 내담자의 우울과 어떤 관계가 있는지를 이해해야 한다. 기능 분석에 대한 내담자의 반응을 통해 삼각형(유발 요인-반응-회피/대안 행동, TRAP/ TRAC) 요인을 활용하여 논의한다. 내담자가 이러한 논의에 참여하기 시작한다면 목표 활동들이 치료의 목표가 되고, 행동활성화를 시작한다(모니터링, 세부화 등). 이 과정에서 치료자와 내담자는 위기 행동이 회피의 형태로 나타나는지를 협력적으로 검토하며, 내담자가 TRAP-TRAC 알고리즘으로 자신의 행동을 이해할 수 있도록 도울 수 있다. 실제 도전적인 문제가 ① 내담자의 위험 행동과 증상이 오히려 악화되고 (치료가 진행되고 있음에도) 기대한 변화가 나타나지 않거나, ② 내담자가 위험 행동의 파괴성을 이해하지 못하고 위험 행동과 행동활성화의 목표 행동 간 불일치를 이해하지 못하는 상황에서 나타난다. 이 경우 내담자는 목표 행동을 위해 위험 행동을 포기하려 하지 않는다. 앞의 두 가지 상황에서 행동활성화 치료자는 다른 치료적 전략을 통합할 것을 고려해야 한다. 예를 들어, 증상이 지속적으로 악화되는 상황에서는 변증법적 행동치료(DBT)의 고통 감내(distress tolerance) 요소를 활용할 수 있다. 후자의 상황에서는 동기 강화 면담을 활용하여 위험 행동에 대한 양가적인 태도를 이해하도록 돕고, 건강한 행동을 하고자 하는 동기를 갖도록 도울 수 있다. 이를 통해 목표 행동을 정하게 되면, 그 행동을 관찰하고 모니터링을 시작한다. 이러한 노력에도 불구하고 청소년 내담자가 지속적으로 고위험 행동을 하거나 행동의 악화가 지속된다면, 다른 치료적 접근들을 통합해 볼 것을 고려해야 한다.

자살 경향성 다루기의 문제

우울증을 치료할 때는 종종 자살 사고나 자살 행동이 문제로 부각된다. 행동활성화 치료 일부에는 자살 위험을 매주 평가하는 것이 포함되어 있다. 예를 들면, PHQ-9(Richardson et al., 2010)과 같은 질문지를 사용하여 우울 증상과 자살 경향성을 간단하게 평가한다(제2장 참조). 이에 더해 3주에 한 번 정도는 SIQ(Reynolds, 1987)를 활용하여 자살 경향성을 심도 있게 체크한다(제2장 참조). 이러한 평가적 접근과 함께 자살 경향성이 나타났을 때 어떻게 다루어야 하는지도 중요하다. 지속적으로 강조했듯이, 자살 경향성도 기능 분석을 통해 치료자와 내담자가 협력하여 이해하려는 노력을 기울여야 한다. 즉, 자살 행동에 대한 유발 요인, 맥락, 내담자가 자살 생각이나 죽고 싶은 마음이 들 때 어떤 행동을 했는지를 이해해야 한다. 다른 고위험 행동(예: 섹스팅, 커팅, 약물 사용 등)과 유사하게 자살 행동의 빈도, 심각성, 기능 분석, 내담자가 행동활성화 기법을 활용할 의지를 고려하여 개입 방법을 결정한다. 만약 청소년 내담자의 자살 생각이 생각에 그치고 구체적인 자살 계획이나 의도가 없다면 안전 계획을 수립하고, 자살 생각을 꾸준히 모니터링하면서 유발하는 감정이나 생각이 들 때 행동활성화 기법을 적용해 보는 연습을 한다. 만약 자살 경향성이 더 급성이고 심각하며 지속적으로 나타나는 경우에는 강화된 행동활성화(예: Collaborative Assessment and Management of Suicidality: CAMS; Jobes, 2006) 치료팀이나 약물 검사에 의뢰 하거나 보다 통제된 치료 세팅(예: 입원 병동, 거주 시설)에 의뢰하는 것을 고려할 수 있다. 만약 치료자가 행동활성화 치료가 적합하다고 판단하지만 여전히 내 담자가 치료에 반응을 하지 않는 경우나 공존하는 정서 조절의 어려움을 겪는 경우에는 DBT(예: 생존 기술, 정서 조절 기술 등) 요소를 통합하거나 DBT 치료자 에게 의뢰할 수 있다. 중요한 점은 자살 경향성은 절대 무시하고 넘어가서는 안 되며, 그것을 우울 증상이 경감하면 자연스럽게 사라질 부작용으로 간주하지 않 아야 한다(Jobes, 2006). 자살 문제는 항상 최우선으로 평가하고 직접적으로 개 입해야 한다.

만성적인 자살 경향성을 지녔던 잭의 사례를 살펴보겠다. 잭은 17세 남아로 제2장에서 소개한 바 있다. 상담에서 만났을 때, 잭은 지난 몇 년간 계속 자살 경향성에 시달렸다. 아직 자살 시도를 하지는 않았지만 전기제품(예: 헤어드라이 어, 토스터기)을 사용하는 방법 등으로 목숨을 끊을 것이라고 거리낌 없이 이야 기했다. 평가에서 잭은 매주 자살 생각이 있다고 보고했고, 그의 자살 경향성 수 준은 매주 치료 회기에서 논의되었다. 행동의 기능 분석을 통해 잭의 자살 생각 을 유발하는 것은 주로 실망스러운 대인관계, 특히 어머니와의 관계인 것으로 나타났다. 잭이 예측 가능하게도 욕조에 물을 가득 담아 놓고 토스터기를 안고 들어가는 것과 같은 자살 계획을 실행하는 것은 그런 순간이었다. 잭의 자살 생 각은 만성적이었기 때문에 치료자는 여러 번에 걸쳐 치료팀에게 수퍼비전을 요 청하여 자문을 받았다. 결과적으로 잭을 다른 치료에 의뢰하지 않고 행동활성 화 치료를 지속하기로 했다. 그 이유는 잭에게서 심각한 정서 조절의 문제가 나 타나지 않기 때문이며, 잭이 현재 급박하고 즉시적인 위험에 있지 않기 때문에 입원도 적절하지 않다고 판단했기 때문이었다. 잭의 자살 문제가 만성적이기는 하지만 현재 그가 치료에 관심을 가지고 관여하고 있으며, 치료자와 자살 경향 성에 대해 솔직히 논의를 하고, 함께 세운 안전 계획에 (마지못해 하지만) 동의한

점을 고려하였다. 잭과 치료자는 자살 행동을 치료의 목표로 정하고 지속적으로 논의하기로 했으며, 잭의 보호자(아버지, 고모, 고모부)에게 집에서 잭의 안전을 확인하고, 잭이 위기를 경험하는 상황에 대해 교육받게 하였다. 자살 행동을 지속적인 치료 목표로 삼아 자살 행동을 회피 행동으로 개념화하고, 자살 행동의 대안적 대처 전략을 찾으며, 어머니와 만나고 나서 대안 전략을 사용할 계획을 세우고, 잭의 사회관계를 넓히고 지지를 얻기 위한 '활력을 주는' 활동을 늘리며, 이러한 잭의 노력을 강화하려는 시도를 하였다. 잭이 치료 과정 동안 지속적으로 자살 생각을 가지고 있었지만, 이러한 생각이 나타날 수 있는 상황을 미리 예측할 수 있었고, 이때 위험 행동이나 자해 행동을 하지 않고 대안적 대처 전략을 활용하는 것과 같은 진척을 보였다.

가족과 환경

때로는 가족 환경이 치료의 방해 요소가 된다. 예를 들면, 가족 갈등, 부모의 질병, 재정적 어려움, 치료에 대한 부모의 지지 부족 등이 포함된다. A-BAP에서는 청소년 내담자와 함께 이러한 가족 문제가 자신의 우울에 어떤 영향을 미치는지 이해하고, 가족 문제가 행동활성화 전략을 활용하는 데 어려움을 야기하는지 논의한다.

행동활성화 접근을 지지하지 않는 보호자

A-BAP의 가장 중요한 측면 중 하나는 청소년 내담자가 매주 목표-기반 행동을 할 수 있도록 동기를 유발하고, 실제 이러한 행동을 체계적으로 삶에 적용하고 모니터링하며, 이러한 행동 변화를 치료 회기에서 검토하고, 점차 이러한 변화가 확장되는 것을 돕는 것이다. 하지만 청소년들이 성공적으로 행동을 활성화하는 데에는 그들 자신의 의지만으로는 부족한 경우가 많고, 많은 경우 보호

자(부모)의 지지와 도움이 필요하다. 예를 들어, 때로는 목표 행동을 하기 위해서 경제적인/금전적인 도움이 필요한 경우도 있다. 그렇지만 우리의 경험에 따르면 모든 보호자가 행동활성화 과정에서 자신의 역할을 이해하는 것은 아니다. 따라서 보호자에게 행동활성화에서 보호자의 역할에 대해 심리 교육을 제공하는 것이 도움이 된다. 보호자가 행동활성화에서 자신의 역할을 받아들이지 않는다면, 행동활성화를 하는 데 많은 환경적/맥락적 어려움이 초래된다. 가족들은 여러 가지 이슈를 지니고 있다. 예를 들면, 경제적 어려움, 보호자의 신념(예: 자녀들은 부모에게 존중을 보여야만 한다, 자기 스스로 일을 해결해야 한다, 집안일을 다 하기 전에는 절대 밖으로 나갈 수 없다 등), 보호자의 불편함(예: 저녁에 있을 수 있는 활동을 위해 자녀들에게 교통수단을 제공하는 것 등, 역자 주: 특히 미국과 같이 대중교통이 불편한 곳에서), 보호자의 두려움(예: 자녀 친구의 부모를 잘 모르는 경우 특정 모임에 함께 가는 것, 저녁 시간에 함께 버스를 타고 낯선 곳에 가야 하는 것 등) 등이다. 부모들이 A-BAP 때문에 가족의 신념이나 가치를 내려놓아야 한다고 주장하는 것은 아니며, 그보다 치료자가 행동활성화 접근에 지지적이지 않은 부모와 명료하고 투명한 의사소통을 할 것을 제안한다. 부모와의 대화에서는 다음의 내용을 중요하게 다룰 수 있다. A-BAP에서 행동활성화의 역할, 청소년의 노력에 대한 지지와 도움의 중요성, 청소년들이 활성화하고자 하는 행동이 부모의 가치와 부합하지 않는 경우 합리적인 해결안을 도출하는 것 등이다. A-BAP 치료자가 부모에게 심리 교육을 제공하면서도 부모가 맞닥트린 어려움, 두려움/문제를 함께 살펴보고, 타당화하고 문제를 해결하려는 시도를 할 수 있다. 치료자가 부모에게 다음과 같이 이야기할 수도 있다. "지금 자녀가 나아지기 위해 새로운 무언가를 하면서 어려움을 겪고 있는데, 아마도 이러한 어려움을 해결하기 위해 부모님께도 어려운 일을 요청하는 것일 수 있습니다."

　케이트의 사례를 통해 부모님의 어려움에 대해 살펴보도록 하자. 케이트는 15세 여아로, 현재 사립학교에 다니고 있으며, 이 때문에 학교 친구들이 이웃이나 주변에 살고 있지 않다. 이러한 환경은 케이트에게 매우 힘들고, 그녀의 우울과 사회적 고립에 영향을 미친다. 행동활성화의 일환으로 케이트는 주말에 시내에서 여자친구들을 만나 쇼핑을 하고 싶어 했다. 목표 설정 회기(6회기 '목표 세우기')에서 배운 대로 케이트는 이 활동을 매우 효과적으로 계획했다. 케이트는 주초에 친구와 그에 대해 이야기하여, 친구들이 주말에 다른 계획을 세우기 전에 약속을 잡을 수 있었고 구체적인 계획도 함께 논의했다. 케이트의 친구들이 버스를 타고 시내에 가서 좋아하는 상점에서 만날 계획을 갖고 있어서 케이트도 같은 계획을 세웠다. 하지만 케이트의 어머니는 이 계획이 맘에 들지 않았고 걱정이 되어 허락하지 않았다. 어머니는 케이트가 버스를 타서도 안 되고 친구들과 그룹으로 시내에서 쇼핑을 해서도 안 된다고 생각했다(역자 주: 한국과는 다르게 미국의 경우 종종 이런 행동이 위험할 수 있다고 생각할 수 있음). 케이트는 다음 회기에 매우 실망스러운 모습으로 와서 자신은 할 수 있는 모든 계획과 일을 했지만, 결국 자신이 한 것은 친구에게 가서 어머니가 허락하지 않아서 안 된다고 말한 것밖에 없다고 했다. 자신의 계획이 무산되면서 케이트는 자신이 배운 기술들을 사용할 수 없었다. 케이트는 슬프고 외롭고 무망감에 휩싸였고, 자신의 어머니가 이런 활동을 허락할 리가 없을 거라 생각했다. 케이트의 어머니와 진행한 심리 교육 회기에서 케이트에게 활동이 얼마나 중요한지 이야기하면서 케이트의 어머니가 버스 타는 것과 시내에서 여자아이들이 함께 돌아다니는 것이 안전하지 않다는 것을 크게 염려하고 있음을 알게 되었다. 케이트의 어머니는 젊었을 때 트라우마를 겪은 적이 있고, 자신의 딸이 같은 경험을 하지 않기를 바랐다. 특별히 케이트가 버스를 혼자 타는 것이 걱정되었고, 만약 길을 잃으면 도시를 많이 다녀보지 않은 딸에게 큰 위험이 닥칠 것으로 생각했다. 치료자는 케이트의 어머니와의 치료 회기에서 많은 이야기를 하였고, 케이트 어머니도 (자신의 트라우마에 대한) 개인 치료를 받기로 했다. 이와 더불어 치료자는 케이트의 의견을 옹호하면서 케이트에게 사회적 행동을 활성화하는 것의 중요성과 케이트의 목표 그리고 그녀가 이러한 상황을 잘 대처할 수 있는 능력이 있음을 논의하였다. 케이트는 어머니와 함께 협력적으로 계획을 살폈고, 결국 케이트의 어머니가 친구 집까지 차로 데려다 주고, 친구와 함께 버스를 타고 시내로 가는 것으로 계획을 수정했다. 하지만 이 계획을 실행하기 전에 케이트와 가족은 먼저 버스를 함께 타고 시내 주변을 함께 다니면서 케이트가 그 지역에 익숙해지도록 도왔다. 여전히 어머니에게는 불안한 상황이었지만 케이트가 충분히 능력이 있으며, 친구들과 함께 시내 구경을 안전하고 성공적으로 할 것이라 생각했다.

가족 갈등 다루기의 문제

가족 갈등은 청소년과 함께 작업하는 치료에서는 항상 어려움을 유발하는데, 그 이유는 치료자가 치료실에 정기적으로 오지 않는 사람들(가족)과 내담자 사이에서 협상하는 것을 도와야 하기 때문이다. A-BAP에서는 부모에게 심리 교육을 제공할 뿐 아니라 부모에게 의사소통과 지지 기술을 교육한다. 이렇게 하는 이유는 예민해져 있거나 고마워할 줄 모르는 것과 같은, 자녀와 교류하면서 발생할 수밖에 없는 갈등을 부모가 다뤄야 할 경우가 생기기 때문이다. 특히 2회기(상황-활동-기분 순환)에서 소개했듯이, 심리 교육에서는 부모에게 지지를 제공하고, 자녀의 문제 행동을 우울의 맥락에서 이해할 수 있도록 돕는 것에 초점을 둔다. 특히 자녀의 행동이 자녀 스스로 조절할 수 있는 의도적 행동이나 부모를 거절한 행동이 아님을 강조한다. 이러한 교육을 통해 부모는 자녀의 행동을 한 발치 떨어져 바라볼 수 있게 되고, 자녀의 문제 행동을 보다 객관적으로 바라볼 수 있게 된다.

가족 갈등이 일어나는 또 다른 이유로, 청소년들은 자신의 부모가 비합리적이고 경직되어 있다는 불평을 한다. 청소년들의 지적이 옳을 수도 있다. 이러한 상황 속에 있는 청소년이 치료의 진척을 만들기 위해서는 보다 강도 높은 가족 치료가 함께 진행될 필요가 있다. 초기에는 행동활성화 치료에 가족 회기를 더 추가하여 부모에게도 행동활성화 전략과 문제 해결 전략을 제공하면서 진행할 수도 있다. 만약 이러한 시도도 성공적이지 않다면 더 집중적인 가족 치료에 의뢰하거나 부모를 따로 치료에 의뢰하는 것도 고려할 수 있다.

요약

앞에서 우울한 청소년 내담자와 치료 작업을 할 때 자주 만나게 되는 어려움을 소개하였다. 이러한 어려움은 청소년과 그들의 가족들과 함께 작업하는 임상/상담 현장에서 자주 마주하게 된다. 치료자는 기능 분석과 행동활성화 전략을 활용하여 이러한 어려움과 문제를 이해하고 해결할 방안을 모색할 수 있다. 치료 목표로서 문제들의 우선순위를 정하고 그것들을 회피 행동의 맥락에서 이해해 보는 것이 매우 중요하다. 행동활성화 접근의 맥락에서 내담자를 돕지만, 때로 다른 치료적 접근을 보완하여 활용하는 것이 필요할 수 있다. 만약 치료에 진척이 없거나 증상이 악화된다면 다른 치료가 더 적합하거나 필요한지에 대해 고려해야 한다. 하지만 우리의 경험에 비추어 볼 때, 대부분의 문제와 어려움은 행동활성화 접근의 맥락에서 적절히 다룰 수 있었다.

제5장

다른 환자군/상황에서 행동활성화의 적용

　A-BAP는 우울증을 지닌 청소년을 치료하기 위해 개발되었으나, 지금까지 이루어진 우리의 연구에 기반하면 A-BAP 혹은 A-BAP 접근의 하위 요소들이 다른 정신건강 문제를 지닌 청소년들을 치료하거나 의학적 문제 또는 생활상 어려움을 겪는 청소년들의 예방 작업을 위해서도 유용한 것으로 보인다. 아직 공식적으로 검증되지 않았지만 A-BAP가 개별 기술들로 구성되고 모듈식(modular, 역자 주: 여러 개의 개별 단위로 되어 있어서 몇 개씩 선택하여 사용할 수 있는 방식) 치료임을 고려한다면, 이 개입은 범불안 및 사회불안, 경도의 파괴적 행동, 만성질환, 체중 관리 문제와 같은 다른 문제 및 대상군에게 적용할 수 있어 보인다. A-BAP를 다른 대상군에 확장하여 적용할 때, 치료자는 A-BAP 원칙을 고수하는 것과 개별화하려는 노력에 균형을 맞추어 '치료 원칙 내에서 융통성을 발휘하기(flexibility within fidelity)'(Kendall & Beidas, 2007)를 실현하도록 한다. 실제로 치료자는 치료를 적절히 수정하고 확대 적용하기 위해 임상적 판단, 동료와의 상의, 기존의 과학적 근거, 수퍼비전 등을 활용할 필요가 있다. 제2장에서 우리는 A-BAP만으로 충분하지 않을 수 있는 청소년, 예를 들어 극도의 정서 조절

문제, 만성 및 고위험 자살 경향성/자해 행동, 정신증을 보이는 청소년에 대해 논의했다. 이 장에서는 A-BAP 접근을 수정해서 적용할 수 있는 대상군에 초점을 두고, 그러한 대상군—범불안 혹은 사회불안, 경도의 파괴적 행동, 만성질환, 체중 관리 문제 및 기타—을 위해 어떻게 A-BAP를 적절하게 수정할지에 대한 지침을 제공한다. 그리고 그러한 수정안을 잘 이해할 수 있도록 하기 위해 사례를 제시한다.

다른 정신질환이 있는 청소년

우리의 연구 결과와 경험에 비추어 보면, 우울장애 공병이 없는 불안이나 경도 및 중등도의 파괴적 행동을 보이는 청소년은 A-BAP에 적합해 보인다. 다만 공황장애, 강박장애(Obsessive-Compulsive Disorder: OCD) 혹은 심각한 외상 후 스트레스 장애(Posttraumatic Stress Disorder: PTSD)를 지닌 청소년은 예외일 수 있는데, 이들의 경우 각 문제에 초점을 두고 개발된 다른 효과적인 개입을 통해 더 효과적으로 치료될 수 있다. 그러나 불안한 기질이 있거나 경도 및 중등도의 사회불안 혹은 범불안장애(Generalized Anxiety Disorder: GAD)를 지닌 청소년 내담자의 경우는 A-BAP를 통해 효과를 볼 수 있을 것이다. 또한 급성 외상으로 성공적이게 치료받은 외상 병력이 있으며 우울증의 잔류 증상을 경험하고 있는 청소년의 경우도 A-BAP가 적합할 수 있다. 또 이전에 이야기하였듯이 ADHD와 경도의 적대적 반항장애(Oppositional Defiant Disorder: ODD)를 경험하는 청소년에게도 A-BAP를 적용할 수 있지만, 내담자에게 심각한 ODD 혹은 품행장애, 고도의 약물 남용 문제가 있을 경우는 적용하기 어려울 수 있다. 그럼에도 이러한 내담자들의 친사회적인 행동 및 대인관계 패턴을 증진하고자 할 때, 행동활성화의 치료 요소들(예: 활동 계획하기)이 유용한 전략으로 활용될 수 있다.

불안

청소년의 경우 우울과 불안의 공병률이 높다는 것을 고려한다면(Garber & Weersing, 2010), 내담자가 두 영역 모두에서 증상을 보이는 것은 꽤 흔하다. 초기 임상 시험에서는 주진단이 우울장애인 청소년을 대상으로 A-BAP를 실시했는데(McCauley et al., 2015), 그 과정에서 A-BAP가 공병하는 불안의 치료에도 효과적이라는 것을 발견했다. 성인의 과도한 걱정에 개입했던 초기 행동활성화 연구는 성공적이었고(Chen, Liu, Rapee, & Pillay, 2013), 유사한 접근을 청소년에게 적용하는 데 과학적 근거를 더했다. 결과적으로, 청소년 내담자의 주진단이 우울장애가 아닌 불안장애일 경우에도 A-BAP를 확장해 사용할 수 있음이 지지된 것이다. 불안에 특정적인 치료법들과 마찬가지로 A-BAP 접근에서도 치료자가 청소년 내담자의 불안 증상들을 이해하고, 이를 초기 사례개념화 및 모델에 통합시키는 데 면밀한 주의를 기울여야 한다. 예를 들어, 일차 치료 목표가 우울이 아니라 사회적 상황에 대한 걱정이나 두려움일 수 있다. 이 경우도 보상받는 경험이 없고 이차적 문제(예: 회피)를 경험하여 불안이 유지된다는 점에서 행동 활성화 모델로 쉽게 설명될 수 있다.

불안장애를 지닌 사람들 중에는 걱정에 대한 성격 기질이 강하거나 환경에 민감하게 반응하는 경우가 많기 때문에(Akiskal, 2007), 불안을 일차 치료 목표로 정했을 때는 기질을 고려하는 것이 중요하다. 초기에 사례개념화와 치료 계획을 세울 때, 치료자는 청소년 내담자의 기질이 생활 환경 및 정서 반응, 행위 그리고 결과적으로 이차적 결과에 어떻게 영향을 끼치는지를 주의 깊게 탐색할 필요가 있다. 이와 관련하여 치료자는 불안한 청소년들이 치료 회기 내에서 새로운 사람(치료자)을 만나서 개인적인 정보를 제공할 때 잠재적으로 경험할 수 있는 불안감에도 적절히 준비하고 대응할 수 있어야 한다.

치료자는 보호자의 참여를 더 적극적으로 요청하고, 5회기 '문제 해결'까지 기다리기보다 치료 초반에 기본적인 이완 기술을 알려 주며, 우울에 더해 불안에 대한 정보도 심리 교육으로 제공하는 등 A-BAP를 수정하여 내담자를 지원할 수 있다. 치료자가 상황-활동-기분 모니터링 단계로 넘어가고, 이후 내담자가 상황-걱정-활동을 모니터링하도록 지도할 수 있기 때문에 청소년의 특정 표적 증상에 계속 초점을 맞추는 것이 중요할 것이다. A-BAP가 명시적으로 회피를 극복하는 작업에 초점을 두기 때문에 불안을 치료하는 데 쉽게 적용할 수 있고, 불안을 치료하기 위한 다른 근거 기반 치료와도 비슷한 역할을 할 수 있다. 치료자는 A-BAP에서 목표를 세우는 작업(예: 세부 단계들 계획하기, 방해물 예상하기)이 기존의 불안 치료에서 두려움의 위계를 세우고 노출 회기를 진행하는 작업과 유사한 역할을 함을 알 수 있을 것이다. 노출 기반 개입을 사용할 때마다 청소년 내담자 및 보호자에게 노출 훈련에 참여할 때 불안을 이겨 내는 것이 중요하다는 것을 반드시 교육해야 한다. 교육을 하지 않으면 내담자는 오히려 회피 행동이나 도피 행동에 대해 강화를 받을 수 있고, 그럴 경우 불안이 유발되는 상황 속에 머물러 보고 그에 따른 보상이나 강화를 경험하고자 했던 원래의 치료 목표를 달성하기 어려울 수 있다.

사례 1

클레어는 15세 소녀로 내향적이며 사회불안과 신체 증상, 과민성을 보였다. 클레어는 대화를 나눌 친구가 없었고, 또래 관계는 대개 극도로 제한된 상호 작용(예: 수업 내 집단 활동)에 국한되어 있었다. 클레어는 늘 수줍음이 많았고 많은 친구보다는 1~2명의 친구와 시간을 보내는 편이었다. 초반 회기에서는 A-BAP 모델이 클레어에게 어떻게 적용되는지 살펴보았고, 그 과정에서 클레어가 청소년이 되면서 클레어의 부모님이 클레어의 사회적 활동에 대해 관심과 도움을 덜 주기 시작했다. 그로 인해 클레어가 사회적 활동에 참여하는 것이 줄어들었고, 친구들과 소통하는 방법에 대해서도 자신감이 낮아졌으며, 사회불안 및 외로움을 크게 느끼게 되었다는 점이 명확히 드러났다. 클레어는 자신이 사회적 상황에 놓일 것이라는 예상이 들면 크게 불안하고 슬퍼하며 과민해졌다. 또한 클레어는 사회적 상황을 자주 피했고, 이로 인해 친구나 연인과 같은 친밀한 관계를 평생 가질 수 없을 것이라는 생각에 외롭고 절망스러워 하였다.

치료 초반에 치료자는 클레어와 부모님에게 불안에 초점을 둔 심리 교육을 제공하여 피하고 싶은 활동과 두려운 상황에 접근하는 것이 중요함을 안내했다. 치료자는 8회기 '회피 극복하기'의 내용을 앞으로 당겨온 후 불안에 대한 정보를 보완하여 이를 2회기의 우울증에 대한 심리 교육에 통합했다. 상황, 걱정, 기분, 활동 사이의 관련성에 초점을 두고 살펴보면서(2회기 참조), 클레어가 불안감을 덜 느끼고, 사회 기술을 익혀 사회적 상황에서 더 편안해지는 것이 클레어의 삶을 더 낫게 만드는 데 핵심적이라는 것도 분명해졌다. 치료자는 이후 사회적 상황 실험을 시도해 보는 것에 대비하여 클레어에게 미리 이완 전략들을 가르쳤다. 특히 치료자는 5회기 '문제 해결하기'까지 기다리지 않고 2회기에서 몇 가지 이완 기술을 소개했다. 3회기에서는 행동하는 것에 대해 논의하고 기분-기반 행동이 아니라 목표-기반 행동에 참여하는 방법을 배웠고, 클레어와 치료자는 클레어의 사회불안이 어떻게 행동을 이끌었는지에 대해 이야기했으며, 그 후 '느낌'이 아닌 계획에 따라 행동하는 것을 어떻게 시작해 볼 수 있을지에 대해 논의하기 시작했다. 이러한 사항은 4회기 때 클레어가 보이는 행동의 장·단기 결과에 대해 평가할 때에도 검토되었다. 치료자와 클레어는 상황에 대한 클레어의 불안을 즉각적으로 낮추지만(즉, 홈커밍 댄스에의 초대를 거절하는 것) 부정적이고 장기적인 결과(즉, 소셜 미디어에서 친구들의 홈커밍 사진을 볼 때 외롭고 소외감을 느끼는 것)를 야기하는 반응 양식의 예를 살펴보았다. 6회기에서는 목표 설정에 대해 배웠고, 클레어는 자신이 사회적 상황에서 더 편안함을 느끼고 친구들과 더 많은 것을 하고 싶어 한다는 것을 알았지만, 압도감을 느끼고 어디서부터 시작해야 할지 막막해했다. 치료자는 클레어에게 함께 천천히 작업해 나갈 수 있고, 목표 설정을 한번 연습하기 시작하면 이후 그 틀을 더 많은 상황과 목표에 일반화하여 적용할 수 있을 것이라고 강조했다.

첫 번째 'SMART' 목표를 찾고 계획하는 과정에서 클레어와 치료자는 여러 행동활성화 접근을 사용했고, 이는 두려움 위계에 초점을 둔 일반적인 불안 치료와도 일치하는 방법이었다. 구체적으로, 클레어와 치료자는 브레인스토밍 방법으로 COPE(5회기 참조)를 사용하였고, 클레어는 가장 먼저 진정을 위한 이완 훈련에 참여했다. 치료자는 클레어에게 불안을 1~10점으로 평정해 볼 것을 요청하였다. 클레어가 불안이 2점 이하라고 대답하면 그들은 다음 단계로 넘어갔고, 이는 모든 가능한 위계를 확인하기 위함이었다. 이 과정에서 치료자는 자주 클레어에게 불안감을 평정하도록 물었고, (가능한 미래 활동과 행동들에 대해 이야기하는 과정에서 불안이 유발되어) 불안 점수가 2점보다 높아질 때마다 이완 전략을 사용하도록 지도했다. SMART 목표들별로 여러 위계에 대한 논의가 진전되면서 클레어는 점차 어려운 전략을 시도했고, 그 과정에서도 스스로의 불안을 낮게 유지할 수 있었다.

클레어와 치료자는 각각의 선택안이 얼마나 불안을 일으킬지 평정했고, 이를 통해 여러 선택안을 고르고 순서를 정할 수 있었다. 클레어는 다음 주 수요일에 교회 청년부의 어떤 친구에게 그 주 주말에 영화를 보러 가고 싶은지 물어보는 것을 첫 번째 SMART 목표로 잡았다. 그 친구는 클레어가 종종 옆에 앉기도 했고 이미 편하다고 느끼는 친구였으나, 둘이서 청년부나 교회 밖에서 시간을 같이 보낸 적은 없었다. 클레어는 유인물 23 '목표 세우기' 활동지를 작성했는데, 여기에는 다음과 같이 세부 단계들의 개요가 포함되었다. ① 청년부 모임 전에 온라인으로 시내에서 보기 적합한 영화를 검색하고, 전체 관람가 혹은 12세 이상 관람가 영화 2~3편을 찾을 시간 계획하기, ② 청년부 모임 전에 거울과 어머니 앞에서 자신이 계획한 방법대로 친구에게 말 거는 연습을 할 시간 계획하기 (여기에는 친구의 주말 계획이 무엇인지, 찾아본 영화들 중 친구가 이미 본 것이 있는지 등 몇 가지 질문이 포함됨), ③ 모임에 늦을 경우 불안할 수 있으므로 모임에 일찍 가도록 계획을 분명히 하기, ④ 친구 옆에 앉을 수 있도록 계획을 세우되 만약 둘이 같이 앉지 못했다면 쉬는 시간에 그 친구를 찾아가도록 대체 계획 세우기, ⑤ 친구가 영화를 보러 갈 수 있다고 하면 전화번호를 교환하고 언제, 어떻게 최종 약속에 대해 이야기할지를 정하는 단계 계획하기. 그러고 나서 클레어와 치료자는 클레어가 어떻게 말을 걸지에 대해 역할극으로 연습하였다.

회기의 마지막 10분 동안은 클레어의 어머니가 회기에 함께 참여하여 클레어가 SMART 목표와 세부 단계들을 공유하였으며, 어머니에게 도움을 바라는 부분에 대해 물어보고, 그들이 함께 이 작업(즉, 클레어가 친구에게 말할 것에 대해 역할극으로 연습하기, 이번 주에 청년부 모임에 일찍 도착할 수 있는지 확인하기, 부모님이 클레어 혹은 아마도 클레어와 친구 둘 다를 영화관에 데려가 줄 수 있는 시간을 고려하여 주말 영화 시간을 확정하기)을 할 수 있는 때를 정할 수 있었다. 클레어와 어머니는 세부 단계들에서 있을 수 있는 방해물(예: 모임에 가는 길에 교통 체증이 있어 클레어가 예상한 것보다 늦게 도착하는 것, 이번 주에 그 친구가 청년부 모임에 나오지 않는 것, 둘의 대화가 예상과 다르게 흘러가는 것)을 함께 예상했다. 치료자는 철저한 계획과 탄탄한 노력을 하더라도 실제 삶은 계획하기 어렵지만, 융통성 있게 계획상의 변화에 대처하는 방법을 배우는 것도 치료 과정의 일부로서 클레어가 목표를 향해 나아가는 데 중요한 경험이 될 수 있음을 강조했다. 또한 이 과정은 일종의 실험이기 때문에 어떤 결과가 나오더라도 도움이 될 수 있다고 강조하였다. 치료 초기에는 클레어가 문제 해결에 참여하기에 앞서 침착하고 편안하게 느끼는 것이 중요했지만 치료가 진행됨에 따라 점차 불안한 와중에도 효과적으로 대처하는 것을 연습하기 시작했다.

파괴적 행동

우울증과 파괴적 행동 증상들이 빈번히 함께 발생함에도 불구하고(Angold, Costello, & Erkanli, 1999), 이러한 공병 장애들을 대상으로 한 통합된 치료들은 대부분 13세까지의 아동 및 청소년을 대상으로 검증되어 왔다(Wolff & Ollendick, 2006; Weisz et al., 2012). 초기 임상 시험에서 A-BAP는 경도 및 중등도의 파괴적 행동 문제를 지닌 청소년에게 효과적이라고 밝혀졌다. 10대 청소년이 눈에 띄게 과민하거나 분노 폭발, 주의력 문제를 보일 때 청소년 내담자와 보호자는 흔히 치료를 찾게 된다. 면밀한 평가를 통해 품행장애 여부를 판단하고, 품행장애가 있을 경우에는 내담자를 다중체계치료(Multisystemic Therapy: MST; Henggeler, Schoenwald, Borduin, Rowland, & Cunningham, 1998) 혹은 청소년과 보호자가 함께 참여하는 다른 고강도 행동치료로 의뢰하게 된다. 내담자가 품행장애는 아니지만 분노나 과민성, 적대성을 보일 경우 A-BAP로 적절한 치료를 받을 수 있다. 각 내담자에게 무엇이 중요한지 이해하고, 기존의 활동들이 어떻게 단기적으로는 보상이 되지만 장기적으로는 비용을 초래하는지를 분석하여, 매력적인 대안 활동을 찾는 작업이 내담자에게 도움이 될 수 있다.

A-BAP에서 분노나 '폭발(bursting)'은 회피의 한 형태로 이해된다. 스트레스를 받거나 화가 날 때 논쟁적이거나 언어적 공격성을 보이는 사람들은 적극적으로 문제 해결에 참여하는 것이 아니라 본질적으로는 상대나 상황으로부터 거리를 두는 것이다. 우울하거나 불안한 경우에도 회피 패턴이 특징인 것처럼, 분노 형태의 행동 유형도 내담자를 가족과 친구, 코치, 선생님으로부터 멀어지게 하거나 기존의 권리를 잃게 하여(예: 외출 금지) 악순환을 유지 혹은 악화시킬 수 있다. 상황-활동-기분 모니터링을 통해 '폭발'의 선행사건과 결과에 대해 알게 되면 자신의 행위가 어떻게 타인에게 영향을 미치고, 결과적으로는 자신의 삶에 어떤 부정적인 영향을 주는지에 대한 통찰력을 기를 수 있다. 여기서도 내담자에게 와닿는 단어들을 사용하는 것이 중요하다. 그래야 청소년 내담자가 상황-분노-활동에 주의를 기울이도록 할 수 있다.

주의력 문제 및 파괴적 행동을 보이는 청소년의 경우 스트레스원에 반응적이고 충동적임을 고려한다면 문제 해결 기술을 배우고 연습하는 것이 도움이 될 수 있다. A-BAP의 문제 해결 틀인 COPE는 내담자가 어려움에 직면하거나, 어떤 결정을 내리거나, 부정적인 결과를 초래하는 일을 할 때 활용할 수 있는 기술을 알려 준다. 내담자가 진정하고 모든 선택안을 고려하여 선택하며, 고른 선택안을 평가하는 습관을 기르도록 돕는 것은 보통 매우 도움이 된다. 파괴적 행동은 발생하는 순간에 관리하기보다는 예방하는 것이 더 효과적이므로, 예방 기술을 가르치고 파괴적 행동의 근간이 되는 맥락—예를 들어, 특정 친구나 보호자와 함께 있을 때, 특정한 세팅(예: 학교)에 있을 때, 집에 가족들과 있을 때, 특정한 상태(예: 배고프거나 충분히 잠을 자지 못함)일 때—을 명료화하는 노력을 하는 것이 대개 더 유익하다. 또한 내담자가 휴식을 취하거나 심호흡을 하여 적절히 파괴적 행동을 줄여 나갈 수 있는 대처 방법을 찾고 연습하는 데 집중하는 것도 도움이 된다. 또 다른 방법으로 내담자가 성공 경험을 했을 때 스스로에게 보상을 주도록 안내할 수 있으며, 이 외에도 내담자의 부정적 행동뿐만 아니라 긍정적 행동에도 주의를 기울이려는 보호자의 노력(보호자에게 내담자의 긍정적 행동이나 부정적 행동의 부재에 주목하여 이를 강화하도록 함으로써)을 지지할 수도 있다. 이에 더해 내담자가 스스로 성공 경험에 대해 보상할 수 있도록 안내할 수 있다. 치료자는 또한 치료 과정에 보호자 훈련 기술(예: 파괴적 행동에 대응하는 최선의 방법)을 포함하는 것도 고려해야 한다. 추가적으로, 보람차고 건강하며 즐거운 활동에 참여하는 것은 화와 양립 불가능하다. 그러므로 화가 날 가능성을 줄이기 위해 숙달된 활동 및 발달상 요구되는 활동(예: 학교 생활)과 균형을 이루면서 생활 속에서 꾸준히 '활력을 주는' 활동들을 계획해 보는 것이 유용한 예방 전략이다.

사례 2

제이크는 14세 소년으로, 주의력 문제와 적대성 관련 문제를 꽤 오래 보이고 있었다. 제이크는 유치원 때부터 중학교 입학할 때까지 ADHD 치료약물을 복용하여 집중력과 과잉 행동 관련 문제에서는 효과를 보았다. 그러나 중학교에 다니기 시작하면서 과민성이 갈수록 심해졌고, 무례하고 심술궂은 행동이 늘었으며, 반항과 적대성도 늘어 부모님이 치료를 위해 제이크를 데려왔다. 치료 초기에는 제이크의 표적 증상들을 확인하는 것에 집중했는데, 이 증상에는 여동생에게 싸움을 거는 것, 부모님과 선생님께 말대답을 하는 것, 숙제를 해야 함에도 종종 게임을 종료하지 않으려고 하는 것이 포함되었다. 치료자는 기능 분석을 활용하여 제이크의 문제 행동 모델을 작성했다. 이 모델에 따르면 제이크는 특정한 상황(예: 학교나 집, 차에서 쉬는 시간을 갖는 것)에서 짜증이 나고 지루함을 느끼며 가만히 있지 못했고, 이로 인해 동생을 괴롭히고 해야 할 것과 상관없이 비디오 게임을 하며, 가족과 선생님, 친구들에게 우습고 무례한 말을 했다. 제이크의 이런 행동으로 인해 이차적으로는 외출을 금지당하고, 방과 후에 남게 되며, 종종 가족과 갈등을 겪기도 하고, 핸드폰과 노트북, 게임기의 사용을 할 수 없게 되며, 가까운 관계가 거의 없어지게 되었다. 제이크는 자신의 모든 문제가 사실은 다른 사람들이 너무 요구가 많거나 짜증나게 굴어서 나타나는 것이라고 계속 주장했다.

첫 회기에서 치료자는 행동과 변화 모델을 설명했고, 누구의 잘못인지에 대한 논쟁은 되도록 피하고자 애썼다. 제이크와 치료자는 제이크의 궁극적으로 더 나은 삶(게임을 더 할 수 있고 친구 관계가 좋아지는 것)을 위해 '연습하기' 활동에 어떤 식으로 참여할 수 있을지에 대해 자세히 살펴보았다. 이 과정에서 제이크는 점차 새로운 활동을 시도해 보는 것에 반응하기 시작했고, 다른 사람들이 보이는 행동의 많은 부분을 통제할 수 없음을 이해하게 되었다. 다음 단계(2회기)에서는 제이크의 상황/맥락, 행동/활동, 기분 사이의 패턴을 살펴보고자 했고, 이를 통해 제이크가 지루하거나 혼란스러울 때 분노를 표출하며 문제가 발생하거나 타인에게 무례하게 구는 양상이 자주 나타난다는 것이 밝혀졌다. 이 과정에서 비록 분노 표출 행동이 단기적으로는 지루함을 덜 느끼게 하고 아마 다른 사람들을 웃게 한다는 점에서 효과적일 수 있으나, 장기적인 '비용' 측면에서는 기존의 권한을 잃게 하기도 하고 수업 집중 또는 숙제를 방해하는 등 오히려 혼란스러운 기분을 유발한다는 점이 강조되었다. 사실상 제이크는 자신이 반에서 가장 웃기는 사람의 역할을 자처함으로써 스스로 바보 같다고 느끼거나 혼란스럽다고 느끼는 것을 피해 왔다. 제이크가 대안 행동(예: 수업 시간에 질문하기, 과외 선생님이나 친구에게 도움 청하기, '완벽한' 여동생이 있는 것의 고충에 대해 부모님에게 이야기하기)을 시작할 수 있도록 제이크와 치료자는 제이크의 전형적인 촉발 사건(예: 제이크가 어떤 수업이 어렵다고 느낄 때, 여동생의 성취에 대해 질투를 느낄 때)과 반응(예: 화, 짜증, 지루함, 당혹감, 바보 같다는 느낌, 친구들의 주의를 끌고 싶은 마음), 회피 패턴(예: 친구에게 말을 걸어서 수업에 지장 주기, 농담하거나 선생님을 방해하기, 여동생을 모욕하기, 부모님 말씀 무시하기)을 함께 살펴보았다. 결과적으로, 제이크는 시간이 지나면서 부모님과 일부 교사가 TRAP-TRAC 패턴을 알아차리게끔 도와주는 것에도 마음을 열었고, 그 결과 점차 표적 행동들은 줄어들었으며 외출 금지가 해제되는 등 '활력을 주는' 활동에 참여하는 기회가 많아졌다.

신체건강 문제가 있는 청소년

앞서 언급한 정신질환뿐만 아니라 만성질환 및 통증, 체중 관리 문제 등 다른 임상 양상을 보이는 청소년 내담자에게도 A-BAP가 유용한 개입일 수 있다. 확실히 이런 어려움을 겪고 있는 일부 청소년은 임상적 우울증을 보일 수 있지만, 우울장애가 없는 경우에도 행동활성화가 효과적일 수 있기에 다음의 두 가지 적용 사례를 소개한다.

만성질환

만성질환을 경험하는 청소년은 또래에 비해 일상생활에서 일련의 어려움이나 한계를 더 많이 경험할 가능성이 크다(Law et al., 2006; Maslow, Haydon, McRee, Ford, & Halpern, 2011; Stam, Hartman, Deurloo, Groothoff, & Grootenhuis, 2006). 우울증의 행동활성화 모델에서는 충분한 보상이 주어지지 않는 삶을 우울증에 직접적으로 영향을 미치는 위험 요인으로 보고 있는데(Martell et al., 2001), 암을 겪고 있는 성인들을 대상으로 행동활성화 모델을 적용하고 그 효과성을 예비적으로 검증하였다(Ryba, Lejuez, & Hopko, 2014). A-BAP는 일상생활을 풍성하게 하고 우울증의 발병 혹은 악화를 예방하는 유용한 개입일 수 있다. 수정 시 권고 사항으로, 환자(내담자)에게 적합한 용어를 사용하는 것이 중요하다. 예를 들어, 청소년 내담자는 자신의 고충이 우울증이 아닌 자신의 질환(예: 통증, 크론병)으로 인한 것이라고 개념화하거나 가장 힘든 증상에 대해 자기만의 언어(예: 처지는 느낌)로 표현할 수 있다. 내담자에게 만성질환이 삶의 일부였고 앞으로도 그럴 것이라는 점과 그럼에도 불구하고 자신의 삶을 즐거움과 기쁨, 숙달감을 느끼게 하는 활동들로 적극적으로 채우고 모든 회피 패턴을 극복하면 우울증의 악순환을 막을 수 있을 것이라는 점을 논의하고 타당화하는 것이 중요하다. 만성적인 의학적 증상을 경험하는 내담자와 함께 작업할 때에는 그들이 증상에 어떻게 반응하는지를 이해하기 위해 상황-활동-기분 모니터링을 철저히 하는 것이 중요하다. 왜냐하면 내담자 스스로 만성질환을 지니고 살아가는 것이 어떤지 가장 잘 알기 때문이다.

만성질환을 지닌 내담자와 함께 작업할 때에는 치료자가 회기의 빈도나 취소에 관한 상담소의 방침을 수정하는 것이 도움이 될 수 있다. 만성질환이 있는 내담자의 경우 증상이 급작스럽게 악화되어 회기에 참석하기 어려워질 때가 드물지 않게 있다. 그럼에도 원래대로 '24시간' 취소 방침을 유지하게 되면 내담자 혹은 그 가족이 어쩔 수 없이 마지막 순간에 취소를 하게 되는 경우에도 상담 비용이 발생하여 내담자가 금전적으로 손해를 보게 될 수 있다. 내담자가 질환으로 인해 상담소를 직접 방문하는 데 어려움이 클 경우, 오프라인 회기의 빈도를 줄이고 전화나 비밀보장이 되는 다른 방법을 사용하여 일종의 대체 회기를 계획하는 것이 합리적일 수 있다.

사례 3

마야는 12세 소녀로, 만성적인 무릎 통증으로 인해 등교를 거부하고 대인관계에서도 고립되어 경미한 우울증을 보였는데, A-BAP가 이런 문제들을 다루는 데 도움이 되었다. A-BAP 치료자를 만나기 전에 마야는 통증 치료를 위해 단기 CBT 과정에 참여했고, 그 치료에서 다양한 방법을 통해 심상과 이완 등 여러 기술에 대해 배웠으며 통증 및 대처 방법에 대한 종합적인 심리 교육을 받았다. 그러나 마야는 실생활에서 그 기술들을 적용하기 어려워했고, 통증으로 인해 등교를 거부하는 행동 패턴을 보이기도 했다. 이로 인해 마야는 대인관계에서 고립되었을 뿐만 아니라 학업에서도 뒤떨어졌고, 점점 학교를 가는 것에 대해 보람을 덜 느꼈다. 작성한 상황-활동-기분 기록지를 통해 마야가 통증을 느끼면 대개 집 침대에 있다는 것을 알게 되었다. 이러한 행동으로 기분이 단기적으로는 좋아졌지만, 장기적으로는 그것이 학업과 출석에 대한 스트레스를 받고 친구들로부터 소외감도 느껴 오히려 낙담하게 되는 부정적인 결과로 이어졌다.

마야는 치료자와 함께 목표-기반 행동 참여하기(2회기)와 회피 패턴 확인 및 수정을 위한 TRAP-TRAC 적용하기(8회기)라는 A-BAP 원리를 활용하여 현재의 TRAP[촉발사건(T): 통증, 반응(R): 피로감과 무력증, 회피 패턴(AP): 등교 거부]에서 벗어나 원래의 궤도인 TRAC[촉발사건(T): 통증, 반응(R): 피로감과 무력증, 대안적 대처 방식(AC): 등교]로 돌아오려는 계획을 세웠다. 마야가 통증을 느낄 때 대개 피로감을 느끼고 기운이 없어졌는데, 이는 자연스럽고 이해 가능한 반응으로 볼 수 있다. 마야는 이러한 반응을 '기분(혹은 통증)-기반 행동(침대에 계속 머무르기)' 대신 '목표-기반 행동(학교 가기)'에 참여하라는 신호로 볼 수 있도록 배웠다. 기분 모니터링을 계속한 결과, 마야가 학교에 갔을 때 학교 공부 내용을 잘 파악하게 되고 친구들과도 잘 어울리게 되어 결과적으로 기분이 나아지는 장기적 효과가 나타났다. 마야에게 통증은 어느 정도 지속되는 것이지만, 이 치료를 통해 그 통증이 삶에 미치는 부정적 영향을 최소화하는 방법을 배운 것이다.

체중 관리

체중 관리 문제가 있는 청소년에게도 행동활성화가 적합할 수 있다. 이러한 문제를 겪는 내담자에게 집중적이고 전문적인 지원(영양, 신체적 활동, 체중 증가에 영향을 줄 수 있는 복합적인 환경적 요인에 대한 주의 등)이 중요하다는 점을 고려하면, A-BAP는 체중 관리 문제의 치료를 위한 종합적인 관리 프로그램의 요소 중 하나로 적절할 수 있다. 우울증을 경험하는 성인 여성을 대상으로 한 최근 연구에 따르면, 행동활성화 요소를 활용하여 체중 감량을 위한 행동치료를 받은 사람들이 체중 감량 치료만 단독으로 받은 사람들보다 우울이 더 많이 좋아진 것으로 나타났고, 또한 흥미롭게도 그들 중 우울이 나아진 사람들이 체중을 더 많이 감량한 것으로 나타났다(Busch et al., 2013; Pagoto, Bodenlos, Schneider, Olendzki, & Spates, 2008).

A-BAP를 다른 질환에 확대 적용할 때처럼 청소년 내담자에게 표적 행동 혹

은 치료 목표에 대해 설명할 때는 그들에게 와닿는 언어를 사용하는 것이 중요하다. 행동활성화가 내담자에게 어떻게 적용되는지를 밝히는 첫 단계는 용어와 목표를 명료히 하는 것이다. 그다음 치료자와 내담자는 맥락적 요인과 생활 환경을 확인하여 행동활성화 모델을 함께 구성하는데, 이때 맥락적 요인/생활 환경이란 부정적인 정서를 유발하여 결과적으로 효과적인 체중 관리를 방해하는 활동들을 야기하는 요인 또는 환경을 말한다. 치료자는 상황과 기분, 행동이 서로 어떻게 관련되는지를 이해하기 위해 내담자의 영양 상태와 신체 활동의 영향에 대해서도 주의를 기울일 필요가 있다. 체중 관리에 보호자를 참여시키는 것이 특히 중요한데, 가정이 음식과 영양, 식단, 보호자의 모델링, 활동에 대한 촉진 등에 대해 주된 역할을 하기 때문이다.

사례 4

알렉스는 15세 소년으로, A-BAP가 체중 감량 목표를 달성하는 데 도움이 되었다고 한다. 일생 동안 알렉스는 살을 빼기 위해 수많은 방법을 시도해 보았으나 약간의 단기적인 감량만 있었을 뿐 지속적으로 효과가 있는 방법을 찾을 수 없었고, 오히려 시간이 지남에 따라 체중이 계속 증가했다. 첫 회기에서 A-BAP 모델을 작성할 때 알렉스의 초기 유년기에 대해 이야기하는 시간을 가졌고, 이때 그 시기가 현재의 생활 환경에 미친 영향을 고려하여 논의를 진행하였다. 그 시기에 대해 알렉스는 또래 친구들이 처음에는 그가 친구들을 어색해하고 대인관계 기술이 부족하다는 이유로, 그리고 시간이 지나면서는 뚱뚱하다는 이유로 오랫동안 자신을 따돌리고 괴롭혔다고 구체적으로 설명했다. 또한 알렉스는 자신의 생활도 다소 고립되어 있었다고 설명했는데, 이는 부모님이 자유 시간에 주로 집에 있는 것을 좋아해서(homebody) 대부분의 자유 시간을 함께 집에서 보내다 보니 그랬다고 했다. 이후 알렉스가 청소년기에 접어들면서 집 밖에서 시간을 보내고 또래 친구들과 어울리는 데 더 관심이 생겼으나, 이런 부분에 자신감이 있거나 잘 한다고 느끼지 않아 주로 활동을 많이 하지 않고 홀로 생활했다. 알렉스와 치료자는 과체중과 더불어 그의 생활 환경으로 인해 슬프고 부끄러움을 느꼈으며 부모님에게 화가 나게 되었다고 판단했다. 이러한 감정들이 들 때 알렉스는 자신의 어려움에 대해 곱씹고, 부모님과 말다툼을 하며, 집에서 인터넷이나 비디오 게임을 하며 시간을 보냈다.

알렉스는 분노와 좌절감으로 인해 처음에는 부모님을 치료 회기에 참여시키는 것을 거부했다. 치료자는 이 문제를 밀어붙이는 대신, 알렉스의 기술을 기르고자 목표 설정(6회기) 및 방해물 파악(7회기)을 중심으로 A-BAP 프로토콜을 진행했다. 알렉스는 대인관계 활동과 학업 외 활동을 늘리기 위해 기꺼이 기술을 익히고 효과적인 목표를 세웠으나, 실제로 행동계획을 실천하고자 할 때 많은 방해물에 부딪혔다. 예를 들어, 처음에 알렉스는 학교 친구가 다니는 체육관에 등록하는 것을 SMART 목표로 설정했다. 이 목표를 위한 세부 단계로는 체육관에 가는 대중교통 경로를 살펴보는 것과 멤버십 무료 체험을 위해 체육관 투어를 계획하는 것이 있었다. 알렉스는 이 과정에 부모님을 관여시키고 싶지 않아서 계획한 체육관 투어를 위해 버스를 타러 나가기 전까지 이러한 목표나 세부 단계들에 대해 부모님에게 이야기하지 않았고, 단지 나갔다가 몇 시간 내에 돌아올 것이라고만 통보했다. 알렉스의 어머니가 그에게 어디에 가냐고 물었는데, 알렉스는 이 물음에 짜증이 나서 어머니에게 관여할 바가 아니라고 이야기했다. 아무런 맥락도 없는 상황인데다가 어머니는 알렉스의 설명이 충분치 않아 불만스러웠고, 알렉스 혼자 대중교통을 이용하는 것이 걱정되어서 알렉스에게 혼자 버스를 타는 것을 허락할 수 없다고 말했다. 또한 알렉스가 자신의 계획에 대해 보다 구체적으로 설명하지 않는 한 집을 나갈 수 없을 것이라고 이야기했다. 다음 치료 회기에서 알렉스는 어머니가 자신을 통제하려 하고 나아가지 못하게 막는 것처럼 느꼈던 부분에 대해 매우 화를 냈다. 내·외적 방해물에 대한 평가와 여러 방법으로 계속되는 실험 과정에서 알렉스는 부모님의 관여를 거부하면서 대부분의 세부 단계들을 완수하는 것은 거의 불가능한 일임을 알게 되었다. 대중교통 관련 문제나 대인관계 활동 계획에 대한 가족 규칙(family rules about social plans)과 관련된 문제를 해결하기 위해서는 부모님의 도움 혹은 최소한 허락과 동의가 필요했다. 알렉스는 다른 방법들을 통해 이 문제를 해결하고자 시도하였으나 거의 성공하지 못했고, 그리하여 회기에 부모님이 함께하는 데 동의했다. 내담자와 부모님과 함께 하는 회기를 통해 알렉스의 부모님은 자신들이 또래로부터 느끼는 괴로움에서 아들을 보호해 주고자 했던 기분-기반 행동이 오히려 알렉스의 체중을 증가시키고 아들을 더 외롭게 했다는 점을 알게 되었다. 알렉스는 부모님이 편안한 마음으로 자신에게 혼자서나 새로운 친구들과 뭔가를 할 수 있는 자유를 더 주게끔 하려면, 그가 점차 부모님에게 나아진 판단력과 더 효과적인 대인관계 기술이 있음을 보여 줄 필요가 있다는 것을 깨달았다. 결국 알렉스가 목표를 향한 세부 단계(예: 친구 부모님의 연락처와 성함을 부모님께 알려 드리기, 부모님과 함께 연습 삼아 쇼핑몰로 가는 버스 타 보기)에서 성공해 보임에 따라 부모님도 알렉스가 새로운 것들을 시도하고 친구들과 시간을 보내는 것에 대해 점차 더 흔쾌히 허락했고, 도구적인 지원(예: 태워 주기, 알렉스의 친구들이 집에 놀러 오는 것 환영하기)도 해 줄 수 있게 되었으며, 이를 알렉스가 점점 받아들이게 되었다. 치료가 끝날 무렵에는 알렉스가 부모님과의 관계도 나아졌고 또래 친구들과도 관계 맺기 시작했을 뿐 아니라 점차 살도 빼기 시작했다. 즉, A-BAP 치료 요소는 알렉스와 부모님이 이후 영양사 및 헬스 트레이너와 성공적으로 작업을 시작하는 데 밑거름이 되었다.

다른 영역에의 확대 적용

A-BAP는 인지적 개입을 효과적으로 배우고 적용하는 데 어려움이 있는, 인지적으로 덜 성숙한 청소년과 부정적인 사고가 두드러지지 않는 청소년에게 적용하기에도 적합하다. 특히 A-BAP 전략에 초점을 둔 작업은 초기 청소년기 아이들에게도 적용 가능하며, 아이들이 자신이 우울증을 경험하는 이유에 대한 통찰력이 별로 없다고 해도 문제없다. 어리거나 인지적으로 미성숙한 내담자에 대한 다른 개입들과 마찬가지로, 치료에 부모를 포함시키면 내담자의 기술 습득을 촉진할 수 있고 치료자도 아이의 맥락과 과거에 대해 충분한 정보를 얻을 수 있다.

사례 5

니나는 인지적 지연을 보이는 15세 소녀로, 고등학교에 들어가게 되면서 우울감을 경험하게 되었다. 치료 초반에 니나는 우울이라는 개념에 대해 와닿지 않아 했으며, 고등학교가 단지 '형편없을' 뿐이고 그에 대해 어떤 조치도 취해지지 않았다고 주장하고 있었다. 니나는 치료를 시도해 보고자 했고 자신의 어머니도 회기에 함께하고자 했다. 니나의 우울에 대한 행동활성화 모델을 살펴보면, 고등학교가 중학교보다 훨씬 큰 사회라 니나가 종종 혼란스러움을 느끼거나 압도당했으며, 또래 친구들이 더 어른 같고 큰 위험이 따르는 행동(예: 대마초 흡연, 처방전 없이 살 수 없는 약물의 복용, 공개적인 애정 행각)에 가담하는 것을 보며 더 복잡한 마음이 들었던 것으로 보인다. 니나는 자주 외로웠고 슬펐으며, 그로 인해 친구들을 만나지 않고 피하게 되었다. 니나는 행동활성화 치료의 참여에 매우 개방적이었고, 치료자와 어머니의 도움으로 고등학교 생활과 그로 인한 모든 어려움을 이해하는 데 치료적 기술이 어떻게 도움이 되는지를 배울 수 있었다. 예를 들어, 니나가 자주 혼란스러워하고 압도감을 느끼는 것을 고려하여, 치료자는 치료 초반부터 그녀에게 COPE 문제 해결 틀을 가르쳤다(보통 COPE는 5회기에 소개하지만 니나의 경우 정서를 잘 다루도록 돕는 것이 중요하다고 판단되어 2회기 때 소개했다). 니나는 분명하고 단계적인 과정에 공감하며 단계들을 순조롭게 배웠고, COPE가 상당히 도움이 된다고 느꼈다. 보다 구체적으로, 니나는 좌절감이 들거나 화가 날 때 먼저 침착하게 문제를 명확히 한 후(예: 친구들이 기분이 고조되어 자신에게 대마초를 권할 때 그들 곁에 있는 것), 선택안들을 확인하고(예: 친구들의 말 무시하기, 친구들의 주의를 돌리고자 유머 사용하기, 자기주장 하기, 다른 사람들로부터 도움 얻기) 그중 하나를 선택하여 수행하고 평가하는 것을 배웠다. 몇 번의 시행착오를 거친 후, 니나는 치료자와 역할극을 하여 친구들에게 효과적인 언어와 어조로 말하는 연습을 했다. 그 과정을 통해 니나는 결국 자주 부딪혔던 어려움에 직면할 때 그 문제에 접근하는 구체적인 방법을 알게 되었고, 각 단계의 어려움들을 해결하고자 애쓸 때 확실한 조력자(처음에는 치료자였고 점차 어머니도 포함됨)가 곁에 있음을 확인하게 되었다. 시간이 지나면서 니나는 다른 사람들의 도움 없이 COPE 기술을 스스로 적용할 수 있게 되었는데, 이는 앞으로 목표를 세우거나 회피 패턴을 바꾸는 작업을 하는 데 밑거름이 되었다.

요약

우울을 경험하는 청소년에게 A-BAP를 적용할 때 고려해야 할 중요 사항들 중 대부분은 우울증과 흔히 공병하는 다른 유형의 증상이나 문제를 겪고 있는 청소년에게도 중요하다. 치료를 시작할 때, 치료자는 청소년 내담자에게 와닿는 언어를 사용할 필요가 있다. 그 용어는 우울일 수도 있지만 불안이나 분노, 고통, '기분 저하'가 될 수도 있다. 또한 주요 증상들을 정기적으로 측정하는 것도 중요하다. 이러한 측정은 적절한 척도(예: 불안 혹은 파괴적 행동에 관한 자기보고식 설문지)를 추가하거나 우울증 척도에 몇몇 문항(예: 통증 혹은 위장장애를 측정하기 위한 것)을 임시로 추가하는 방식으로 이루어질 수 있다. A-BAP에 대한 연구 근거가 계속해서 쌓임에 따라 이 접근이 독립적인 치료로 계속 활용되고, 일부 치료자의 경우 개별 모듈을 활용하여 청소년 내담자의 광범위한 질환(예: 우울증, 공병 정신질환, 의학적 및 건강 문제)을 다룰 수 있을 것으로 기대된다.

모듈 1

들어가기

1회기: A-BAP 소개

2회기: 상황-활동-기분 순환

A-BAP 치료 회기 안내

1회기

A-BAP 소개

권장 회기 소요 시간: 45~50분

회기 개관

회기 목표

1회기에서는 라포를 쌓고 개별화된 치료에 대한 구조를 소개하는 데 중점을 둔다. 본 회기에서의 주된 세 가지 목표는 다음과 같다.

1. 치료의 구조 검토하기
2. 내담자와 보호자 모두의 내력을 검토하여 기능 분석 틀 및 BA 모델로 통합 시키기
3. 우울에 대한 심리 교육을 통합하여 우울증 및 치료의 BA 모델을 소개하기

회기 구조 및 주요 사항

1회기에서는 내담자(청소년)와 보호자(부모)가 함께 참여하고 그 이후 내담자

에 대한 간단한 점검을 진행한다. BA 모델의 치료 구조를 검토한 후, 내담자의 생활 사건, 일상 속에서 스트레스 받는 일들, 현재 문제 및 증상, 내담자가 시도했던 대처 방법 사이의 연관성을 개략적으로 정리하는 데 중점을 둔다. 이때 주요 사항은 다음과 같다.

- 생활 사건/일상에서 스트레스 받는 일들은 슬픔과 피로감을 느끼게 할 뿐 아니라 에너지를 떨어뜨리고 전반적으로 부정적인 기분을 유발할 수 있음
- 이러한 증상들은 때로 '우울'로 분류됨
- 이러한 기분에 따른 자연스러운 반응이 있음—사람들은 이러한 기분을 풀기 위해서 그리고 대처하기 위해서 무언가를 함
- 내담자가 기분이 좋아지기 위해서 무엇을 했는지 논의하기(예: 학교, 친구, 활동들을 회피하는 것)
- 이러한 행동들이 우울을 낮게 만들기보다는 더욱 악화시킨다는 것, 이러한 행동들이 어떻게 부차적인 문제가 되어 '악순환'을 만드는지에 대하여 강조하기
- BA는 부차적인 문제에 집중하고 대처함으로써 우울증의 '악순환'을 끊으려고 한다는 점을 지적하기
- 최종적으로는 내담자가 다시 정상 궤도에 오르고 기분이 좋아지도록 돕는 것임

회기 어젠다

내담자(청소년) 및 부모용

- 프로그램 시작 전 검토
- 본 회기 핵심 요소
  - 요소 1: 치료의 구조

  ○ 요소 2: BA 모델

  ■ 유인물 1(교육 지침) '행동활성화 모델'

  ■ 유인물 2(활동지) '행동활성화를 내 삶에 적용하기'

내담자(청소년)용

• SMFQ/PHQ-9 작성하기

• 어젠다 설정하기

  ○ 오늘 회기에서 다룰 내용

  ○ 내담자의 어젠다

• 본 회기 핵심 요소

  ○ 요소 3: 일상활동 모니터링

• 다음 주 '연습하기': 유인물 3(연습하기) '일상활동 모니터링'

준비 자료

• 본 회기 어젠다

• 치료 구조화와 관련된 서류/문서 작성[예: 필요한 경우 정보 공개(Release of Information: ROI), 치료에 대한 동의]

• SMFQ/PHQ-9

• 유인물 1(교육 지침) '행동활성화 모델'(2장)

• 유인물 2(활동지) '행동활성화를 내 삶에 적용하기'(2장)

• 유인물 3(연습하기) '일상활동 모니터링'

회기 개요: 내담자(청소년) 및 보호자용

프로그램 시작 전 검토

- 회기에 온 내담자와 보호자를 맞이하기
- 내담자와 함께 프로그램을 하는 것에 대한 기대감 나누기

어젠다 검토하기

이번 회기는 일반적인 회기와는 조금 다름을 강조하고, 몇 가지 논의해야 할 항목들을 점검하며, 회기 대부분을 내담자와 보호자와 함께 할 것이라고 이야기하고 어젠다를 검토해야 한다. 회기가 끝날 때 즈음 보호자는 다른 곳에서 기다리도록 하고, 내담자와 일대일 시간을 갖는다.

본 회기 핵심 요소

"이번 회기의 목표는 치료의 구조에 대해서 그리고 행동활성화 모델이 ○○ 씨의 삶에 어떻게 적용되는지에 대해서 충분한 시간을 가지고 이야기를 나누는 것입니다. 그리고 이번 회기가 끝날 때 즈음 ○○ 씨와 저 둘이서 이야기를 나누는 시간을 갖고 회기를 마무리하려고 합니다."

요소 1: 치료의 구조 검토하기

"시작하면서 A-BAP 치료의 구조에 대해서 조금 이야기해 보겠습니다. A-BAP에는 세 가지 중요한 역할이 있습니다. A-BAP는 코칭 모델을 사용합니다. ○○ 씨가 주요 선수가 될 것입니다. 저는 ○○ 씨를 지지하고 안내하는 역할을 할 것입니다. 그리고 ○○ 씨의 보호자분(들)께도 옆에서 ○○ 씨의 노력을 지지하고 도와 달라고 요청할 것입니다. 이 치료는 일반적으로 약 12회기로 진행되는 단기 치료입니다. 대부분의 회기는 약 45~50분 정도 소요될 것입니다."

BA 치료 회기의 기본 구조를 검토한다.

A-BAP 치료에서 각자의 역할

- 내담자(청소년): 주요 선수(참가자)
- 치료자: 코치
- 보호자(부모): 지지자

회기 형식

- 대부분의 회기는 다음과 동일한 형식임. 일반적으로 약 25~30분 동안 내담자와 치료자 둘이서 일대일 시간을 가지는 것으로 시작하며, 그 이후에 15~20분은 간단하게 가족과의 만남을 가지거나 혹은 보호자와의 일대일 시간을 가짐
- 치료자는 항상 어젠다에 대해 작업하고, 내담자가 경험하는 증상을 이해하는 데 도움이 되는 짧은 설문지(예: SMFQ 또는 PHQ-9)를 작성하는 것으로 매 회기를 시작함
- 우울을 더 잘 이해하고 그에 대처하기 위한 다양한 전략을 배우는 것이 포함됨
- 필요한 경우에 각 회기에서 발생할 수 있는 긴급한 문제(예: 중대한/상당한 스트레스원이나 자살 사고)에 대해 정기적인 '검토'를 실시하고 적절히 개입할 것(비밀보장의 제한 등)
- '연습하기': 내담자와 보호자 모두에게 치료 과정에 있어서 중요한 부분으로 간주됨
  - 회기 내에서 검토한 핵심 요소를 학습하는 데 중점을 둠
  - 새로운 기술을 연습하고 건강한 습관으로 바꿀 수 있는 기회를 줌
  - 완수에 대한 시간적 부담을 최소화하고자 고안됨

요소 2: BA 모델 소개

"지금까지 저희가 치료의 구조에 대해서 조금 이야기를 나누어 보았습니다. 이제 행동활성화 모델에 대해서 이야기해 보고 어떻게 행동활성화 모델이 ○○ 씨의 인생과 경험에 적용되는지 이야기해 보도록 하겠습니다."

유인물 1(교육 지침) '행동활성화 모델' 안내

유인물 1(교육 지침) '행동활성화 모델'을 활용하여 내담자에게 BA 모델의 일반적인 예를 제시한다. 주요 교육 사항은 다음과 같다.

- 생활 사건/일상에서 스트레스 받는 일들은 슬픔과 피로감을 느끼게 할 뿐 아니라 에너지를 떨어뜨리고 전반적으로 부정적인 기분을 유발할 수 있음
- 이러한 증상들은 때로 '우울'로 분류됨
- 이러한 기분에 따른 자연스러운 반응이 있음—사람들은 이러한 기분을 풀기 위해서 그리고 대처하기 위해서 무언가를 함
- 내담자가 기분이 좋아지기 위해서 무엇을 했는지 논의하기(예: 학교, 친구, 활동들을 회피하는 것)
- 이러한 행동들이 우울을 낫게 만들기보다는 더욱 악화시킨다는 것, 이러한 행동들이 어떻게 부차적인 문제가 되어 '악순환'을 만드는지에 대하여 강조하기
- BA는 부차적인 문제에 집중하고 대처함으로써 우울증의 '악순환'을 끊으려고 한다는 점을 지적하기
- 최종적으로는 내담자가 다시 정상 궤도에 오르고 기분이 좋아지도록 도움

유인물 2(활동지) '행동활성화를 내 삶에 적용하기' 안내

- 내담자와 보호자와 함께 전반적인 BA 모델에 대해 살펴본 후, 유인물 2(활동지) '행동활성화를 내 삶에 적용하기'를 통해 내담자와 가족의 현재 상황을 파악하고 BA 모델에 어떻게 적용되는지 생각해 보도록 하기

- 이 작업이 협력적인지 확인하기
- 작성 내용에 대한 보호자와 내담자의 의견과 동의 얻기
- 수정 및 추가 등의 작업에 내담자와 보호자를 참여시키기
- 앞으로 치료자가 내담자에 대해 더 알아 가면서 치료의 세부 사항을 지속적으로 수정해 나갈 것이고, 지금 작업한 모델에 계속 추가해 나갈 것임을 강조하기
- 치료자에게 정보를 제공한 내담자와 보호자에게 감사를 표현하기, 이 정보가 치료를 계획하는 데 많은 도움이 됨을 강조하기

마무리

"오늘 저희가 많은 것을 다루었습니다. 그리고 지금부터는 제가 자녀분과 둘이서 자녀분의 일상생활에서 이 모델을 어떻게 활용할지에 대해서 이야기 나누는 시간을 갖고자 합니다."

회기 개요: 내담자(청소년)용

SMFQ/PHQ-9 작성하기

"저희는 설문지를 작성하는 것으로 매 회기를 시작할 텐데요. 설문지 결과는 이전 회기에 저희가 만난 이후로 ○○ 씨께서 어떻게 느껴 왔는지에 대해 빠르게 알려 줄 것이고, 수면의 어려움이나 자해하고 싶은 생각과 같은 문제나 어려움을 알아보는 데 도움을 줄 것입니다. 또한 ○○ 씨의 기분이 시간이 지남에 따라 어떻게 변하는지를 따라가 볼 수 있을 것입니다."

- 내담자에게 SMFQ 또는 PHQ-9을 작성하도록 요청하기
- 내담자에게 매주 SMFQ/PHQ-9을 지표로 사용하여 주목해야 할 부분이나 어젠다에 추가해야 할 사항이 있는지 정할 것임을 안내하기

내담자(청소년)의 어젠다

"저희가 만날 때마다 어떤 주제에 대해서 이야기를 나눌지 정해 볼 것입니다 (어젠다 설정). 오늘 다룰 내용을 확인하고, 이에 더해 ○○ 씨께서 이야기 나누 거나 논의하고 싶은 부분이 있다면 추가할 수 있습니다."

- 오늘 회기에서 다룰 내용
- 내담자의 어젠다
  - 특히 1회기에서는 내담자와의 시간이 한정적이기 때문에 내담자의 어젠 다를 다루기 어려울 수 있음. 요소 3을 다루고 '연습하기'를 안내할 수 있 는 시간을 마련해 놓아야 하기 때문에 내담자의 어젠다를 다음 회기에 다루어야 할 수도 있음

요소 3: 일상활동 모니터링

"이번 회기에서는 ○○ 씨께서 본인의 행동과 일상생활에서의 활동에 관심을 가지셨으면 좋겠습니다. 다음 회기에서는 저희가 ○○ 씨께서 선택한 활동과 행동이 ○○ 씨의 기분에 어떤 영향을 미칠 수 있는지 살펴보는 것으로 시작할 것입니다. 예를 들어서, 저는 매주 토요일 아침마다 뛰려고 하는데요. 뛰었을 때 기분이 좋아지고 좋은 에너지를 얻습니다. 반대로 잠옷을 입은 채로 소파에 앉아 있고 싶은 마음이 들 때에는 에너지가 떨어지고 더 성질을 내게 됩니다."

다음 주 '연습하기': 유인물 3(연습하기) '일상활동 모니터링' 안내

"첫 번째 단계로 ○○ 씨께서 무엇을 하고 어떻게 시간을 보내는지에 대해서 알고 싶습니다. 이 활동지는 매주 2일을 작성하게 되어 있는데요. ○○ 씨께서 오늘 한 일을 함께 살펴보고 그 후 스스로 오늘 이외의 다른 하루에 대해 살펴보 도록 하세요."

- 내담자 본인에게는 일상적인 일로 느껴지더라도, 내담자가 오늘 하루 동안 매 시간 무엇을 했는지 적도록 돕기(예: 아침 식사, 잠자기, TV 보기, 대중교통을 이용해 치료 회기에 참여하기)
- 이러한 예시를 작성하고 나면, 내담자에게 작성한 것 이외의 시간에 무엇을 했는지 따라가 보도록 하고, 덧붙여 다음 회기에 오기 전에 다른 하루를 골라 그날 하루를 따라가 보도록 요청하기. 함께 검토할 수 있게 내담자가 활동기록지를 가져오도록 독려하기

본 회기 요약 및 다음 회기 안내

- 내담자의 많은 참여와 관심에 대해 감사를 표현하기. 회기에 대하여 간단하게 검토해야 할 사항이 있는지 물어보기
- 다음 회기는 내담자의 행동과 내담자가 느끼는 기분 사이의 연관성에 대해 확인해 보는 것으로 시작할 것임을 안내하기

상황-활동-기분 순환

권장 회기 소요 시간: 50~60분

회기 개관

회기 목표

모듈 1은 A-BAP를 시작하는 것에 중점을 둔다. 이에 2회기에서는 내담자가 본인이 처한 상황과 그에 따라 본인이 어떻게 반응하는지, 무엇을 하는지 그리고 어떻게 느끼는지를 연결해 보는 것을 시작하는 데 초점을 맞춘다. 본 회기에서의 주된 세 가지 목표는 다음과 같다.

1. 내담자의 관계 및 활동에 대해 보다 더 이해하기
2. 활동과 기분 사이의 관계에 대한 내담자의 이해 넓히기
3. 특히 상황, 활동, 기분 사이의 관련성에 중점을 두고, '악순환' 및 '선순환' 개념을 소개하기

회기 구조 및 주요 사항

본 회기에서는 내담자와의 작업 회기에 이어 간단한 검토 및 보호자 교육을 진행한다. 회기는 정례적으로 '시작 전 검토' 요소(인사말, 모니터링, 어젠다 검토, 과제 검토)로 시작한다. 이 회기의 주요 교육 사항은 다음과 같다.

- 우리의 환경에서 일어나는 사건과 더불어, 관계/활동이 우리의 기분에 영향을 줌
- 상황, 우리의 반응, 무엇을 하는지(활동), 어떻게 느끼는지(기분) 사이의 연관성을 알아차리는 것이 중요함
- 우리의 행동은 우리의 기분을 유지, 완화 또는 악화시킬 수 있음
- 우리의 기분을 저하시키거나 본래의 문제를 악화시키는 무언가를 하는 것으로 상황에 대처할 때 '악순환'에 빠질 수 있음
- 우리의 기분을 완화하고 보다 효과적인 대처로 이끄는 무언가를 하는 것으로 상황에 대처할 때 '선순환'에 이를 수 있음
- 내담자 본인이 악순환/선순환이라는 패턴 속에 있다는 것을 인식할 수 있게 되면 치료자가 활동을 통해 기분을 바꾸는 방법을 안내할 것임
- 보호자에게 우울에 대한 심리 교육을 제공하고 검토함

회기 어젠다

내담자(청소년)용

- 프로그램 시작 전 검토
- '연습하기' 검토: 유인물 3(연습하기) '일상활동 모니터링'
- 본 회기 핵심 요소
  - 요소 1: 관계와 활동이 기분에 미치는 영향
    - 유인물 4(활동지) '당신의 인생에서 누가, 무엇이 최우선입니까?'

○ 요소 2: 상황-활동-기분 순환

■ 유인물 5(연습하기) '악순환, 선순환'

• 다음 주 '연습하기': 유인물 5(연습하기) '악순환, 선순환'

보호자(부모)용

• 본 회기 핵심 요소

○ 요소 1: 청소년기의 우울

■ 유인물 6(교육 지침) '청소년 우울에 대한 보호자 안내서'

○ 요소 2: 자녀가 우울을 헤쳐 나가도록 돕기

준비 자료

• 본 회기 어젠다

• SMFQ/PHQ-9

• 유인물 3(연습하기) '일상활동 모니터링'

• 유인물 4(활동지) '당신의 인생에서 누가, 무엇이 최우선입니까?'

• 유인물 5(연습하기) '악순환, 선순환'

• 유인물 6(교육 지침) '청소년 우울에 대한 보호자 안내서'

회기 개요: 내담자(청소년)용

프로그램 시작 전 검토

• SMFQ/PHQ-9 작성하기

• SMFQ/PHQ-9 검토하기

• 본 회기 어젠다 설정하기(회기 자료 및 내담자의 어젠다 항목을 검토하기 위한 시간 분배 포함)

'연습하기' 검토: 유인물 3(연습하기) '일상활동 모니터링'

"지난주 동안 작성해 온 일상활동 모니터링 기록지를 검토해 보도록 하겠습니다(내담자가 작성하지 못한 경우 회기 내에 작성하도록 하기). ○○ 씨께서 하고 있는 활동 중에서 뜻밖이거나 놀라운 활동이 있었나요? 아니면 평소의 하루와 다를 바 없이 똑같았나요? 그렇지 않았다면 무엇이 달랐나요?"

본 회기 핵심 요소

"이번 회기에서는 우리의 인생에서 관계와 활동이 기분에 어떠한 영향을 미치는지 그리고 우리의 기분이 우리의 행동과, 나아가 궁극적으로 우리가 느끼는 방식에 어떠한 영향을 미치는지에 대해 이야기를 하는 것으로 시작해 보려고 합니다."

요소 1: 관계와 활동이 기분에 미치는 영향

"○○ 씨의 인생에서의 다양한 관계와 활동을 이해하기 위해서 이 활동지를 함께 살펴보도록 하겠습니다. 특히 ○○ 씨의 인생에서 가장 중요한 사람들과 활동들에 대해서 그리고 그러한 것들이 ○○ 씨께서 겪고 있는 우울을 어떻게 완화 혹은 악화시키는지에 대해 좀 더 이야기를 듣고 싶습니다."

유인물 4(활동지) '당신의 인생에서 누가, 무엇이 최우선입니까?' 안내

● 제공된 시각 자료(유인물 4)를 사용하여 내담자가 동심원에서 자신의 위치를 알도록 하기

"이 도형의 중심에는 ○○ 씨가 있습니다. ○○ 씨의 인생에 있어서 중요하다고 생각하는 다양한 사람과 활동을 '점'으로 표시해 보려고 합니다. 중앙(○○ 씨)에 더 가깝게 표시할수록 더 중요하다는 뜻입니다. 이때 '중요한' 사람들이나 활동들은 긍정적으로 생각될 수도 있고 부정적으로 생각될 수도 있습니다. 예를 들어, ○○ 씨께서 '한강에서 자전거 타는 게 중요해

요'라고 말씀하실 수 있지만 실제로는 ○○ 씨께서 자전거 타기를 싫어할 수도 있고, 한강에서 자전거 타는 활동이 중요한 이유가 그 활동 자체가 즐겁기보다는 부모님이 ○○ 씨에게 매주 5시간씩 그렇게 타라고 시켰기 때문일 수 있습니다. 다른 한편으로 ○○ 씨는 ○○ 씨의 이모를 점으로 표시할 수 있습니다. 이때 이모와 시간을 보내는 것이 즐거워서, 영화 보기와 같은 재미있는 활동을 이모와 함께 하기 때문에 이모를 중요하게 생각할 수 있을 것입니다. 마지막으로, 현재 ○○ 씨의 삶에 빠져 있는 사람이나 활동(예: 떠나보낸 누군가나 더 이상 하지 않는 활동)을 여기에 적을 수도 있습니다. 이들 또한 ○○ 씨의 기분에 영향을 줄 수 있기 때문에 주목해 보는 것이 좋겠습니다. 그래서…… ○○ 씨의 인생에서 누가, 무엇이 '최우선'입니까?"

- 이 과정이 상호적인 과정이라는 것을 명심하고, 진행하면서 각 '점'에 대해 알아보기. 치료자가 대신 작성하는 것이 이 작업을 보다 순조롭게 상호작용하며 끝마치는 데 도움이 된다면 그렇게 해도 좋음. 가능한 한 내담자가 먼저 작성하도록 돕고, 다음 질문들을 가이드로 사용하기

  ○ "○○ 씨에게 '중요한 사람'은 누구이고 '중요한 활동'은 무엇입니까?"

  ○ "각각의 중요도 수준을 매겨 본다면, 어떻게 그리고 어디로 각각을 평가하시겠습니까?"(동심원에 사람, 활동을 배치하는 데 도움을 주기 위해 사용하기)

  ○ "그 사람/활동이 다른 사람/활동보다 더 중요한 이유는 무엇입니까?"

  ○ "어떤 사람들과 활동들이 ○○ 씨의 우울감에 가장 영향을 줍니까? 그리고 그 이유는 무엇입니까?"

  ○ "어떤 사람들과 활동들이 어떻게 ○○ 씨의 우울감을 완화시킵니까?"

  ○ "○○ 씨의 인생에서 빠진 누군가나 무언가가 있습니까? 그것은 우울감을 어떻게 완화 또는 악화시킵니까?"

요소 2: 상황–활동–기분 순환

"지금까지 ○○ 씨의 인생에서 누가 그리고 무엇이 '최우선'인지 더 잘 이해해 보는 시간을 가졌습니다. 그래서 이를 바탕으로 발생한 상황, 우리의 반응, 행동 그리고 기분에 미치는 영향 사이의 연관성에 대해 이야기해 보도록 하겠습니다. 이러한 연관성이 보일 때 저희는 흔히 이것을 '악순환'과 '선순환'이라고 부릅니다. 힘든 상황에서 우리의 기분을 악화시키는 방식으로 대응한다면, 우리는 '악순환'에 빠질 수 있습니다. 예를 들어, 친구와 이야기하던 도중 의견 차가 생겨 화를 낸 후 그 자리를 피해 버렸다면, 결과적으로 문제는 해결되지 않고 ○○ 씨의 기분이 더욱 나빠질 것입니다. 반대로 발표 시간에 선생님과 친구들에게 박수를 받고 칭찬을 받아서 자신감을 가지게 된다면 '선순환'에 들어갈 수 있을 것입니다."

유인물 5(연습하기) '악순환, 선순환' 안내

"이 활동지는 상황과 ○○ 씨의 반응, 행동, 기분에 미치는 영향 사이의 연관성을 알 수 있도록 도와줄 겁니다. 함께 이것을 작성해 볼 텐데, 지난 며칠 동안 ○○ 씨의 삶을 예시로 생각해 보도록 하겠습니다. '악순환'을 먼저 해 보겠습니다. 기분이 나빠졌던 일이 있었던 때가 생각나나요? 무슨 일이 있었는지, ○○ 씨께서 어떻게 반응했는지, 어떤 행동을 했는지 그리고 ○○ 씨의 기분이 나아졌는지 아니면 더 나빠졌는지에 대해서 이야기해 보도록 하겠습니다. 자, 이제는 기분이 좋아졌던 때에 대해서 이야기해 보도록 하겠습니다. 무슨 일이 있었는지, ○○ 씨께서 어떻게 반응했는지, 어떤 행동을 했는지 그리고 ○○ 씨의 기분이 나아졌는지 혹은 더 나빠졌는지 이야기해 보겠습니다."

* 가능하다면 내담자가 지난주 '연습하기'에 포함한 활동이나 사건들과 내담자가 공유한 내담자와 관련 있는 경험들을 활용하여 상황–반응–행동–기분 변화의 연관성 찾아보기. 내담자의 개인적인 예시나 경험을 사용하여 '악순환, 선순환' 활동을 이해하도록 돕기

다음 주 '연습하기': 유인물 5(연습하기) '악순환, 선순환'(두 번째 복사본) 안내

"다음 주 '연습하기' 활동은 유인물 5를 활용하여 오늘부터 다음 회기 전까지 일어나는 두 가지 사항, 즉 '악순환'으로 이어지는 일과 '선순환'으로 이어지는 일을 찾아보는 것입니다."

- 어떤 일이 일어나는지 주의를 기울이고, 내담자가 어떤 기분이었고 무엇을 했으며, 그 후로는 기분이 어땠는지 작성해 올 것을 독려하기
- 내담자가 작성한 활동지를 검토하고, 치료자와 함께 활동을 통해 기분 전환을 하는 방법을 배울 수 있도록 내담자에게 다음 회기 때 활동지를 가져오라고 요청하기

본 회기 요약 및 다음 회기 안내

- 본 회기에서 내담자의 참여에 대해 감사를 표현하고, 본 회기에 대한 추가 질문이 있는지 물어보기
- 청소년의 우울에 대한 정보를 공유할 목적으로 내담자의 보호자와 간단하게 만날 것임을 공유하기
- 다음 모듈에서는 내담자가 기분이 나아지기 위해 활동들을 어떻게 활용할 수 있을지에 중점을 둘 것이라고 미리 안내하기

회기 개요: 보호자(부모)용

"안녕하세요. 다시 뵙게 되어 기쁩니다. 이번 회기에서 몇 가지 말씀드리고 싶은 부분이 있습니다. 저는 여러분께 청소년의 우울에 대한 정보를 알려 드리고 자녀분들이 일상생활에서 보다 '활동적'이게 될 때 여러분이 어떻게 지지해 줄 수 있는지에 대해서 말씀을 드리고 싶습니다."

보호자에게 질문이 있는지 물어보고, 질문이 있다면 나온 질문에 대해 대답한다.

본 회기 핵심 요소

요소 1: 청소년기의 우울

"오늘은 우울에 대해 좀 더 구체적으로 이야기하고, 그것이 여러분의 자녀들에게 어떤 의미가 있는지에 대해서 이야기하도록 하겠습니다."

유인물 6(교육 지침) '청소년 우울에 대한 보호자 안내서' 안내

"여기 '청소년 우울에 대한 보호자 안내서'라는 제목의 유인물이 있습니다. 유인물은 가져가서 살펴보셔도 됩니다. 그 전에 유인물에 있는 몇 가지 요점과 개념에 대해서 이야기 나누고 싶습니다."

- "먼저 청소년마다 각자 조금씩 다를 수 있지만, 자녀분들께 흔히(혹은 공통적으로) 나타날 수 있는 우울의 증상은 다음과 같습니다."
- 과거 또는 현재 청소년 내담자에게 나타날 수 있는 다음의 우울 증상에 대하여 강조하기
    - 우울한 기분 또는 과민한 기분
    - 무쾌감증 또는 일상 활동에 대한 흥미/즐거움의 저하
    - 식욕 또는 체중 변화
    - 수면의 어려움/변화(과다수면, 불면, 수면의 질 저하)
    - 피로감
    - 과도하거나 부적절한 죄책감
    - 집중의 어려움
    - 자살 사고 또는 행동
- 관련된 다음 증상에 대해서도 강조하기

- ○ 반응성의 감소
- ○ 절망감/무력감
- ○ 불안감
- ○ 신체적 불편감
- ○ 적대적 경향성(oppositionality)
- "청소년이 우울을 경험하는 것은 매우 일반적입니다."
  - ○ 그들의 청소년 자녀들만 우울을 경험하는 것이 아니라는 사실과 우울이 매우 흔하다는 견해에 대하여 논의하기[역자 주: 보건복지부가 실시한 제15차 청소년건강행태조사(홍진표 외, 2019)에 따르면, 한국의 청소년(중고생) 약 28%가 최근 12개월 동안 2주 내내 일상생활을 중단할 정도의 우울감을 경험하였다고 보고하였음(남학생 34.6%, 여학생 22.2%)]
- "치료는 매우 중요합니다."
  - ○ 치료의 중요성, 즉 우울증이 치료에 반응한다는 견해와 치료하는 데 시간이 걸리지만 치료가 우울 삽화의 기간을 단축시킨다는 견해에 대해 논의하기
  - ○ 우울이 학업적·사회적 및 가족 기능에 영향을 미치기 때문에 우울 삽화의 기간을 줄이는 작업(예: 치료 참여)이 중요하다는 견해에 대해 논의하기
- "우울의 정확한 원인은 개인에 따라 다를 수 있지만, 스트레스가 우울증의 발병 및 지속에 중요한 역할을 한다는 것은 분명합니다."
  - ○ 우울에 대한 여러 다양한 이론이 있으며, 이를 뒷받침하는 몇몇 연구 증거가 있음. 동일한 결과(우울 증상)에 대한 여러 경로(원인)가 있지만, 우울의 발병 및 유지에 있어서 스트레스의 역할(예: 학업적 부담, 친구와의 문제, 사춘기로 인한 변화, 가족과의 불화)을 과소평가할 수 없음을 강조하기
  - ○ 우울 증상을 관리하는 데 있어서 규칙적인 수면 패턴, 양질의 수면 위생, 운동의 중요성을 강조하기
- "청소년 자녀를 양육하는 것은 자녀가 기분이 괜찮을 때에도 도전적이며, 우울감을 경험할 때에는 더욱 가슴이 아플 수 있습니다. 자녀가 그러한 어

려운 시간을 보내고 우울해하는 것을 지켜보는 것 자체도 힘들 뿐 아니라 자녀가 여러분에게 짜증을 내고 화를 내며 반항할 때에는 더욱 힘들 수 있습니다.”

- 보호자의 경험을 타당화하고, 우울을 경험하는 청소년의 양육이 얼마나 힘든 일인지 타당화하기. 이러한 것이 흔한 증상임을 상기시키고 보호자가 보호자로서 자신의 가치와 자녀의 행동을 분리할 수 있도록 독려하기. 이를 위해 자녀의 행동을 우울의 맥락에서 이해하도록 독려하고, 분노와 경멸과 같이 부정적 상호작용을 계속해서 강화하는 반응보다는 따뜻하고 이해하는 반응이 중요함을 강조하기

내담자 회기 개념 정리
내담자와 함께 이번 회기에서 논의한 개념에 대하여 간략하게 검토한다.

- 우리의 환경에서 일어나는 사건과 더불어 관계/활동이 우리의 기분에 영향을 줌
- 상황과 우리의 반응[무엇을 하는지(활동), 어떻게 느끼는지(기분)] 사이의 연관성을 알아차리는 것이 중요함
- 우리의 행동은 우리의 기분을 유지, 개선 또는 악화시킬 수 있음
- 우리의 기분을 저하시키거나 본래의 문제를 악화시키는 무언가를 하는 것으로 상황에 대처할 때 ‘악순환’에 빠질 수 있음
- 우리의 기분을 개선하고 보다 효과적인 대처로 이끄는 무언가를 하는 것으로 상황에 대처할 때 ‘선순환’에 이를 수 있음
- 내담자 본인이 악순환/선순환이라는 패턴 속에 있다는 것을 인식할 수 있게 되면 치료자가 기분을 바꾸는 활동을 하는 방법을 안내할 것임

요소 2: 자녀가 우울을 헤쳐 나가도록 돕기
“오늘 저희는 여러 가지 중요한 사항들에 대해서 이야기 나누어 보았는데요.

마치기 전에 몇 가지 조금 더 강조하고 싶은 사항이 있습니다. 특히 자녀가 우울을 헤쳐 나가도록 돕는 방법에 대해서 이야기를 하고 싶습니다. A-BAP의 일환으로 다음을 해 보는 것을 권해 드립니다."

- "당신의 자녀를 격려해 주세요. 잔소리를 하지 마시고 저희가 논의한 개념을 사용하도록 자녀를 격려해 주세요."
- "이전에 논의한 대로, 좌절하거나 화를 내지 않으며 자녀를 격려하는 것은 어려울 수 있습니다."
- "자세한 세부 사항이 따르겠지만, 몇 가지 기본적인 아이디어는 다음과 같습니다."
  - "자녀의 감정을 확인/타당화(validate)하세요."
  - "스트레스를 줄이도록 해 보세요."
  - "자녀가 우울과 씨름하고 있는 동안 자녀에 대해 현실적인 기대를 가지도록 해 보세요."
  - "비용이 들더라도 자녀가 활동할 수 있도록 지원해 주세요(예: 교통비 제공, 적절한 용돈 제공)."

본 회기 요약 및 다음 회기 안내

- 본 회기에서 보호자의 참여에 대해 감사를 표현하기. 추가로 물어보고 싶은 질문이 있는지 물어보기
- 다음 회기에서 우울을 치료 중인 청소년의 보호자로서 겪는 경험과 걱정에 대해 계속 이야기할 것을 안내하기

행동하기

3회기: 목표-기반 행동 vs 기분-기반 행동

4회기: 행동의 결과 살펴보기

3회기

목표-기반 행동 vs 기분-기반 행동

권장 회기 소요 시간: 50~60분

회기 개관

회기 목표

모듈 2는 기분이 저조할 때조차도 '행동을 하는 것'이 기분을 개선하는 데 어떤 도움이 되는지에 대해 보다 자세히 논의하는 것에 중점을 두고 있다. 3회기에서의 주된 두 가지 목표는 다음과 같다.

1. 행동활성화의 개념 소개하기: 기분 관리에서 행동활성화의 역할(목표-기반 행동 vs 기분-기반 행동), 활동을 늘리지 않고 기분이 나아지기를 기다리기보다 본인의 기분을 나아지게 하는 행동을 직접 해 보는 것의 중요성
2. 보호자에게 청소년 우울에 대한 심리 교육을 제공하기

회기 구조 및 주요 사항

이 모듈에서는 내담자와의 작업과 더불어 보호자와의 간단한 검토 및 교육을 실시한다. 핵심적인 주요 개념은 다음과 같다.

- 기분은 우리의 행동과 떼려야 뗄 수 없는 관계임. 어떤 활동은 기분을 낫게 하고, 어떤 활동은 기분을 나쁘게 함
- 아무것도 하지 않고 기분이 나아지기만을 기다리지 않는 것이 중요함(예: 기분-기반 행동에 빠지지 않는 것이 중요). 즉, 기분이 저조해질 때 행동을 하는 것이 우울의 악순환에서 벗어나는 데 도움이 될 수 있음(예: 목표-기반 행동을 하는 것)
- A-BAP에서는 먼저 행동을 한 다음 시간이 흐르면서 행동이 기분을 개선하는지 관찰해 볼 것을 제안함
- 목표-기반 행동을 위한 첫 번째 단계는 어떤 활동이 본인의 기분을 나아지게 하는지 보다 잘 이해하는 데 초점을 맞추는 것임. 이를 위한 가장 좋은 방법은 본인의 주변 환경 속 상황, 활동, 기분 사이의 연결 고리를 모니터링하고 그것에 주의를 기울이는 것임
- 본인 주변에 어떤 일이 일어나는지(상황), 무엇을 하는지(활동), 그것이 기분에 어떤 영향을 주는지에 대해 살펴보는 것은 본인의 기분이 나아지는 활동과 기분이 나빠지는 활동을 구분하는 것을 배우는 데 도움이 될 것임
- 보호자에게 지난주 과제에 대한 논의를 바탕으로 우울에 대한 심리 교육을 이어서 제공하고, 우울을 경험하는 청소년 자녀의 양육이라는 긍정적이면서도 도전적인 경험을 보호자가 스스로 타당화해 보는 연습을 하도록 함

회기 어젠다

내담자(청소년)용

- 프로그램 시작 전 검토
- 본 회기 핵심 요소
  - 요소 1: 기분 개선을 위해 활동하기
    - 유인물 7(교육 지침) '행동하기!'
  - 요소 2: 활동-기분 모니터링
    - 유인물 8(활동지) '활동-기분 기록지 예시'
- 다음 주 '연습하기': 유인물 9(연습하기) '활동-기분 기록지'

보호자(부모)용

- 본 회기 핵심 요소
  - 요소 1: 우울을 경험하는 청소년 자녀를 지지하기
    - 유인물 10(활동지) '청소년 자녀 양육을 설명하는 표현들'

준비 자료

- 본 회기 어젠다
- SMFQ/PHQ-9
- 유인물 5(연습하기) '악순환, 선순환'
- 유인물 6(교육 지침) '청소년 우울에 대한 보호자 안내서'
- 유인물 7(교육 지침) '행동하기!'
- 유인물 8(활동지) '활동-기분 기록지 예시'
- 유인물 9(연습하기) '활동-기분 기록지'
- 유인물 10(활동지) '청소년 자녀 양육을 설명하는 표현들'

회기 개요: 내담자(청소년)용

프로그램 시작 전 검토

- SMFQ/PHQ-9 작성하기
- SMFQ/PHQ-9 검토하기
- 본 회기 어젠다 설정하기(회기 자료 및 내담자의 어젠다 항목을 검토하기 위한 시간 분배 포함)

'연습하기' 검토: 유인물 5(연습하기) '악순환, 선순환'

"작성하신 '악순환, 선순환'을 검토해 보도록 하겠습니다(내담자가 작성하지 못한 경우 회기 내에 작성하도록 하기). ○○ 씨가 어떠한 상황에서 한 행동이 (좋은 쪽으로든 나쁜 쪽으로든) ○○ 씨의 기분에 어떤 영향을 주는지 알 수 있나요? 또 이것이 다른 행동으로 이어진다고 생각하나요? 지금 다시 생각해 보면 다르게 행동했을 방법이 있나요?"

본 회기 핵심 요소

"이번 회기에서는 기분이 우리의 행동과 어떻게 연결되어 있는지에 대해서 더 이야기해 보려고 합니다. 이는 우리가 참여하는 활동과 우리의 기분을 분리할 수 없다는 것을 의미합니다. 즉, 어떤 활동은 우리의 기분을 좋게 만들고 또 어떤 활동은 기분을 나쁘게 만든다는 것입니다. 여기에 숨겨진 뜻은 우리가 활동, 행동을 함으로써 기분을 통제하거나 조절할 수 있다는 것입니다."

요소 1: 기분 개선을 위해 활동하기

"이번 회기에서는 우리의 기분을 개선하기 위해서 우리가 어떤 행동을 할 수 있는지 이야기를 나눠 보려고 합니다. 지난 회기에 저희가 '선순환, 악순환'에 대해 이야기 나누었던 것을 기억하시나요? 저희는 이미 몇몇 활동, 행동 또는 우리가 하는 일이 기분을 나아지게 만들고, 반대로 몇몇 활동, 행동, 우리가 하는 일들은 기분을 더 악화시킨다는 생각을 해 보기 시작했습니다."

유인물 7(교육 지침) '행동하기!' 안내

"이 유인물('행동하기!')을 보도록 하겠습니다. 여기 세 가지 예시가 있습니다. 처음 두 가지 예시는 기분-기반 행동이라고 하고 세 번째 예시는 목표-기반 행동이라고 합니다.

- 내담자와 함께 세가지 예시를 검토하기
  - "첫 번째 예시에서 이 사람은 행복감을 느끼고 있고, 재미있는 일을 하고 있습니다. 그래서 더욱 기분이 좋아집니다. 이것은 기분-기반 행동의 예시입니다."
  - "두 번째 예시에서 이 사람 기분이 처져 있고 아무것도 하지 않습니다. 이로 인해 더욱 기분이 나빠집니다. 이것 또한 기분-기반 행동의 예시입니다."
  - "세 번째 예시에서 이 사람은 기분이 울적하지만 그래도 재미있는 일을 하고 결국 기분이 조금 나아집니다. 이것은 목표-기반 행동의 예시입니다."
- 유인물의 주요 사항 강조하기
  - "여기에서의 핵심은 기분-기반 행동을 하기 전에 그저 기분이 나아지기를 기다리는 것보다는 목표-기반 행동을 하는 것이 ○○ 씨의 우울의 악순환에서 벗어나는 데 도움을 줄 수 있다는 것을 아는 것입니다."
  - "덜 우울하고 의욕을 가지게 하는 활동을 해 보기도 전에 덜 우울하고 의욕을 가진 상태가 되기만을 기다린다면, 오랜 시간이 걸리고 그 전까지 우울하고 의욕 없는 상태에 갇혀 있게 될 것입니다."
  - "○○ 씨의 행동을 바꾸기 전에 자신이 의욕을 가지기를 기다리는 것은

효과적인 전략은 아닐 것입니다."

○ "A-BAP에서는 먼저 행동해 보고 시간이 지나면서 그 행동이 기분을 좋게 하는지 관찰해 볼 것을 제안합니다. 이는 ○○ 씨의 목표(기분이 나아지는 것)가 ○○ 씨의 기분(기분이 좋지 않아서 아무것도 하지 않음)보다 ○○ 씨의 활동에 영향을 주어야 한다는 것입니다."

회기 내 활동

모델링해 보거나 내담자와 함께 해 봄으로써 목표-기반 행동의 개념을 연습해 본다.

- 기분을 1~10점으로 평가하기('10점'이 매우 좋음)
- 간단한 활동(30~60초)을 해 보기(예: 유튜브 동영상 시청하기, 좋아하는 신나는 노래 듣기, 짧은 개그 영상 보기, 상담실 주변을 활기차게 걷기, 호흡 운동하기, 요가 자세 취하기)
- 다시 기분을 1~10점으로 평가하기('10점'이 매우 좋음)
- 어땠는지 이야기 나누기. 변화가 없거나 내담자의 기분이 더 안 좋아진다면 내담자에게 변화하는 데 시간이 걸린다는 것을 상기시키고, 궁극적으로 본인에게 효과적인 활동을 논의해 볼 것임을 다시 한번 안내하기. 결과가 어떻게 되었든 그것이 유용한 정보일 수 있음을 내담자에게 알리기. 변화가 있다면 그것이 목표-기반 행동이라고 불리는 것의 일부라는 점을 강조하고, 계속 유용한 다른 활동을 실험하고 찾아볼 것이라고 공유하기

요소 2: 활동-기분 모니터링

"활동을 바꾸는 것이 ○○ 씨의 기분을 변화시키는 데 도움이 될 수 있지만 어디에서부터 시작해야 할지 막막할 수 있을 것입니다. 우선 첫 번째 단계는 ○○ 씨의 일상생활에서 활동과 기분 사이에 관련이 있는지 관심을 가져 보는 것입니다. 어떤 활동이 기분 전환에 효과적일지 눈여겨볼 때 좋은 방법 중

하나는 우리가 무엇을 하고 있고 어떻게 느끼고 있는지를 기록해 보는 것입니다."

유인물 8(활동지) '활동-기분 기록지 예시' 안내

- 내담자와 함께 기록지의 왼쪽 예시를 살펴보기: "예시를 살펴보았으니, 이번에는 오늘 저희가 만나기 전에 ○○ 씨께 있었던 일들에 대해 작성해 보도록 하겠습니다. 함께 살펴보도록 하죠."
- 내담자의 활동, 그에 따르는 기분/감정에 대해 가능한 한 자세히 끌어내도록 하기
- 내담자가 활동과 기분 사이의 관계를 인지하는 데 도움이 되는 질문은 다음과 같음
  - "○○ 씨가 X를 했을 때 기분이 어떠셨나요?"
  - "아주 작은 변화라도 느끼셨나요?"
  - "잠깐이라도 변화가 있었다고 느끼셨나요?"
  - "그렇게 느꼈을 때 무엇을 하고 계셨나요?"
  - "그런 기분을 느꼈을 때 어디에 계셨나요?"
  - "Z 대신에 Y를 하고 있었다면 기분이 어땠을까요?"
- 내담자에게 어떤 의미 있는 기분 변화가 나타나는 두 가지 이상의 상황이 있다면, 그 상황들의 패턴에 대해서 논의하고 연관성에 주목해 보기
- 유인물 8 '활동-기분 기록지 예시'와 같이 기분 변화를 관찰함으로써 여러 부분에서 내담자의 행동과 관련 감정 사이의 연관성이 있다는 것을 언급하기
- 내담자가 행동과 기분 사이의 연관성(예: 방과 후에 침대에 누워 있을 때 슬픈 기분, 방과 후 자전거를 탈 때 신나는 기분)을 발견할 수 있도록 돕기. 다음을 강조하기
  - "어떤 활동이 효과적이고 더 자주 할 수 있는 활동인지 알아볼 수 있습니다."
  - "어떤 활동이 ○○ 씨의 기분을 처지게 하는지 알아볼 수 있습니다. 그

리고 이후 회기에서 대처 전략을 논의할 때 그에 대해 다뤄 볼 수도 있을 것입니다."

다음 주 '연습하기': 유인물 9(연습하기) '활동-기분 기록지' 안내

"일주일 동안 활동-기분 기록지(유인물 9)를 작성해 보는 '연습하기' 활동을 통해 ○○ 씨의 활동과 그와 연관된 기분을 모니터링해 보려고 합니다. 이 기록 지는 방금 작성해 본 기록지 예시(유인물 8 '활동-기분 기록지 예시')와 같습니다. 저는 ○○ 씨께서 주중(학교에 나가는 날)과 주말에서 각각 하루씩, 총 이틀을 선 택해서 작성해 보시면 좋을 것 같습니다. 이렇게 하면 주중과 주말 사이에 차이 가 있는지도 확인해 볼 수 있을 것입니다."

내담자가 확실히 이해하도록 일주일 동안 연습해 볼 '연습하기' 활동을 다시 한번 살펴본다.

본 회기 요약 및 다음 회기 안내

"저는 ○○ 씨의 보호자를 잠깐 만나서 우울(또는 자신이 겪고 있는 정서적 어 려움을 표현한 내담자만의 언어)에 대한 정보를 알려 드리고, 오늘 저희가 논의한 것과 같이 활동을 통해서 기분을 조절할 수 있다는 견해를 살펴보려고 합니다."

- 치료자와 내담자가 나눈 이야기는 내담자가 요청하지 않는 한 보호자와 논 의하지 않을 것임을 보장하기
- 다음 모듈에서는 내담자가 단기 및 장기적으로 기분을 다스리는 데 도움이 되는 효과적인 활동들에 대해 보다 구체적으로 살펴볼 것임을 안내하기

회기 개요: 보호자(부모)용

요소 1: 우울을 경험하는 청소년 자녀를 지지하기

"안녕하세요. 다시 뵙게 되어 기쁩니다. 이번 회기에서 제가 몇 가지 말씀드리고 싶은 부분이 있습니다. 우선 지난 회기에 나눠 드린 '청소년 우울에 대한 보호자 안내서'에서 궁금한 점이 있으신지 여쭤 보고 싶습니다. 그러고 나서 어떻게 하면 우울을 경험하는 자녀/청소년을 잘 지지해 줄 수 있을지에 대해서 이야기를 나눠 보려고 합니다. 유인물을 보며 이야기해 봅시다. 읽어 보신 내용 중에 질문이 있으시거나 고민되는 부분이 있으신가요?"

- 보호자들에게 유인물 6 '청소년 우울에 대한 보호자 안내서'에 대한 질문이 있는지 묻고, 질문이 있다면 나온 질문에 대해 대답하기

유인물 10(활동지) '청소년 자녀 양육을 설명하는 표현들' 안내

- 유인물 10(활동지) '청소년 자녀 양육을 설명하는 표현들'을 활용하여 보호자가 본인의 자녀 양육 경험을 가장 잘 설명하는 단어에 동그라미 표시하도록 안내하기. 그리고 선택한 몇몇 단어에 대해 조금이라도 이야기해 보도록 요청하기
- 우울을 경험하는 청소년 양육의 어려움에 대해 이야기를 나눌 때 보호자가 동그라미를 친 단어들을 활용해서 대화하기
- 보호자들이 혼자가 아니라는 것—우울증을 경험하는 자녀를 둔 다른 보호자들도 비슷한 이야기를 했다는 점, 그들 또한 양육 경험이 중요하고 도전적이며 즐거우면서도 한편으로는 절망적이라고 느낀다는 점—을 강조하기 (이때 각 보호자가 직접 쓰는 표현을 사용해 이야기 나누기)
- 보호자의 경험을 타당화하기. 그리고 우울을 경험하는 자녀가 화나 짜증을 내고 적대적일 수 있기 때문에 계속해서 최선을 다해 자녀를 지지하기가

힘들 수 있음을 인정하기
- 자녀의 행동이 우울로 인한 것일 수 있음을 설명하기

예를 들어, 레베카와 같은 자녀의 보호자를 만난다면 다음과 같이 말할 수 있을 것이다. "활동지의 모든 단어에 동그라미를 치셨네요(레베카의 양육은 매우 어려움). 재미있고 사랑스러운 작은 아이였던 레베카가 점점 저항적이고, 혼란스러운 10대 청소년이 되어 가는 과정을 함께하는 것이 정말 힘드셨을 것 같습니다. 자녀가 우울을 경험하게 되면서 여러분께서 알고 있던 아이는 사라진 것처럼 느끼셨을 수도 있을 것 같습니다. 하지만 저희는 자녀가 여러분께 적절한 지지를 받고 우울증 치료를 받음으로써 여러분이 그리워하던 자녀의 모습들을 다시 보게 되실 것이라고 예상합니다. 덧붙여 자녀가 본인의 삶을 구조화하는 방법을 배워 미래의 우울을 예방할 수 있도록 여러분이 도울 수 있기를 바랍니다."

본 회기 요약 및 다음 회기 안내

- 본 회기에서 보호자의 참여에 대해 감사를 표현하기. 추가로 물어보고 싶은 질문이 있는지 물어보기
- 다음 회기에서도 계속해서 우울을 경험하는 청소년을 지지하는 것에 대해 구체적으로 논의할 것임을 안내하기

4회기

행동의 결과 살펴보기

권장 회기 소요 시간: 50~60분

회기 개관

회기 목표

4회기는 기능 분석과 내담자가 본인이 왜 그런 행동을 하는지 이해하도록 돕는 것에 중점을 두고 있다. 본 회기에서의 주된 세 가지 목표는 다음과 같다.

1. 내담자가 본인이 어떤 활동을 하면 기분이 좋아지고, 어떤 활동을 하면 기분이 나빠지는지 그리고 활동을 하지 않으면 우울 증상이 유지될 수 있다는 점을 알아차리도록 도와주기
2. 내담자가 본인의 행동 패턴을 이해하도록 도와주고, 일반적으로 경험한 결과를 고려하면 특정 상황에서 나타나는 내담자의 행동이 충분히 이해됨을 내담자 본인이 인식하도록 돕기
3. 내담자가 본인의 행동에 대해 의문을 가지고, 즉각적/장기적 결과를 생각해 보도록 안내하기

회기 구조 및 주요 사항

이 회기는 청소년 내담자와의 작업만 진행하는 것으로 구성되어 있다. 주요 사항은 다음과 같다.

- 다음 사항을 다루는 기능 분석을 소개하기
  - 강화된 행동(예: 기분을 좋게 함, 안심하도록 함)은 보통 반복적으로 나타나지만, 이 행동이 항상 장기적인 목표와 목적을 달성하는 데 도움이 되는 것은 아님
  - 모든 행동/활동에는 이득과 비용이 있음. 이득이 있을 때 그 행동을 하고, 비용을 지불해야 할 때는 하지 않음
- 행동/활동에 대한 단기적 및 장기적 결과를 생각해 보기
- 기분에 영향을 미치는 행동(나에게 활력을 주는 활동과 기분을 저하시키는 활동) 찾기
- 좋은 기분 만들어 보기

회기 어젠다

내담자(청소년)용

- 프로그램 시작 전 검토
- 본 회기 핵심 요소
  - 요소 1: 기능 분석: 이득 vs 비용—왜 이 행동을 하는가?
  - 요소 2: 단기적 vs 장기적 결과
  - 유인물 11(교육 지침) '단기적 vs 장기적 결과'
  - 요소 3: 활력을 주는 활동 vs 기분을 저하시키는 활동
    - 유인물 12(활동지) '나에게 활력을 주는 활동과 기분을 저하시키는 활동'
    - 유인물 13(교육지침) '활동 목록'

○ 요소 4: 좋은 기분 만들어 보기

- 다음 주 '연습하기': 유인물 14(연습하기) '활력을 주는 활동들'

준비 자료

- 본 회기 어젠다
- SMFQ/PHQ-9
- 유인물 9(연습하기) '활동-기분 기록지'
- 유인물 11(교육 지침) '단기적 vs 장기적 결과'
- 유인물 12(활동지) '나에게 활력을 주는 활동과 기분을 저하시키는 활동'
- 유인물 13(교육 지침) '활동 목록'
- 유인물 14(연습하기) '활력을 주는 활동들'

회기 개요: 내담자(청소년)용

프로그램 시작 전 검토

- SMFQ/PHQ-9 작성하기
- SMFQ/PHQ-9 검토하기
- 본 회기 어젠다 설정하기(회기 자료 및 내담자의 어젠다 항목을 검토하기 위한 시간 분배 포함)

'연습하기' 검토: 유인물 9 '활동-기분 기록지'

유인물 9 '활동-기분 기록지'를 검토 및 완성하고, 내담자의 활동과 그와 관련된 기분 변화 사이의 패턴 혹은 연관성을 강조한다.

본 회기 핵심 요소

"이번 회기에서는 '내가 왜 이 행동을 하는지'에 대해서 더 이야기를 나누어 보고, 장기적으로 보았을 때 ○○ 씨의 기분을 나아지도록 도와주고 보다 효과적인 활동이 무엇인지 알아보려고 합니다. ○○ 씨께서 제게 _____(내담자가 흥미를 가지는 활동, 예: 음악 감상)를 좋아하신다고 말씀해 주셨던 것 같은데요. 그 활동의 어떤 점이 좋으신가요? 대부분의 사람은 본인이 한 후에 일어나는 일 때문에 어떤 행동을 하는데요. 즉, 행동의 '결과'로 인해서 그러한 행동을 합니다. 우리가 '결과'라는 단어를 듣게 되면 종종 부정적으로 생각하지만, 결과는 긍정적일 수도 있습니다. 예를 들어, 저희가 어떤 행동을 하면 기분이 나아지기 때문에 그 행동을 자주 하는 것일 수 있습니다."

요소 1: 기능 분석: 이득 vs 비용—왜 이 행동을 하는가?

"오늘은 '기능 분석'에 대해서 이야기해 보려고 합니다. '기능 분석'이란 행동과 본인이 왜 이 행동을 하는지 그 이유를 이해하는 것을 의미합니다. 일반적으로 우리는 '이득'이 있기 때문에 특정 행동을 하고, '비용'을 지불해야 되기 때문에 어떤 행동을 하지 않는 편입니다."

- 이득: "좀 더 구체적으로 말하면, 우리는 보통 이득이 있기 때문에 무언가를 합니다. 예를 들어, 컴퓨터를 하는 것 자체가 재미있어서 그리고 다른 사람들과 연락하거나 자신이 좋아하는 게임을 할 수 있어서 저녁 시간에 컴퓨터를 할 수 있습니다. ○○ 씨도 이득이 있어서 하는 활동들에 어떤 것이 있을지 떠올려 보시겠습니까?"

- 비용: "하지만 어떤 행동하는 데 지불해야 하는 비용이 너무 크다면, 아마도 그 행동을 다시 하지 않을 것입니다. 만약에 늦게까지 컴퓨터를 하고 평소보다 늦게 잠자리에 들어서 다음 날 아침 너무 피곤하고 기분이 나빠진다면, 컴퓨터를 하는 것이 이득이 된다기보다는 비용이 든다는 느낌으로

바뀔 수 있을 것입니다. 이 경험으로 컴퓨터를 하기 전에 다시 한번 생각해 볼지도 모릅니다. 이처럼 ○○ 씨께서도 비용 때문에 하지 않는 활동들이 있는지 생각해 보시겠습니까?"

● 회기 내에서 내담자가 꺼낸 소재를 활용하여 다양한 행동/활동의 이득 및 비용을 논의할 수 있는 예시를 찾아보기

요소 2: 단기적 vs 장기적 결과

"특정 행동의 '이득'과 '비용'을 생각해 볼 때, 행동에 따른 단기적 · 장기적 결과 간의 균형을 어떻게 맞출지에 대해서 고려해 보는 것이 중요합니다. 좀 더 구체적으로 이야기해 보면, 어떤 행동들은 단기적 · 장기적 이득이 둘 다 있을 수 있고, 반대로 어떤 행동들은 단기적 · 장기적 비용이 둘 다 있을 수도 있으며, 어떤 행동들은 이득과 비용이 섞여 있을 수도 있습니다."

유인물 11(교육 지침) '단기적 vs 장기적 결과' 안내

"대부분의 활동에서는 활동을 한 후 곧바로 활동에 대한 보상이 따릅니다. 만약에 ○○ 씨께서 저녁에 친구들과 함께 재미있는 영화를 보신다면 그날 밤에는 기분이 좋을 것입니다. 하지만 때로는 시간이 지나면서 기분을 좋게 해 주는 활동은 곧바로 기분 좋게 느껴지지 않을 수 있습니다. 예를 들어, 기타 코드 연습은 매우 지루할 수 있고, 손가락을 다칠 수도 있습니다. 이 경우 기타 코드 연습이라는 활동의 즉각적인 결과로는 비용이 들지만, 시간이 지나면서 좋아하는 노래의 연주법을 배우거나 친구들과 함께 연주를 할 수 있다는 이득이 따릅니다.

이와 반대되는 상황 또한 까다로울 수 있습니다. 즉각적이고 단기적인 이득은 있지만 장기적인 비용이 드는 활동의 경우 문제가 발생하기도 합니다. 이와 관련된 예로는 다음이 있습니다."

● "비싼 게임을 사려고 돈을 빌리는 것은 게임을 할 수 있다는 만족감을 곧

바로 느끼게 해 주지만, 장기적으로 보았을 때는 돈을 빚졌고 갚아야 합
니다."

- "음주나 흡연은 순간적으로 기분을 좋게 해 주지만, 장기적으로는 건강을
해치고 학업에 집중하지 못하게 하는 부정적인 영향을 끼칠 수 있습니다."

"이제 단기적·장기적 이득의 측면에서 어떨지 ○○ 씨께서 생각해 보고 싶
은 몇 가지 활동을 살펴보도록 하겠습니다."

유인물 11(교육 지침) '단기적 vs 장기적 결과'를 활용하여 내담자가 좋아하거
나 회피하는 일부 활동의 이득과 비용을 평가한다. 또한 어떤 행동을 선택할 때
의 예상되는 장점과 단점을 살펴본다.

여러 개념(활동 선택하기, 기능 분석, 단기적 vs 장기적 결과)을 통합적으로 고려
해야 한다. "예를 들어, 선택한 활동이 단기적으로는 기분이 좋아지도록 하지만
(이득), 장기적으로는 기분을 처지게 할 수 있습니다. 시험 공부와 같은 활동은
단기적으로는 기분을 처지게 할 수 있지만, 장기적으로 봤을 때 좋은 성적을 받
을 수 있다는 이득이 있을 것입니다. 결국 단기적 이득과 비용, 장기적 이득과
비용 모두를 고려하는 것이 중요하다는 것입니다."

요소 3: 활력을 주는 활동 vs 기분을 저하시키는 활동

"지금까지 기능 분석과 특정 행동의 장·단기적 이득과 비용에 대해서 이해
해 보았는데요. 이제는 다른 개념에 대해서 이야기해 보도록 하겠습니다. 우리
가 언제나 자신이 처한 상황을 통제할 수는 없지만, 기분을 좋게 해 주는 활동
들을 선택하려고 노력해 볼 수는 있습니다. 활동은 일반적으로 '활력을 주는 활
동'과 '기분을 저하시키는 활동'의 두 가지로 나누어지는데요. ○○ 씨께서 평소
에 하시는 일들을 살펴보면서 그것들이 둘 중 어디에 속할지 알아보도록 하겠습
니다."

- 단지 맥락이나 사건이 아닌 구체적인 활동들을 작성하도록 돕기(예: '기분을

저하시키는 활동' 목록에 '집에 있는 것'이라고 작성하는 것보다 '집안일과 관련해 어머니와 다툼'이라고 작성하는 것이 더 효과적임)

- 치료 과정에서 이미 다루었던 '활력을 주는 활동'과 '기분을 저하시키는 활동'의 예시에 대해 논의하기. 일례로, 비디오 게임만 관심 있는 내담자와 '활력을 주는 활동'에 대해 초반에 논의할 때에는 비디오 게임이라는 제한된 주제에 초점을 맞춰야 할 수 있음. 비디오 게임을 할 때 즐거움을 더 느끼는 방법에 대한 내담자의 생각, 새로운 게임에 대한 내담자의 생각에 주목해 볼 수 있을 것임. 이는 내담자가 본인의 '활력을 주는 활동'을 찾지 못한 경우라도 이러한 행동/활동들이 기분을 어떻게 나아지게 하는지에 대해 이야기해 볼 수 있는 발판을 제공함

유인물 12(활동지) '나에게 활력을 주는 활동과 기분을 저하시키는 활동' 안내

"평소에 ○○ 씨께서 하는 활동들을 살펴보고, 그 활동이 어디에 속하는지 생각해 보세요."

유인물 12를 활용하여 '활력을 주는 활동'과 '기분을 저하시키는 활동'을 작성한다(2, 3회기 '연습하기' 활동 자료를 다시 살펴보는 것이 도움이 될 수 있음).

유인물 13(교육 지침) '활동 목록' 안내

"저는 ○○ 씨에게 '활력을 주는 활동' 목록을 보여 드리고 싶습니다. 이미 ○○ 씨께서 작성하신 활동들도 있겠지만, ○○ 씨께서 떠올리지 못한 활동일 수 있으니까요. 저는 이 활동 목록이 참고할 만한 여러 흥미로운 활동들을 보여 준다고 생각해서 다른 청소년 내담자들에게도 즐겨 소개하는데요. 예를 들어, 저는 활동 목록을 통해 다음과 같은 것들을 살펴볼 수 있다고 생각합니다."

- "활동들은 다양한 형태와 규모로 나타납니다."
- "시간이 짧게 걸리는(순간) 활동도 있고, 오래 걸리는(몇 시간) 활동도 있습니다."

- "다른 사람이나 특별한 도구 없이 혼자서 할 수 있는 활동들도 많습니다."
- "많은 활동이 돈이 들지 않지만, 돈이 필요한 활동도 있습니다."
- "몇몇 활동을 통해 본인에게 가치 있는 것을 '만끽'할 수 있습니다."

요소 4: 좋은 기분 만들어 보기

"좋은 기분을 만들어 보는 것 그리고 기분이 좋은 때를 온전히 경험하고 즐길 수 있는 시간을 가지는 것은 중요합니다. 이러한 작업은 특히 기분이 처지거나 스트레스를 받을 때 중요한데, 좋았던 시간을 떠올리는 게 좋지 않은 기분이 나아지도록 하는 데 도움이 될 수 있기 때문입니다."

- 회기 내에서 내담자가 치료자와 함께 간단한 실험을 해 볼 것을 독려하기
  - 현재 기분이 어떤지 빠르게 점수 매겨 보도록 하기
  - 그다음 내담자가 가장 좋아하는 활동을 만족스럽게 했던 때를 떠올려 보도록 하기—누구와 함께 있었는지, 이 활동을 할 때 소리, 냄새, 색깔, 장소는 어땠는지 그리고 마지막으로 어떤 점이 이 활동을 즐겁게 만드는지 이야기해 보기
  - 내담자와 함께 내담자가 어떤 활동을 했고, 그 활동(예: 신체적 활동, 친구와 놀기, 재미있는 책 읽기 등)의 어떤 점이 기분을 좋게 만들었는지 살펴보기
  - 무엇이 내담자의 기분을 좋게 만들었는지 분명히 표현할 수 있도록 돕기
  - 몇 분 동안 이 '좋은' 기분에 머물러 있도록 하고, 다시 기분을 점수 매겨 보도록 하기
- 내담자에게 즐겁게 시간을 보낼 때 '경험에 대한 주의'를 활용하는 방법을 알려 주기. 이때 '경험에 대한 주의'란 누구와 함께 있었는지와 활동을 할 때 경험하는 감각(소리, 냄새, 색깔), 장소, 감정 및 여러 세부 사항에 주의를 기울이는 것을 의미함
- 또한 사진 찍기, 친구에게 문자 보내기, 일기 쓰기, 만화나 그림 그리기,

SNS에 포스트 하기 등과 같이 경험을 넓히는 방법에 대해 이야기하기

● 기분이 좋지 않을 때 기분을 개선하는 방법으로 좋았던 때를 회상해 보는 것을 소개하기. 좋았던 때를 기억해 보는/떠올려 보는 것이 본인의 기분을 나아지게 하는지 살펴보도록 독려하기

● 좋은 순간을 떠올릴 때에는 신중하게 구조화해야 하며 오히려 실망하게 만드는 경우는 피해야 할 필요가 있음(예: 내담자가 애인과 함께 있을 때 행복하다고 느꼈지만 그 후 헤어졌을 경우)

다음 주 '연습하기': 유인물 14(연습하기) '활력을 주는 활동들' 안내

"오늘 회기를 마치기 전에 다음 주를 생각해 보고, 지금까지 ○○ 씨가 '활력을 느끼게끔' 기분을 좋아지게 하는 활동이라고 생각한 활동들 중 한두 가지를 다음 주 활동으로 계획해 보려고 합니다. 이때 '활력을 주는' 단기적인 이득뿐 아니라 장기적인 이득을 가진 활동들에 집중해서 도전해 보세요. 이때 확실하게 장기적 비용이 있는 활동들은 어떤 것이든 고르지 않으셨으면 합니다. 예를 들어, 음주나 흡연은 기분을 좋게 해 줄 수도 있지만, 장기적 비용이 단기적 이득보다 더 클 수 있기 때문에 이런 활동들은 계획으로 세우지 않는 것이 좋습니다."

"다음 주 '연습하기' 활동은 ○○ 씨께서 이 활동들을 기록해 보고, ○○ 씨의 기분에 미치는 영향을 모니터링해 보는 것입니다. 그리고 ○○ 씨께서 단 몇 분이라도 기분이 좋았던 시간을 찾아보면서 '좋은 기분 만들어 보기'를 연습해 보세요. 친구에게 문자 보내기나 사진 찍기처럼 좋은 기분을 간직할 수 있는 세 가지 활동을 찾아보시기 바랍니다. 그리고 일주일 동안 '연습하기' 활동 양식에 기록해 오세요."

본 회기 요약 및 다음 회기 안내

● "오늘 회기를 마치기 전에 ○○ 씨께서 질문이 있는지 여쭤 보고 싶습니다."

• 다음 모듈에서는 문제 해결과 어려운 상황을 다루고 스트레스를 관리하는
  방법을 생각해 보는 데 중점을 둘 것임을 안내하기

기술 훈련하기

문제 해결하기

권장 회기 소요 시간: 50~60분

회기 개관

회기 목표

5회기에서는 문제 해결에 중점을 둔다. 본 회기에서의 목표는 다음과 같다.

1. 우울을 유발하는 스트레스의 역할을 검토하기
2. 문제 해결 틀의 사용이 도움이 되는 맥락(스트레스 상황, 힘든 상황)에 대해 논의하기
3. 내담자에게 진정 및 이완 전략을 포함한 문제 해결 틀(COPE)을 안내하기
4. 보호자에게 자녀를 지지하는 방법(예: 적극적 경청 등)을 안내하고, 보호자가 지지적 의사소통을 연습할 수 있는 기회를 제공하기

회기 구조 및 주요 사항

이 모듈에서는 청소년 내담자와의 작업과 보호자와의 보다 폭넓은 교육 활동을 진행한다. 본 회기에서는 회기 시간 중 최소 절반 정도의 시간을 보호자와의 작업에 할애하는 것을 추천한다. 주요 교육 사항은 다음과 같다.

- 주요 교육 개념 소개하기
  - 스트레스를 받거나 화가 나거나 의사결정을 하는 데 어려움이 있을 때, 문제 해결 기술을 사용하는 것이 중요함
  - 문제 해결을 위한 기본 4단계(COPE)는 ① 진정하고 명료화하기(Calm and Clarify), ② 선택안 만들어 보기(Option), ③ 선택하고 시행하기(Pick and Perform), ④ 평가하기(Evaluate)임
- 5회기 '연습하기' 활동을 소개하면서 회기를 마무리하기
- 보호자와의 작업에서는 보호자의 질문 및 고민되는 부분을 다루고, '행동하기' 목표와 관련된 지지적 의사소통 방법에 대한 정보를 제공하기

회기 어젠다

내담자(청소년)용

- 프로그램 시작 전 검토
- 본 회기 핵심 요소
  - 요소 1: 힘든 상황 및 스트레스 관리를 위해 COPE 사용하기
    - 유인물 15(교육 지침) '문제 해결을 위하여 COPE 사용하기'
- 다음 주 '연습하기': 유인물 16(연습하기) 'COPE 사용하기'

보호자(부모)용

- 본 회기 핵심 요소
  - 요소 1: 의사소통 방법—적극적 경청
    - 유인물 17(교육 지침) '지지적으로 의사소통하는 방법'
    - 유인물 18(활동지) '지지적으로 의사소통하는 방법 연습하기'
    - 유인물 19(연습하기) '지지적으로 의사소통하기: 상호작용을 원만하게 하기 위해 내가 하는 일들'

준비 자료

- 본 회기 어젠다
- SMFQ/PHQ-9
- 유인물 14(연습하기) '활력을 주는 활동들'
- 유인물 15(교육 지침) '문제 해결을 위하여 COPE 사용하기'
- 유인물 16(연습하기) 'COPE 사용하기'
- 유인물 17(교육 지침) '지지적으로 의사소통하는 방법'
- 유인물 18(활동지) '지지적으로 의사소통하는 방법 연습하기'
- 유인물 19(연습하기) '지지적으로 의사소통하기: 상호작용을 원만하게 하기 위해 내가 하는 일들'

회기 개요: 내담자(청소년)용

프로그램 시작 전 검토

- SMFQ/PHQ-9 작성하기
- SMFQ/PHQ-9 검토하기
- 본 회기 어젠다 설정하기(회기 자료 및 내담자의 어젠다 항목을 검토하기 위한

시간 분배 포함)

'연습하기' 검토: 유인물 14(연습하기) '활력을 주는 활동들'

- 유인물 14를 검토 및 완성하고, 이때 청소년 내담자가 '활력을 주는 활동'을 하는 것을 달성했는지에 초점을 맞추기. 검토를 할 때 다음 사항을 논의하기
  - 이 활동이 내담자의 기분에 어떻게 영향을 주었는지
  - 비용 또는 이득
  - 단기적 또는 장기적 결과
  - '좋은 기분을 만들어 보는' 내담자의 경험
- 내담자가 효과적인 활동들을 계속하도록 하는 것을 비롯해 내담자의 행동 레퍼토리 및 활동의 빈도를 늘리는 방법에 대해 논의하기

본 회기 핵심 요소

"○○ 씨께서 몇 가지 '활력을 주는 활동'을 해 보셨다니 대단하시네요. 하지만 때로는, 특히 힘들거나 스트레스 상황에서는 무엇을 해야 할지 생각해 내는 게 말처럼 쉽지 않습니다. 이번 회기에서는 힘들거나 스트레스 상황에 마주쳤을 때 자신이 하고 싶은 것을 알아보는 방법에 대해서 이야기해 보겠습니다. '스트레스를 받는' 느낌은 일반적으로 우울로 빠져들게 하는 방아쇠 역할을 하는 유발 요인입니다. 하지만 인생에는 시험, 부모님이나 친구와의 다툼, 용돈 걱정과 같은 스트레스 주는 것들로 가득 차 있는데요. 어떤 사람도 스트레스를 피할 수 없습니다. 그렇지만 스트레스를 다루는 방법은 배울 수 있습니다."

요소 1: 힘든 상황 및 스트레스 관리를 위해 COPE 사용하기

"사람들은 여러 가지에서 스트레스를 받을 수 있습니다. ＿＿＿＿＿＿＿＿ (내담자의 예시를 넣기, 예: 부모님의 이혼, 반려동물의 죽음, 이사)와 같은 큰 사건에서 스트레스를 받고, ＿＿＿＿＿＿＿＿(내담자의 예시를 넣기, 예: 성가신 형제,

쪽지 시험, 추운 날씨)와 같은 일상 속 사소한 일들에서도 스트레스를 받습니다. 스트레스를 받게 되면 너무 빨리 혹은 충동적으로 행동을 하기 쉽고, 결국 나중에 가서 후회하고 장기적인 비용을 치르게 됩니다. 예를 들어, 불만을 경험한 순간 선생님에게 말대꾸한다면 장기적인 비용을 가져올 수 있을 것입니다. 이 때문에 스트레스 상황을 관리하는 전략을 가지는 것이 중요합니다. 스트레스를 다루는 중요한 단계는 반응하기 전에 문제가 무엇인지 알아내기 위해서 잠시 멈추는 것입니다."

유인물 15(교육 지침) '문제 해결을 위하여 COPE 사용하기' 안내

"이미 ○○ 씨께서는 매일 많은 문제를 크게 생각하지 않고 해결하고 계십니다. 학교에 갈 때 가디건을 입을지, 니트 조끼를 입을지 고민하는 것처럼요. 하지만 우리가 스트레스를 받거나 화가 날 때 무엇을 해야 할지 알아내는 것은 어려울 수 있습니다. 정말 힘들거나 스트레스 받는 일에 직면했을 때 전략이나 계획을 가지고 있는 것이 도움이 된다는 것을 발견했습니다. 이 계획은 COPE라고 하며, 이 문제 해결 틀 안에는 네 가지 기본 단계가 있습니다."

- 대부분의 사람이 유발 요인(강한 감정을 일으키는 상황, 기분 또는 사람)을 갖고 있음을 안내하기. "○○ 씨께서 곤란해지거나 문제를 악화시키는 방식으로 유발 요인에 대응하기 쉽습니다. 자초지종을 모른 채 친구에게 화를 내는 메시지를 보내거나 자신을 불공평하게 대하는 선생님에게 말대꾸를 하는 것처럼요. 대부분의 사람은 슬프거나 화나는 감정을 자극할 수 있는 특정한 방아쇠, 유발 요인을 가지고 있습니다. 이때 그 이후에 우리가 어떤 행동을 하는지가 중요합니다." 내담자에게 주요 유발 요인을 명명하도록 요청하거나 치료 중 내담자가 이야기한 내용을 바탕으로 이를 파악하도록 돕기
- "COPE 접근법을 살펴보도록 하겠습니다." 내담자에게 지난주에 겪은 문제를 나누어 달라고 요청하기. 내담자가 이야기하지 못하는 경우 다음과 같은 예시를 제시하기. '친구에게 연락이 오기를 기다리며 초조해하고 있음. 친

구가 2시간 전에 연락을 할 거라고 생각했고, 이로 인해 슬프고 거부당한 것 같은 기분을 느끼며 급기야 친구가 자신을 좋아하지 않을 수도 있다는 생각을 하게 됨. 이때 어머니가 시간이 오후 10시라며 늦은 시간이니 핸드폰을 그만 보라고 하심. 이에 어머니께 소리를 지르고 싶다는 충동이 듦'

1단계: 진정하고 명료화하기(Calm and Clarify)

- 진정하기: "○○ 씨께서 경험하는 감정이 커지는 경우, 다시 마음을 침착하게 진정시킬 수 있는 몇 가지 방법에 대해서 이야기해 보도록 하겠습니다." 내담자가 자신이 어떤 기분인지(예: 화남, 무서움), 자신의 몸, 신체적 증상이 무엇을 말해 주고 있는지(예: 몸이 뜨거워짐, 속이 뒤틀림)를 주목해 보도록 상기시키기
    - 숫자 세기: "화가 나거나 자신이 후회할 만한 말이나 행동을 할 것 같다면 스스로에게 마음을 가라앉힐 시간을 주기 위해서 잠시 멈추고 5 혹은 10까지 숫자를 세어 보세요."
    - 호흡: "또 다른 방법으로는 자신의 호흡 패턴에 집중해 보는 것이 있습니다. 깊게 그리고 천천히 호흡하는 데 집중하는 것은 ○○ 씨께서 몸의 긴장을 풀도록, 편안함을 느끼도록 도와주며, 이를 통해 명료하게 생각할 수 있게 됩니다. 심호흡을 하기 위해서 코로 숨을 들이마시고 천천히 3까지 숫자를 센 후 내쉬는 것부터 시작해 보세요. 더 천천히 하려면 5까지 세어 보세요."
    - 근육 이완: "근육들을 긴장시키고 나서 이완시키는 연습을 해 보는 방법도 있습니다. 이 방법 또한 ○○ 씨의 몸에게 긴장하지 말고 진정하라고 알려 주는 것입니다. 이 방법은 정말 쉽게 하실 수 있는데요. 손을 꽉 쥐고 펴 보는 겁니다. 아니면 조용한 장소를 찾고 ○○ 씨의 모든 근육을 이완할 수 있는 연습을 해 보실 수도 있습니다."
    - 주의 분산 전략: "마음을 차분하고 침착하게 해 주는 음악을 들어 보거나 ○○ 씨에게 편안하고 행복한 장소를 상상해 볼 수 있습니다."

필요에 따라 내담자와 함께 보다 자세하게 이를 다룰 수 있다.

- 진짜 문제가 무엇인지 명료화하기: "가장 중요한 첫 단계는 진정하는 시간을 가지는 것입니다. ○○ 씨께서 침착한 상태이고 분명하게 생각할 수 있을 때 진짜 문제가 무엇인지 명료화하는 시간을 가질 수 있고, 문제를 명명할 수 있으며, 그러고 나서 자신이 원하는 행동이 무엇인지 골라 보면서 침착한 상태를 유지할 수 있을 것입니다."
  - 앞서 제시한 예시 또는 새로운 예시를 바탕으로 내담자를 화나게 만든 일에 대한 내담자의 첫 번째 평가가 항상 정확하지는 않을 수 있음을 보여 주기: "예를 들어, 어머니에게 소리를 지르고 싶다는 충동이 들었을 때, 어머니의 잔소리 때문에 그런 충동이 들었다고 생각할 수도 있을 것입니다. 하지만 잠시 시간을 가지고 생각해 보면, 친구가 다시 연락을 하지 않아 슬프고 거부당했다는 기분이 들어서 그랬다는 것을 발견할 수 있을 것입니다."

2단계: 선택안 만들어 보기(Generate Options)

- 가능한 한 많은 선택안을 만들어 보기: "지금까지 문제를 명료화해 보았는데요. 이제 가능한 한 모든 선택안을 찾아보는 시간을 가져 보려고 합니다. 이상해 보이거나 실현 가능성이 희박해 보이더라도 모두 꺼내어 생각해 봅시다."
- 선택안들의 이득 및 비용/단기적 및 장기적 결과를 검토하기: "3단계와 4단계는 행동을 하고 나서 그것이 ○○ 씨에게 효과가 있는지 관찰하는 것입니다."

3단계: 시행하기(Perform)

- 해결책 선택하기: "선택안 목록과 각각의 이득-비용을 바탕으로 ○○ 씨에게 가장 좋은 시도 방법은 무엇이라고 생각하시나요?"

- 방해물 예상해 보기: "선택한 방법을 시도하는 데 방해가 되는 것은 무엇일 까요? 이러한 방해물을 극복하기 위해서 무엇을 할 수 있을까요?"
- 시도해 보기: "네, 좋습니다."

4단계: 평가하기(Evaluate)

- 선택한 방법이 효과가 있는지 평가하는 방법을 안내하기. 선택한 방법이 자신의 기분에 어떤 영향을 미치는지, '이득' 혹은 '비용'이 있는지, 그리고 '단기적 또는 장기적 결과'와 관련이 있는지에 초점을 맞추도록 하기
- 선택한 방법이 효과가 있었다면 계속해 보도록 강조하기
- 선택한 방법이 효과가 없었다면 선택안들을 다시 살펴보고 다른 선택 방법 을 찾아보도록 제안하기

다음 주 '연습하기': 유인물 16(연습하기) 'COPE 사용하기' 안내

"일주일 동안 '연습하기'로 COPE를 사용해 보고, 유인물 16 'COPE 사용하기' 활동지를 작성해 보면서 COPE를 사용했을 때 어땠는지 파악해 보려고 합니다. 활동지를 모두 완성하고, 상황, ○○ 씨의 반응(감정적·신체적으로 느껴지는 것 포함), COPE 단계를 적용해 본 것에 대해 기록해 보세요. COPE 활동지를 갖고 다니며 사용해 보세요. 유발 요인에 맞닥뜨렸다면 활동지를 꺼내서 ○○ 씨 본 인이 무엇을 하고 싶은지 알아내는 데 도움이 되도록 활용해 보세요. 혹은 유발 상황이 특별히 없다면 보다 사소한 문제에서 COPE를 활용해 보는 연습을 해 보 세요."

"이를 바탕으로 다음 회기에 ○○ 씨에게 무슨 일이 있었는지 여쭤 보도록 하 겠습니다. COPE를 적용해 본 것이 잘 되지 않았더라도 그때 어땠는지 정확하게 알 수 있고, 이는 문제 해결을 더 많이 하고 더 나은 대안을 찾아보는 데 도움이 될 것입니다."

본 회기 요약 및 다음 회기 안내

- 내담자에게 보호자를 잠깐 만나 경청하는 방법에 대한 정보를 안내할 예정임을 안내하기
- 치료자와 내담자가 나눈 이야기는 내담자가 요청하지 않는 한 보호자와 논의하지 않을 것임을 보장하기
- 다음 회기에서는 좋은 목표를 세우는 법에 대해 초점을 맞출 것임을 안내하기

회기 개요: 보호자(부모)용

"안녕하세요. 다시 뵙게 되어 기쁩니다. 이번 회기에서 몇 가지 말씀드리고 싶은 부분이 있습니다. 지난번에 저희가 만났을 때 우울을 경험하는 청소년을 양육하는 것이 어떤지 이야기를 나눠 보았습니다. 이번 회기에서는 자녀와 의사소통하고 지지하는 몇 가지 전략에 대해서 이야기하고자 합니다."

보호자에게 질문이 있는지 물어보고, 질문이 있다면 나온 질문에 대해 대답한다.

본 회기 핵심 요소

요소 1: 의사소통 방법—적극적 경청

'행동하기' 목표와 관련된 지지적 의사소통 방법에 대한 정보를 제공한다.

"지지는 다양한 형태로 제공될 수 있습니다. 저희가 이전 시간에 논의했듯이 우울을 경험하는 자녀에게, 특히 자녀가 무엇을 원하거나 필요로 하는지 확신할 수 없을 때, 자녀가 즉각적으로 반응하는 유형의 지지를 제공하는 것은 어려울 수 있습니다. 때로는 우리가 직관적으로 지지라고 생각하는 것과 자녀가 원하는 지지는 다를 수 있습니다. 그리고 개개인마다 서로 다른 지지가 필요할 수 있습니다! 그래서 저희가 지지에 대해 논의하고 명료화해 볼 필요가 있다고 생각

하였습니다. 청소년 자녀를 지지하는 방법을 결정하는 첫 단계는 적극적 경청자가 되는 것입니다. '적극적 경청'이라는 단어를 들으셨을 때 어떤 생각이 드시나요?"

유인물 17(교육 지침) '지지적으로 의사소통하는 방법' 안내

- 유인물 17을 사용하여 보호자와 함께 적극적 경청의 중요 요소를 검토하기
- 자녀에게 '발언권'을 주는 것의 중요성과 다음의 의사소통 방법을 사용해 볼 것을 강조하기
  - 명료한 질문하기
  - 기분 반영하기
  - 재진술하기

"많은 보호자분께서 적극적 경청의 개념을 쉽게 이해하십니다. 하지만 이를 행동으로 옮기는 것은 어려울 수 있습니다. 그래서 지금 시간을 내어 연습해 보려고 합니다. 이 연습을 통해 이후에 자녀에게 적극적 경청을 시도해 볼 기회가 왔을 때 본인에게 잘 맞는, 적용해 볼 만한 몇 가지 방안을 생각해 볼 수 있습니다."

유인물 18(활동지) '지지적으로 의사소통하는 방법 연습하기' 안내

- 적극적 경청을 고려할 때 유인물 18을 사용하여 예시 상황을 살펴보고, 보호자가 적극적 경청을 반영하는 반응을 할 수 있도록 돕기
- 보호자가 참여하여 어떤 반응은 무엇으로 인해 지지의 표현만큼 효과적이지 않은지, 어떤 반응은 무엇으로 인해 보다 더 지지적으로 느껴지는지에 대해 논의해 보기. 예를 들어, "○○(자녀 이름)가 학교를 무단결석하고 저녁 때가 되어서야 집에 들어오는 매우 실망스럽고 걱정되는 상황을 상상할 수 있을 것입니다. 이때 자녀에게 말을 하기 전에 마음을 진정시키기 위해서 잠시(필요하다면 더 길게) 시간을 갖는 것이 중요합니다. 여러분께서 반

응을 하기 전에 자녀에게 할 말이 있는지 발언권을 먼저 주는 방법도 도움이 됩니다. 자녀가 이야기할 때 당장 대답하고 싶더라도 그러지 않고 경청하고 재진술하는 것이 매우 중요합니다. 한번 해 볼까요? 제가 한번 자녀역할을 해 보겠습니다."

- 이 접근 방식이 보기에 사용하기 쉬워 보이지만 연습을 하는 것이 중요하다는 사실을 언급하기
- 기분(화남, 걱정)에 따라 반응하게 될 수 있다는 점을 강조하기. 따라서 자신의 감정과 자녀에게 진정으로 전달하고자 하는 것을 인식할 필요가 있음

유인물 19(연습하기) '지지적으로 의사소통하기: 상호작용을 원만하게 하기위해 내가 하는 일들' 안내

일주일 동안 지지가 필요했지만 원만하게 이루어지지 않았던 상황과 지지가필요했으며 원만하게 이루어진 상황을 파악하여 유인물 19를 완성하도록 보호자에게 요청한다. 작성한 유인물은 다음 시간에 검토하고 논의할 것이다.

본 회기 요약 및 다음 회기 안내

- 본 회기에서 보호자의 참여에 대해 감사를 표현하고, 추가로 물어보고 싶은 질문이 있는지 물어보기
- 다음 회기에서는 청소년 자녀를 지지하는 방법을 중점적으로 논의할 것임을 안내하기

목표 세우기

권장 회기 소요 시간: 50~60분

회기 개관

회기 목표

6회기에서는 목표 설정에 중점을 둔다. 이 모듈에서의 목표는 다음과 같다.

- 청소년 내담자에게 SMART 목표 소개하기
- SMART 목표를 찾아보고 세워 보는 연습하기
- 보호자에게 청소년 자녀를 보다 잘 도울 수 있는 방법과 보호자 본인이 자녀에게 주는 지지/도움(support)을 모니터링하는 방법에 대해 교육하기

회기 구조 및 주요 사항

이 모듈에서는 내담자와의 작업 회기에 이어 간단한 검토 및 보호자 교육을 진행한다. 본 회기의 주요 교육 사항은 다음과 같다.

- 가장 효과적인 목표는 SMART 목표임: 구체적인(Specific), 측정 가능한 (Measurable), 매력적인(Appealing), 현실적인(Realistic), 시간 제한적인, 기한이 주어진(Time-bound)
  - 치료자는 논의 중인 잠재적인 목표가 내담자에게 가치 있거나 중요하다고 생각하는 영역(예: 학교, 운동, 사회적 관계)에 속하는지 확인해야 함
  - 이러한 목표 설정은 내담자가 활동기록지에 활동을 계획할 때 활용될 것이고, 이후 회기에서 회피 행동을 수정하기 위한 전략을 세우는 발판으로 활용될 것임
- 어려운 목표를 보다 작고 쉬운 단계로 쪼개기(점진적 과제 할당)
  - 청소년과 치료자는 광범위한 목표를 쪼갠 다음, 일주일 동안 하나 혹은 두 가지의 작은 과제(세부 단계)를 시도해 보도록 합의하기
  - 점진적인 과제 할당은 내담자가 낮은 단계에서 '행동할 수 있도록' 함으로써 무동기/흥미 결여의 문제를 해결하는 데 도움을 줌
- 보호자에게 자녀를 지지하는 방법 및 본인이 자녀에게 주는 도움을 모니터링하는 방법에 관한 교육을 제공하기

회기 어젠다

내담자(청소년)용

- 프로그램 시작 전 검토
- 본 회기 핵심 요소
  - 요소 1: 목표 세우기
    - 유인물 20(교육 지침) 'SMART 목표 세우기'
    - 유인물 21(교육 지침) '이 목표가 얼마나 SMART한가요?'
    - 유인물 22(활동지) 'SMART 목표 확인하기'
- 다음 주 '연습하기': 유인물 23(연습하기) '목표 세우기'

보호자(부모)용

- 본 회기 핵심 요소
  - 요소 1: 도움 제공 및 모니터링 하기
    - 유인물 24(교육 지침) '자녀에게 도움을 주기 위한 방법'
    - 유인물 25(연습하기) '도움 모니터링'

준비 자료

- 본 회기 어젠다
- SMFQ/PHQ-9
- 유인물 16(연습하기) 'COPE 사용하기'
- 유인물 19(연습하기) '지지적으로 의사소통하기: 상호작용을 원만하게 하기 위해 내가 하는 일들'
- 유인물 20(교육 지침) 'SMART 목표 세우기'
- 유인물 21(교육 지침) '이 목표가 얼마나 SMART한가요?'
- 유인물 22(활동지) 'SMART 목표 확인하기'
- 유인물 23(연습하기) '목표 세우기'
- 유인물 24(교육 지침) '자녀에게 도움을 주기 위한 방법'
- 유인물 25(연습하기) '도움 모니터링'

회기 개요: 내담자(청소년)용

프로그램 시작 전 검토

- SMFQ/PHQ-9 작성하기
- SMFQ/PHQ-9 검토하기
- 본 회기 어젠다 설정하기(회기 자료 및 내담자의 어젠다 항목을 검토하기 위한

시간 분배 포함)

'연습하기' 검토: 유인물 16(연습하기) 'COPE 사용하기'

유인물 16 'COPE 사용하기'를 검토 및 완성한다. 지금 치료자와 내담자가 함께 작업하고 있는 '평가하기'가 COPE의 마지막 단계임을 상기시킨다. 각 단계를 거치면서 내담자가 무엇을 했는지, 어떻게 진행되었는지, 맞닥뜨린 어려움이 있었는지 알아본다. 내담자가 시도해 본 전략이 얼마나 효과가 있었는지를 강조하고, 원만하게 진행되지 않은 경우는 되짚어 본다. 내담자가 본인의 유발 요인, 기분, 신체적 반응을 발견할 수 있는가? 기분을 진정시키고 가능한 해결 방안을 만들어 낼 수 있는가? 원만하게 진행되지 않는 경우 COPE를 사용해 보고 내담자가 시도해 볼 다른 선택안을 골라 본다. 다음은 사용해 볼 수 있는 몇 가지 질문/코멘트이다.

- "어떻게 됐나요? 어떤 유발 요인에서 COPE를 연습해 볼 수 있었나요?"
- "스스로를 어떻게 진정시켰나요?"
- "문제가 무엇이라고 판단했나요?"
- "다양한 선택안 목록에서 각 선택안의 단기적·장기적 이득 및 비용은 무엇이었나요?"

본 회기 핵심 요소

"예전 회기에서 저희가 목표-기반 행동과 기분-기반 행동에 대해 이야기를 나누었는데요. 그때 기분을 개선하기 위한 전략으로 목표-기반 행동을 실천해 보는 것의 중요성에 초점을 맞추었습니다. 하지만 이것이 말은 쉽지만 실제로 행동으로 적용하는 것은 어려울 수 있습니다. 이번 회기에서는 목표를 찾고 세우는 방법에 대해 좀 더 구체적으로 이야기해 보도록 하겠습니다. 이 작업에는 본인에게 중요한 목표를 선택하고, 그 목표를 세부 단계로 나누는 전략이 포함됩니다. 이를 통해 목표를 달성할 수 있고, 그 과정에서 큰 목표에 압도당하지 않을 수 있게 될 것입니다."

요소 1: 목표 세우기

"'행동하기'의 첫 단계 중 하나는 자신만의 목표가 무엇인지 생각해 보는 시간을 가지는 것입니다. ○○ 씨의 인생에서 노력하고 싶거나 달성하고 싶거나 바꾸고 싶은 것이 무엇인지에 대해서 생각해 봅시다. 이번 회기에서는 목표를 세워 보려고 합니다. 우선, 다음 주에 ○○ 씨께서 도전해 볼 수 있으면서도 기분을 좋아지게 하는 데 도움이 될 만한 단기 목표를 세워 볼 것입니다."

유인물 20(교육 지침) 'SMART 목표 세우기' 안내

- 유인물 20을 활용하여 SMART 목표를 세우는 것부터 시작하기
  - Specific(구체적인): 무엇을 할 것인지에 대해 명확하고 구체적으로 작성하기
  - Measurable(측정 가능한): 목표 달성 여부를 쉽게 확인할 수 있는 방법 찾기
  - Appealing(매력적인): 바람직하고, 가치에 부합하며, 건강한 선택임
  - Realistic(현실적인): 달성 가능하고, 통제 가능하며, 도전해 볼 만하지만 너무 쉽지는 않음
  - Time-bound(시간 제한적인, 기한이 주어진): 시작과 끝이 분명한 목표
- 다음으로, SMART 목표 찾기에 대해 논의하기: "첫 번째 단계로 많은 청소년이 정하는 목표 예시 몇 가지를 살펴보려고 합니다. 이를 바탕으로 ○○ 씨가 생각하기에 이 예시 목표가 SMART 목표라고 생각하는지, 저희가 방금 이야기한 기준을 충족한다고 생각하는지 평가하실 수 있을 것입니다. 다시 말해서, 이 목표를 성공적으로 달성할 가능성이 있다고 생각하는지 말이죠."

유인물 21(교육 지침) '이 목표가 얼마나 SMART한가요?' 안내

- 유인물 21 '이 목표가 얼마나 SMART한가요?'의 몇 가지 예를 바탕으로 청소년 내담자가 목표를 평가하고, 성공할 가능성을 높이기 위해 목표를 어떻게 수정할지에 대해 이야기하도록 함. 이때 내담자가 SMART 약자에 초점을 맞추도록 해야 함

- 유인물 20 'SMART 목표 세우기'를 다시 참조하기: "각 목표마다 세부 단계(mini-step)가 중요합니다. 한 번에 너무 많은 것을 하려고 하면 목표 달성에 방해가 되는 경우가 많습니다. 일단 목표를 세우면, 궁극적으로 큰 목표를 달성하기 위해서 매주 '도전해 볼 만한' 단계가 무엇인지를 파악할 수 있습니다. 그러고 나서 각 단계를 언제 해 볼지도 알아볼 수 있습니다. 또한 목표를 달성하는 데 방해물이 생긴다면, 이를 극복할 수 있는 방법에 대해 이야기할 수 있을 것입니다."

- 일례로, 목표가 '수학 숙제하기'일 경우, 시작 단계는 ① 숙제를 받고, ② 책을 집으로 가져오고, ③ 받은 숙제를 어떻게 해야 하는지 검토하기 등과 같이 간단할 수 있음

- "시작하기 전에 ○○ 씨에게 중요한 것, ○○ 씨의 기분을 좋아지게 혹은 ○○ 씨의 상황을 나아지게 하는 데 도움이 될 수 있는 것에 대해서 잠시 생각해 보도록 합시다."

유인물 22(활동지) 'SMART 목표 확인하기' 안내

유인물 22 'SMART 목표 확인하기'를 사용하여 청소년 내담자에게 본인의 삶의 각 영역[학교, 사회, 가족, 여가 활동(운동, 노래, 연주 등)]에 대해 생각해 보도록 안내한다. 이는 어떤 영역에서의 변화가 내담자의 기분을 나아지게 하거나 상황을 개선하는 데 기여하는지를 파악하기 위함이다.

다음 주 '연습하기': 유인물 23(연습하기) '목표 세우기' 안내

- 내담자가 중점적으로 고려할 영역을 찾아내면, 유인물 23(연습하기) '목표

세우기'를 활용하여 SMART 목표여야 함을 염두에 두고 목표를 설정하도록 안내하기. 세부 단계들에 초점을 맞추고, 목표를 '해 볼 만한' 부분들로 나누기. 또한 각 세부 단계를 수행할 시간을 내담자가 정하도록 안내하기. 내담자에게 다음 주 '연습하기' 활동에서 무슨 일이 있었는지 계속 기록할 것을 상기시키기

"좋습니다. 친구와의 관계 개선이 ○○ 씨에게 매우 중요한 것 같고, ○○ 씨의 기분을 나아지게 하고 ○○ 씨의 활동 수준을 늘리는 데 도움이 될 것 같네요. 이것이 SMART 목표인가요?"

- SMART의 각 부분을 살펴보고 내담자와 함께 목표를 조정하기
- SMART 목표를 찾으면, 궁극적인 목표 달성을 위해 내담자가 시작해 볼 수 있는 세부 단계를 파악하도록 안내하기
  - 목표를 가능한 작게 쪼개는(세부 단계) 과정에서 처음 몇 단계는 비교적 쉽게 달성할 수 있어야 함. 이는 성공 경험을 조성하기 위함임
  - 새로운 것을 시도하기를 꺼리는 청소년 내담자에게 새로운 행동 패턴을 독려하고 형성하도록 한다는 것을 잊지 않는 것이 중요함. 따라서 치료자는 사소해 보이는 첫 단계에도 집중해야 할 수 있음
  - '실험' 모델을 사용하여 내담자가 본인이 시도할 수 있는 일을 확인하고 다시 보고하도록 안내하기

"잘하셨습니다. 이번 주 목표는 ○○ 씨와 가까운 친구 3명에게 연락하는 횟수를 늘려 보는 것입니다. 매일 5번씩 소셜 미디어(SNS 등), 문자, 전화 등을 통해 친구들에게 연락하는 것을 포함해서요. 좋습니다. 그러면 이제 목표 세우기 활동지(유인물 23)를 사용해서 세부 단계를 계획해 보고 ○○ 씨에게 도움을 줄 수 있는 사람이 있는지도 알아보도록 하겠습니다. 이 활동지는 ○○ 씨에게 무슨 일이 일어났는지 기록할 수 있는 좋은 도구일 것입니다. 이를 바탕으로 다음

시간에 저희가 이야기를 나누어 볼 수 있을 것입니다."

본 회기 요약 및 다음 회기 안내

- 내담자에게 보호자를 잠깐 만나 내담자를 지지하는 방법에 대한 정보를 안내할 예정임을 안내하기
- 치료자와 내담자가 나눈 이야기는 내담자가 요청하지 않는 한 보호자와 논의하지 않을 것임을 보장하기
- 다음 모듈에서는 목표를 달성하는 데의 방해물에 초점을 둘 것임을 안내하기

회기 개요: 보호자(부모)용

"안녕하세요. 다시 뵙게 되어 기쁩니다. 이번 회기에서 몇 가지 말씀드리고 싶은 부분이 있습니다. 지난 시간에 청소년 자녀와 의사소통하고 자녀를 지지하는 전략에 집중해 보았는데요. 보호자께서 전략이 잘 진행된 상황 그리고 잘 진행되지 않았던 상황으로 어떤 상황이 있었는지 이야기를 나누어 주셨으면 합니다. 또한 여러분의 자녀에게 계속 지지/도움을 줄 수 있는 방법에 대해서도 이야기해 보도록 하겠습니다."

보호자에게 '연습하기' 활동으로 유인물 19 '지지적으로 의사소통하기: 상호작용을 원만하게 하기 위해 내가 하는 일들'과 관련하여 질문이 있는지 물어보고, 질문이 있다면 나온 질문에 대해 대답한다. 이 활동을 완수하는 데 어려웠던 점에 대해 논의한다. 앞의 두 가지 경험이 어땠는지 살펴보고, 보호자가 청소년 자녀를 지지함에 있어 노력하거나 초점을 두면 도움이 될 부분을 밝혀냈는지 확인한다.

본 회기 핵심 요소

요소 1: 도움 제공 및 모니터링하기

"우울의 악순환을 끊어 내는 것은 어렵습니다. 그래서 저희는 여러분의 자녀에게 보호자의 도움이 필요할 것이라고 생각합니다. 행동활성화 모델의 맥락에서 지지/도움은 다양한 것을 의미할 수 있습니다. 예를 들어, 치료의 초점이 청소년 자녀의 삶의 모든 측면(예: 신체적·사회적·학문적 및 가족 내)에서 '활동하는' 것이기에, 여기에서 도움/지지는 여러분에게 전혀 편한 시간대가 아니더라도 자녀가 활동을 할 수 있도록 해 주는 것일 수 있습니다. 여러분이 자녀에게 도움이 되는 것이 무엇인지 인식할 수 있는 효과적인 방법과 여러분의 자녀를 지지하는 수준을 높이는 데 도움이 되는 기술에 대해서 이야기해 보도록 하겠습니다. 지지한다는 것, 도움을 준다는 것은 문제를 돕거나 실제로 해결하는 것과는 다릅니다. 여러분께서 청소년 자녀를 지지할 수 있는 여러 가지 방법이 있습니다. 그렇지만 여기에서 가장 중요한 점은 실질적으로 자녀에게 도움이 되는 것이 무엇인지 알기 위해 자녀의 말을 경청하는 것입니다. 자녀에게 도움이 되는 행동들은 찾기 어려울 수 있습니다. 특히 여러분의 자녀가 너무 힘겨워하고 있거나 여러분에게 분명히 알려 주지 않을 때 말입니다. 어떤 행동을 지지해야 할지 그리고 어떻게 하면 잘 지지할 수 있을지에 대해 생각해 보도록 하겠습니다."

유인물 24(교육 지침) '자녀에게 도움을 주기 위한 방법' 안내

- 유인물 24 '자녀에게 도움을 주기 위한 방법'을 사용하여, 보호자가 떠올릴 수 있고 시도할 수 있는 여러 구체적인 도움 행동을 찾아봄으로써 청소년 자녀를 도울 수 있는 방법을 브레인스토밍해 보기
- 아이디어를 낸 보호자의 창의력을 칭찬하고, 강점을 짚어 주며, 본인만의 고유한 아이디어를 촉진하기

"이 도움 행동 목록에 여러분이 이미 하고 계시는 여러 행동이 있다는 걸 눈치채셨을 수도 있을 것입니다. 이 목록의 좋은 점은 우울 및 다른 문제를 경험하는 청소년 자녀를 지지하기 위해 할 수 있는 여러 가지 간단한 활동이 있다는 것을 상기시켜 주는 것이라고 생각합니다. 때로는 긍정적이고 지지할 수 있는 기회가 얼마나 많은지 그리고 우리의 긍정적인 관심이 얼마나 도움이 되고 유용할 수 있는지에 대해 놓치지 쉽습니다."

유인물 25(연습하기) '도움 모니터링' 안내

"다음 주에는 청소년 자녀를 위한 여러분의 도움 행동을 찾고 모니터링해 보는 '연습하기' 활동을 완수해 볼 것을 요청드리려고 합니다."

"여기에서 핵심은 자신의 도움 행동을 모니터링하는 것이 실제로 자녀를 지지하는 데 더욱 도움이 될 수 있다는 점입니다. 자녀에게 도움을 주는 방법에 대한 좋은 예시들을 이미 공유했지만, 이번 '연습하기'는 여러분의 도움 행동의 강도와 빈도를 늘리는 것을 도와주는 중요한 도구가 될 것입니다. 특히 '활동하기' 목표와 관련해서 말이죠."

유인물 25 '도움 모니터링'을 사용하여 우리가 주는 도움(지지)을 모니터링할 때 자녀에게 더 많은 도움을 줄 수 있는 부분을 보다 잘 알 수 있게 된다는 점을 강조한다. 연구에서 다음을 시사한다는 것을 강조한다.

- 행동 모니터링은 성공적인 행동 변화를 만드는 데 중요한 단계임
- 모니터링하는 가장 좋은 방법은 행동을 규칙적으로 평가하는 것임
- 도움을 모니터링하는 것은
  - 개인적 성장을 위한 영역을 찾는 데 도움이 됨
  - 현재의 동향과 진행 상황을 알아보는 데 도움이 됨
  - 성공을 축하하는 데 도움이 됨
  - 예기치 못한 실수 및 악화를 예방하는 데 도움이 됨

유인물 25를 활용하여 보호자가 건설적인 도움 행동을 찾고 다음 주 동안 이를 기록해 올 것을 요청한다.

본 회기 요약 및 다음 회기 안내

- 본 회기에서 보호자의 참여에 대해 감사를 표현하고, 추가로 물어보고 싶은 질문이 있는지 물어보기
- 다음 모듈에서는 청소년 자녀를 구체적으로 어떻게 도울지/지지할지에 대해 계속 논의할 것임을 미리 안내하기

7회기

방해물 파악하기

권장 회기 소요 시간: 50~60분

회기 개관

회기 목표

7회기는 목표 달성에서의 방해물을 파악하는 것에 중점을 둔다. 본 회기에서의 세 가지 주된 목표는 다음과 같다.

1. 내담자가 목표 달성에서의 방해물을 파악하고 극복할 수 있도록 돕기
2. 새로운 목표(들)를 세우고 그 목표에 도달하는 세부 단계들을 파악하도록 연습하기
3. 보호자가 내담자(청소년)를 지지(도움)하도록 돕기

회기 구조 및 주요 사항

본 회기에서는 내담자(청소년)와 작업하고 그 이후 내담자와 보호자의 공동

작업을 통해 보호자가 내담자를 도울 수 있는 방법을 논의한다. 다음과 같은 주요 사항을 소개한다.

- 목표를 달성하는 데 종종 방해물이 있다는 것을 아는 것이 중요함
  - 방해물은 외부적 원인에서 비롯될 수 있음. 예를 들어, 과제를 수행하는 데 필요한 자료에 접근하지 못하거나 다른 사람에 의해 과제를 완수하지 못하게 방해받는 것
  - 방해물은 내부적 원인에서 비롯될 수 있음. 예를 들어, 과제를 하고 싶지 않거나 다른 활동(들)에 주의가 분산되는 것 등
- 내담자는 방해물(들)을 극복하는 데 도움이 필요할 수 있음
  - 보호자가 내담자(청소년)의 특정 목표에 대한 방해물(들)을 극복하는 데 도움이 될 수 있는 구체적인 방법(예: 운동을 하러 갈 때 차로 데려다주는 것)을 알아보는 것이 중요함
  - 보호자가 내담자의 목표 달성에서의 방해물을 만들어 낼 수 있는 방식에 대해서 논의하는 것도 중요함
- 보호자(들)와 내담자가 함께 하는 작업으로 넘어가서 보호자가 내담자를 어떻게 지지하고 도울 수 있는지에 대해서 다루기

회기 어젠다

내담자(청소년)용

- 프로그램 시작 전 검토
- 본 회기 핵심 요소
  - 요소 1: 목표 달성에서의 방해물을 인식하고 극복하는 방법
    - 유인물 26(교육 지침) '방해물: 내적 vs 외적'
    - 유인물 7(교육 지침): '행동하기!'

○ 요소 2: 새로운 목표 설정 및 목표 달성을 위한 세부 단계 파악
- 다음 주 '연습하기': 유인물 27(연습하기) '목표와 방해물'

내담자(청소년) 및 보호자용

- 유인물 25(연습하기) '도움 모니터링' 검토
- 본 회기 핵심 요소
  - 요소 1: 도움을 최적화하기
    - 유인물 28(교육 지침) '지원 방안에 대한 아이디어들'
    - 유인물 29(연습하기) '지지하기 실험'

준비 자료

- 본 회기 어젠다
- SMFQ/PHQ-9
- 유인물 23(연습하기) '목표 세우기'
- 유인물 25(연습하기) '도움 모니터링'
- 유인물 26(교육 지침) '방해물: 내적 vs 외적'
- 유인물 7(교육 지침) '행동하기!'
- 유인물 27(연습하기) '목표와 방해물'
- 유인물 28(교육 지침) '지원 방안에 대한 아이디어들'
- 유인물 29(연습하기) '지지하기 실험'

회기 개요: 내담자(청소년)용

프로그램 시작 전 검토

- SMFQ/PHQ-9 작성하기

- SMFQ/PHQ-9 검토하기
- 본 회기 어젠다 설정하기(회기 자료 및 내담자의 어젠다 항목을 검토하기 위한 시간 분배 포함)

'연습하기' 검토: 유인물 23 '목표 세우기'

- 유인물 23 '목표 세우기'를 검토/작성하기. 내담자가 세부 단계들을 실천하고 목표 달성을 위해 노력하는 것이 어떤 영향을 미쳤는지 살펴보기
- 다음 유형의 질문들을 명심하기
  - "이런 단계들을 실천하면서 기분에 변화가 있었나요?"
  - "기분의 변화가 느껴지지 않았다면, 이런 단계들을 실천할 때 안도감이나 성취감을 느끼진 않았나요?"
  - "세부 단계들을 달성하는 데 방해가 되는 것은 없었나요?"

본 회기 핵심 요소

"오늘 회기에서는 목표에 대한 방해물을 어떻게 알아차리고 이를 극복할 수 있는지에 대해 이야기하여, 결과적으로는 목표를 더 쉽게 달성할 수 있도록 하고자 합니다. 일상 속에는 우리에게 주어진 목표나 우리가 선택한 목표가 있습니다(각 목표에 대한 내담자의 예를 물어본다). 어떤 사람도 그런 목표들을 100% 달성하기는 힘듭니다. 그래서 목표를 달성하는 데 방해가 되는 것이 무엇인지를 이해하는 것이 중요합니다. 목표를 달성하는 데 방해가 되는 것을 '방해물'이라고 합니다."

지난주의 '연습하기'를 활용하거나 내담자가 설명할 수 있는 상황 중 목표를 달성하고자 계획했으나 그러지 못했던 상황을 활용해 그 상황의 방해물(들)을 찾아본다.

요소 1: 목표 달성에서의 방해물을 인식하고 극복하는 방법

"방해물은 자기 자신에게서 오는 것일 수도 있고, 외부 혹은 통제 밖의 무엇인가로 인한 것일 수도 있습니다. 방해물을 극복하는 최선의 방법을 찾으려면 '내적' 방해물과 '외적' 방해물을 구분할 필요가 있습니다."

유인물 26(교육 지침) '방해물: 내적 vs 외적' 안내

"내적 방해물은 생각과 감정, 선택, 행동과 같은 '우리 내부'에 있는 것으로, 우리가 목표를 달성하는 것을 어렵게 만듭니다. 내적 방해물의 예로는 다음과 같은 것들이 포함될 수 있습니다."

- 활동을 할 기분이 아님
- 그 활동 당시에 더 재미있거나 흥미로워 보이는 것에 한눈팔게 됨
- 어떤 것에 대한 반추 혹은 걱정이 너무 많아서 활동을 아예 시작하지 못함
- 이런저런 말로 둘러대 그 활동을 피함

"외적 방해물은 우리가 목표를 달성하는 것을 방해하는 상황이나 사건과 같이 '우리 외부'에 있는 것입니다. 외적 방해물의 예에는 다음과 같은 것들이 포함될 수 있습니다."

- 필요한 도구를 모두 갖추지 못함(예: 체육 수업을 들으려고 했으나 체육복을 집에 놓고 왔다는 것을 알게 된 경우)
- 필요한 지원을 받지 못함(예: 친구가 노트북을 가지고 와서 함께 수행평가를 하기로 했는데 전화로 약속을 취소한 경우, 영화를 보려고 했으나 돈이 충분하지 않은 경우)

유인물 7(교육 지침) '행동하기!' 재안내

유인물 7을 활용하여, 내적 방해물 중 한 유형(예: 활동을 할 기분이 아님)이 기

분에 따라 행동하는 것(기분-기반 행동)과 관련이 있음을 강조한다.

"3회기를 떠올려 봅시다. 기분-기반 행동에 대해 이야기했고, 울적하거나 의욕이 없는 것과 같은 기분이 목표 달성을 막는, 내적으로 형성된 방해물일 수 있다고 배웠습니다."

"이번 회기에서는 그러한 상황에서 기분-기반 행동이 아닌 목표-기반 행동을 해 보는 것에 대해 더 많은 이야기를 나누고자 합니다. 이전 회기들 중에서 '활력을 주는' 활동, 기분이 좋지 않을 때에도 좋아하는 일을 하는 것에 대해 이야기했습니다. 목표-기반 행동에 참여하는 것, 즉 기분이 울적할 때에도 스스로 활력을 불어넣고 기분을 나아지게 하는 방법으로 긍정적인 활동을 하는 것을 잊지 말고 해 보셨으면 합니다. 기분이 행동을 좌우하도록 놔두는 것이 아니라 목표 달성을 위해 노력해 보자는 것입니다. 목표-기반 행동을 활용하는 것은 우리가 내적 방해물에 발목이 붙잡혀 있을 때 좋은 전략입니다. 또한 외적 방해물에 갇혔을 때 어떻게 해야 하는지에 대해서도 이야기 나누고 싶습니다. 5회기 때 무엇인가로 인해 문제가 유발되었을 때 COPE와 문제 해결에 대해 이야기한 것을 기억하시나요? 외적 방해물은 유발 요인의 역할을 할 수 있고 종종 매우 좌절감을 줄 수 있는데, ○○ 씨가 어떤 일을 하기 위해 최선을 다하지만 그 일을 해내지 못하게 방해하기 때문입니다. 그러한 상황에서는 COPE를 활용하여 문제를 해결하는 것이 좋습니다. 다시 기억해 보자면, 외적 방해물을 마주했을 때, 진정하고 문제를 명료화한(Calm and Clarify) 후, 선택지를 만들고(Options) 이를 시행하며(Perform) 평가합니다(Evaluate). 요약하면, 내적 방해물은 목표-기반 행동을 하도록 안내하고, 외적 방해물은 COPE를 하도록 안내합니다."

- 지난 회기의 '연습하기'를 참조하기. 유인물 23(연습하기) '목표 세우기': 목표를 달성하는 데 방해물이 있었는지 내담자에게 물어보기. 만약 있었다면 그것은 내적 방해물인지, 기분-기반 행동의 예인지, 그것에 붙잡혀서 어떻게 문제를 해결해야 할지 몰랐는지 물어보기. 그렇다면 내담자에게 적절한 기술(즉, 목표-기반 행동 혹은 COPE)을 사용하도록 지도하기

- 내담자가 지난주에 세운 목표를 사용하여 기분이 행동을 좌우하도록 놔두는 것이 아니라 목표 달성을 위해 노력하는 것에 대해 이야기하기

"자, 우리가 목표와 방해물을 파악하는 데 필요한 모든 정보를 모아 ○○ 씨의 삶 속에서 실용적으로 사용할 수 있을지 살펴봅시다."

요소 2: 새로운 목표 설정 및 목표 달성을 위한 세부 단계 파악

"우선 다음 주에 해 볼 새로운 목표를 찾아봅시다(혹은 지난주의 목표를 조정해 봅시다). 지난 회기에서 목표에 대해 이야기했던 것이 기억나나요? 좋은 목표는 SMART, 즉 구체적으로 표현되고(Specifically stated), 측정 가능하며(Measurable), 매력적이고(Appealing), 현실적이며(Realistic), 시간 제한적(Time-bound)입니다. 또한 좋은 목표는 세부 단계들로 쪼개져 시간이 지남에 따라 달성될 수 있습니다. 만약 ○○ 씨가 다음 주 동안 작업할 또 다른 목표를 찾는다면 무엇을 선택하고 싶나요?(내담자는 자신의 이전 목표를 확장하거나 새로운 목표를 선택할 수 있음)"

"○○ 씨가 ＿＿＿＿＿＿＿＿＿＿라는 목표를 정해 보았으니, 이제 이 목표를 달성하기 위해 시작해 볼 수 있는 세부 단계들과 이 목표를 달성하는 데서의 방해물을 살펴볼 수 있습니다. 다시 한번, ○○ 씨의 목표는 '진행 중인 작업(work in progress)'이며, 시간이 흐름에 따라 우리가 함께 그 목표들을 세부적으로 조정하고자 노력할 것임을 기억해 주시기 바랍니다."

"○○ 씨가 일주일 동안 연습할 내용을 살펴보도록 하겠습니다. 그리고 오늘 우리가 다루었던 내용을 확실히 하고자 필요한 질문이나 고민되는 부분(예: 내담자의 어젠다)에 대해서도 이야기 나누어 보겠습니다. 그다음, ○○ 씨와 함께 ○○ 씨의 보호자분과 잠시 만나서 ○○ 씨를 어떻게 도와줄 수 있을지에 대해 이야기할 것입니다. 그리고 나서 보호자분과 잠깐 따로 만나 대화를 나누고 그들이 지난주 동안 했던 활동에 대해 이야기 나눌 것입니다."

다음 주 '연습하기': 유인물 27(연습하기) '목표와 방해물' 안내

"○○ 씨는 다음 주에 2개의 '연습하기' 활동지를 작성할 것입니다. 먼저, 유인물 27을 사용하여 목표와 방해물에 대해 살펴봅시다."

- 한 영역에 목표 하나 세우기(필요시 6회기의 유인물 22 'SMART 목표 확인하기' 활용)
- 내담자가 찾은 목표 활용하기
- 내담자의 목표에 대해 내담자가 유인물 27(연습하기) '목표와 방해물'을 완성할 수 있도록 돕기. 이는 내담자가 정한 목표가 SMART하고 분명한 세부 단계가 있는지 확인하는 데 도움이 됨

본 회기 요약 및 다음 회기 안내

내담자에게 치료자가 내담자와 내담자의 보호자를 잠시 만날 것임을 알린다.

- 내담자에게 치료자가 보호자와 경청하는 방법과 도움을 주는 방법에 대해 작업하고 있음을 안내하기
- 치료자와 내담자가 나눈 이야기는 내담자가 요청하지 않는 한 보호자와 논의하지 않을 것임을 보장하기

치료자, 내담자, 보호자 간의 간단한 만남에서 다음 사항들을 다룰 것임을 공유한다.

- 모두 함께 지원 방안에 대해 이야기할 것이라는 점과 내담자가 자신에게 도움이 된다고 생각하는 부분에 대해 솔직하게 이야기했으면 하는 점을 강조하기
- 세부 단계와 유사하게, 내담자의 도움 요청이 현실적이고 구체적으로 표현

되며 상호 간에 바람직한 경우 보호자가 더 성공적으로 도울 수 있음을 알려 주기

- 다음 회기는 회피를 극복하는 것에 중점을 둘 것임을 미리 안내하기

회기 개요: 내담자(청소년) 및 보호자용

"안녕하세요. 다시 뵙게 되어 기쁩니다. 오늘은 여러분과 지원 방안에 대한 이야기를 하고자 합니다. 지난주의 '연습하기' 활동이었던 유인물 25(연습하기) '도움 모니터링'을 검토하겠습니다."

- 관찰한 것과 이를 통해 배운 교훈에 대해 물어보기
- 내담자와 보호자가 앞으로 적용해 볼 수 있는 사항에 대해 살펴보고 다음 주 '연습하기' 활동에 적용해 보기

본 회기 핵심 요소

요소 1: 도움을 최적화하기

"계속해서 지원 방안에 대해 이야기해 봅시다. ○○ 씨의 보호자가 어떻게 하면 ○○ 씨를 가장 잘 도울 수 있을 지에 대해 알아보는 데 중점을 두고자 합니다."

유인물 28(교육 지침) '지원 방안에 대한 아이디어들' 안내

보호자 및 내담자와 함께 보호자가 종종 도움을 주는 방법에 대해 검토한다.
- 목록상의 다양한 선택지에 대해 이야기하기
- 내담자에게 무엇이 도움이 되는지 물어보기
- 내담자가 찾은 선택지를 목록에 추가하기

유인물 29(연습하기) '지지하기 실험' 안내

- 보호자와 내담자에게 다음 주에 보호자가 시도할 수 있는 부분에 대해 합의하도록 요청하기
- 보호자에게 자신의 지원 행동을 살펴보고 모니터링하도록 요청하기

본 회기 요약 및 다음 회기 안내

- 내담자와 보호자에게 참여해 준 것에 대한 감사를 표현하고 지금 치료자가 대답할 수 있는 추가적인 질문이 있는지 물어보기
- 다음 회기는 내담자의 경우 회피를 극복하는 것에 중점을 둘 것이고, 보호자의 경우 내담자를 도왔던 경험에 대한 논의에 중점을 둘 것임을 안내하기

회피 극복하기

권장 회기 소요 시간: 50~60분

회기 개관

회기 목표

8회기에서는 회피를 극복하는 것에 중점을 둔다. 본 회기의 주된 두 가지 목표는 다음과 같다.

1. 행동활성화의 방해물, 특히 내담자를 방해하는 회피/도피 행동을 찾는 방법을 교육하기
2. 내담자가 자신의 회피/도피 행동을 알아차렸을 때 대안적인 대처 전략을 사용할 수 있게끔 교육하기

회기 구조 및 주요 사항

본 회기에는 내담자와의 작업 회기에 이어 보호자의 지지하기 실험에 대한

검토가 포함된다. 이 회기의 주요 교육 사항은 다음과 같다.

- BA의 목표는 회피 행동을 찾고 수정하는 것에 있음. 이때 회피 행동은 내담자가 부정적인 감정 및 압도적인 일로부터 도피하거나 회피하게끔 하여 우울의 악순환에 갇혀 있게끔 함
- 회피 행동은 단기적으로 안도감이나 즐거움, 만족감을 느끼게 하지만 장기적으로는 부정적인 결과를 초래하는 행동을 말함
- 회피(회피 행동)는 부정적인 상황이나 기분을 피함으로써 일시적으로는 효과가 있지만, 장기적인 측면에서 삶을 개선하는 데 도움이 되지는 않음
- 내담자가 자신의 어떤 행동이 회피의 역할을 하고 있음을 발견하게 된다면, 그들은 앞으로 한 발 나아가는 데 도움이 되는 대안적인 전략을 수행할 수 있음
- TRAP/TRAC은 회피를 유발하는 사건과 감정, 사람 등을 확인하고 대안적인 대처 전략을 도입하는 과정임
- 보호자와 함께 그들이 도움을 모니터링한 경험(즉, 유인물 29 '지지하기 실험')을 검토하고 논의함

회기 어젠다

내담자(청소년)용

- 프로그램 시작 전 검토
- 본 회기 핵심 요소
  - 요소 1: 회피 이해하기
    - 유인물 30(교육 지침) '회피는 어떤 모습일까요?'
  - 요소 2: 회피에 기능이 있음을 알아차리기
  - 요소 3: 회피 극복을 위한 TRAP/TRAC 개념 교육하기

　　■ 유인물 31(활동지/연습하기) '회피와 악순환 극복을 위해 TRAP-TRAC
　　　사용하기'
- 다음 주 '연습하기': 유인물 31(활동지/연습하기) '회피와 악순환 극복을 위해
　TRAP-TRAC 사용하기'

보호자(부모)용

- 유인물 29(연습하기) '지지하기 실험' 검토
- 본 회기 핵심 요소
　　○ 요소 1: 치료의 마지막 단계 계획하기

준비 자료

- 본 회기 어젠다
- SMFQ/PHQ-9
- 유인물 27(연습하기) '목표와 방해물'
- 유인물 30(교육 지침) '회피는 어떤 모습일까요?'
- 유인물 31(활동지/연습하기) '회피와 악순환 극복을 위해 TRAP-TRAC 사용
　하기'(2장)
- 유인물 29(연습하기) '지지하기 실험'

회기 개요: 내담자(청소년)용

프로그램 시작 전 검토

- SMFQ/PHQ-9 작성하기
- SMFQ/PHQ-9 검토하기
- 본 회기 어젠다 설정하기(회기 자료 및 내담자의 어젠다 항목을 검토하기 위한

시간 분배 포함)

'연습하기' 검토: 유인물 27(연습하기) '목표와 방해물'

● 유인물 27 '목표와 방해물'을 검토/작성하고, 목표 달성에서의 방해물(맞닥 뜨릴 것으로 예상했던 방해물과 예상하지는 못했으나 실제로 맞닥뜨린 방해물 모 두 포함)에 대해 이야기하기

● 맞닥뜨린 문제와 이를 극복하고자 사용한 기술에 대해 이야기하기

본 회기 핵심 요소

"이번 회기의 목표는 내적 방해물의 일종으로 일을 마치는 데 자주 방해가 되는 회피에 대해 이해하는 것입니다. 회피는 대개 단기적으로는 기분을 좋게 하지만 장기적으로는 어려움에 처하게 하기 때문에 그에 대해 이해하는 것은 중요합니다."

이 개념을 설명하기 위해 가능하다면 내담자의 삶 속의 예를 사용해 간략히 이야기해 본다.

요소 1: 회피 이해하기

유인물 30(교육 지침) '회피는 어떤 모습일까요?' 안내

"회피는 단기적으로는 안도감, 즐거움, 만족감 등을 느끼게 하지만 우리가 하기 싫은 일들을 미루도록 놔둠으로써 괴로움을 지속시키는 행동을 말합니다. 회피는 다음과 같은 다양한 형태로 나타날 수 있습니다."

● "미루는 것은 흔하고 확실한 회피의 일종입니다. 미루기와 관련해 흥미로운 점은 미루는 행동이 우리가 해야 하는 것으로부터 주의를 딴 데로 돌리지만, 다른 종류의 회피와 달리 그 행동 자체가 대개 단기적으로도 우리의 기분을 나쁘게 한다는 것입니다."

- "때때로 회피는 어떤 해결책에도 이르지 못한 채 문제에 대해 계속 곱씹거나 생각하는 형태(노심초사하는 것)로 나타나기도 합니다."

- "회피의 또 다른 형태에는 '폭발' 혹은 사람 또는 상황에 격분하고 강한 정서적 반응을 하는 것이 있습니다. 이러한 형태의 회피는 단기적으로는 사람들로 하여금 ○○ 씨에게 간섭하지 않게 할 수 있고 ○○ 씨가 귀찮은 일을 하지 않게 할 수 있습니다. 그러나 장기적으로는 문제를 더 악화시킵니다."

- "가장 흔한 형태의 회피는 그냥 '차단(shut down)'하는 것입니다. 우리는 이것을 '은둔하기(hibernating)'라고 부를 수 있습니다. 하루 종일 침대에 있거나, 식사를 하지 않거나, 친구를 만나지 않거나, 낮잠을 자거나, 학업을 소홀히 하는 것은 모두 '은둔하기'의 한 형태일 수 있습니다. 이 중 ○○ 씨에게 해당하는 것이 있나요?"

요소 2: 회피에 기능이 있음을 알아차리기

"회피에서 주목할 점은 회피가 '기능'한다는 것입니다. 단기적으로는 회피에 대한 즉각적인 보상이 있을 수 있지만, 장기적으로는 비용이 따르죠! ○○ 씨가 귀찮은 활동을 단순히 피하거나 무시하기만 하면 미룰 수 있습니다. 예를 들어, 수행평가를 시작하기 바로 전날 밤까지 아무것도 하지 않을 수 있습니다. 마찬가지로, 기분이 우울하거나 슬플 때 잠을 자면 비참한 세상으로부터 쉽게 벗어날 수 있습니다. 이러한 행동이 마치 그 순간에 해야 할 가장 적절한 일 혹은 유일한 일처럼 느껴질지 모르지만, 장기적으로는 대가가 있습니다. 회피가 단기적으로는 효과가 있으나, 장기적으로는 문제를 더 악화시키고 우울로의 악순환에 일조하는 것이죠."

- 회피를 극복하는 것은 BA의 주요 목표 중 하나이며, 내담자가 배우게 될 가장 중요한 개념 중 하나임
- 내담자가 이전 며칠 동안 경험했던 회피(혹은 기분-기반 행동)의 예를 찾을

수 있도록 돕기

- 만약 내담자가 회피의 예를 떠올리는 것을 어려워한다면, 다음의 예들을 제시하기
  - 식기세척기에 그릇을 넣고 부엌 조리대를 청소하기로 했는데 하지 않고 컴퓨터로 웹 서핑을 하는 것
  - 권위 있는 사람이 말하고 있을 때 듣지 않고 그로부터 눈길을 돌리는 것
  - 외로움이나 지루함을 느껴서 자는 것

요소 3: 회피 극복을 위한 TRAP/TRAC 개념 교육하기

- 치료자와 내담자가 회피(혹은 기분-기반 행동)의 예를 찾고 나서, 회피를 하고 있음을 알아차리는 방법으로 TRAP 상태에 있다고 생각하는 것이 있음을 설명하기
- TRAP은 Trigger(유발 요인), Response(반응), Avoidance Pattern(회피 패턴)의 약자로, 회피의 기능에 대해 쉽게 생각할 수 있도록 해 줌

유인물 31(활동지) '회피와 악순환 극복을 위해 TRAP-TRAC 사용하기' 안내

"○○ 씨의 예가 어떻게 TRAP이 되는지 설명해 봅시다."

- Trigger(유발 요인): "어떤 일이 일어났나요?(예: 친구와 의견 충돌이 있었음)"
- Response(반응): "어떤 기분이 들었나요? 혹은 어떻게 하고 싶었나요?(예: 슬펐고 '이 문제를 다루고 싶지 않아'라고 생각했음, 혼자 있고 싶었음)"
- Avoidance Pattern(회피 패턴) TRAP: "기분이 나쁜 것을 피하기 위해 무엇을 했나요? 정말 하기 싫은 일을 피하고자 무엇을 했나요?(예: 친구에게 전화하지 않았음, 친구를 만나지 않으려고 집에 있었음)"

"TRAP을 찾는 것의 목표는 회피의 덫(trap)에서 벗어나 TRAC(역자 주: 길, 궤도를 뜻하는 영어 단어 'track'과 유사한 발음의 약자를 사용하여 빗대어 표현한 것으로

보임) 상태로 돌아오는 것에 있습니다."

"유발 요인과 반응은 동일하더라도 기분이 다시 원래의 궤도에 오르기 위해 서는 회피 패턴으로 들어가지 않고 대안적 대처 행동(alternative coping)을 활용 하는 방법을 찾아야 할 것입니다."

- 치료자는 TRAP-TRAC 활동지를 활용하여 내담자에게 이 개념을 설명하기
  - 회피를 하게 되면 기분-기반 행동을 하는 것이지만, 대안적인 대처를 하 게 되면 목표-기반 행동을 하는 것임을 상기시키기
  - 회피 패턴에서 빠져나온다고 해서 내담자의 기분이 바로 나아지지 않을 수 있음을 강조하기
  - 보통 부정적인 감정이나 상황을 피해 왔기 때문에 회피 대신에 대안적 행동을 할 때 오히려 기분이 조금 더 나빠질 수 있음
  - 대안적인 행동을 하는 것이 새로운 습관을 기르는 것이라고 생각해 보 기. 충분한 시간과 연습이 필요할 것이고, 아마 한 번의 시도만으로는 충 분하지 않을 것임
  - 회피가 오랜 습관이었다면, 새로운 습관은 유발 요인과 반응을 알아차리 고 대안적 행동을 하는 것임

"회피 패턴에서 벗어나 대안적 행동을 시작하는 방법에는 여러 가지가 있습 니다. ○○ 씨가 이미 알고 있을 만한 두 가지 방법은 다음과 같습니다."

- 1. 6~7회기에서 했던 것처럼 목표나 활동에 대한 세부 단계를 찾고 연습 하기
  - 복습: 회피를 유발하는 상황과 관련된 목표를 찾고, 그 목표를 향한 세부 단계들 중 하나를 시도하기. 그 예는 다음과 같음
    - 유발 요인은 친구와 말다툼을 한 것
    - 현재 작업 중인 목표는 '친구들을 더 잘 대하는 것'

- 세부 단계 중 하나는 친구에게 '툴툴대서 미안해'라고 문자를 보내는 것
- 그것이 너무 어려울 경우, 또 다른 세부 단계로는 다른 사람에게 다정한 문자를 보내는 것이 있음
- 혹은 유발 상황과 무관한 목표를 찾아서 계속 앞으로 나아갈 수 있도록 세부 단계를 끝마치는 경험을 해 볼 수도 있음. 예를 들어, 기타 치는 법을 배우려는 목표에 초점을 두고 세부 단계로 몇 가지 코드나 노래 한 곡을 연습하는 것

- 2. 5회기에서처럼 COPE 문제 해결 활용하기
  - 복습: 문제 해결에는 네 가지 기본 단계가 있음
    - 1단계: 진정하고 명료화하기(Calm and Clarify)
    - 2단계: 선택안 만들어 보기(Generate Options)
    - 3단계: 시행하기(Perform)
    - 4단계: 평가하기(Evaluate)
- 만약 내담자가 이러한 개념들을 기억하는 것을 어려워한다면, 치료자는 유인물 16 'COPE 사용하기'와 유인물 20 'SMART 목표 세우기'를 다시 안내할 수 있음

다음 주 '연습하기': 유인물 31(연습하기) '회피와 악순환 극복을 위해 TRAP-TRAC 사용하기'(두 번째 복사본) 안내

"다음 주 '연습하기'에서는 유인물 31을 사용하여 상황/유발 요인과 그에 대한 ○○ 씨의 반응에 주의를 기울여 보려고 합니다. ○○ 씨가 회피 패턴에 갇혀 있었는지 혹은 대안적 행동을 할 수 있었는지를 확인해 보세요. 이를 위해 무엇을 했는지 기록하고 어떻게 느꼈는지 평가해 보세요."

본 회기 요약 및 다음 회기 안내

- 내담자에게 치료자가 내담자의 보호자를 잠시 만나 '지지하기 실험'과 관련된 경험에 대해 함께 살펴볼 것임을 안내하기
- 내담자에게 약 네 번의 회기가 남아 있다는 것과 남은 시간을 내담자의 기분을 개선하고 문제를 해결하는 데 가장 효과적인 전략들을 생각하고 연습하는 데 사용할 수 있음을 상기시키기

회기 개요: 보호자(부모)용

유인물 29(연습하기) '지지하기 실험' 검토

"안녕하세요. 다시 뵙게 되어 기쁩니다. 오늘은 여러분과 여러분의 지지하기 실험(유인물 29) 경험에 대한 이야기를 나누고자 합니다."

지난주 '연습하기'였던 유인물 29(연습하기) '지지하기 실험'을 검토한다.

- 유인물 29를 활용하여 보호자와 함께 지난주에 도움을 제공하려고 노력했던 경험에 대해 살펴보기. 방해물에 대해 물어보기
- 보호자가 도전해 볼 수 있는 사항에 대해 검토하기
- 자신의 기분과 활동을 관리하려는 내담자의 노력에 대해 보호자가 계속 지지(도움)하도록 요청하기

본 회기 핵심 요소

요소 1: 치료의 마지막 단계 계획하기

- 치료 종결 목표 논의하기
- 나머지 회기들의 구조/초점
  - 보호자에게 앞으로 네 번의 회기가 남았으며, 다음 세 번의 회기에서는

내담자(청소년)가 배운 기술을 실천으로 옮기도록 하는 데 초점을 두어 스스로의 기분과 활동을 계속 관리할 수 있도록 도울 것이라고 안내하기. 다음 세 번의 회기에서 보호자를 따로 만날 계획은 없다는 것을 알려 주되, 보호자가 그러한 시간이 필요하거나 이야기할거리가 있다면 치료 자에게 알려 달라고 안내하기

- ○ 다음 회기들의 작업에 함께 다루었으면 하는 구체적인 고민 혹은 문제가 있는지를 보호자와 함께 검토하기. 이때 보호자에게 치료의 초점은 내담 자의 우울을 감소시키는 것임을 상기시키기
- ○ 보호자에게 마지막 회기에서는 내담자가 계속해서 잘 지낼 수 있도록 돕 는 계획을 짤 것임을 안내하기

본 회기 요약 및 다음 회기 안내

- 보호자에게 본 회기 참여에 대한 감사를 표현하고 지금 치료자가 대답할 수 있는 추가적인 질문이 있는지 물어보기
- 다음 회기들은 내담자가 치료에서 배웠던 개념들을 복습하는 것에 중점을 둘 것이고, 좀 더 내담자 개인의 요구에 맞출 것임을 안내하기

모듈 4

연습하기

9회기: 배운 것 통합하기
10~11회기: 기술 연습하기

9회기

배운 것 통합하기

권장 회기 소요 시간: 50~60분

회기 개관

회기 목표

9회기는 내담자와 함께 내담자가 가장 필요로 하는 영역을 찾는 작업에 중점을 둔다. 이 회기에서의 세 가지 주된 목표는 다음과 같다.

1. 내담자와 함께 그들의 우울 상태와 생활 속의 다른 중요한 요소들(예: 형제자매와의 갈등, 수면)을 검토하여 상황, 활동, 기분 간 연관성을 살펴보기
2. 남은 치료 회기 동안 내담자가 집중하여 작업하고 싶은 부분을 찾을 수 있도록 돕기
3. 내담자가 목표 달성을 위해 노력하는 데 중요할 수 있는 핵심 기술들을 검토하기

회기 구조 및 주요 사항

본 회기는 내담자와 이전 자료를 검토하고 BA가 내담자의 목표 달성을 위해 노력하는 데 어떻게 사용될 수 있는지에 대해 논의하도록 구성되어 있다. 주요 교육 사항은 다음과 같다.

- 치료 과정에서 관찰된 패턴을 토대로 내담자의 기분 및 기능 변화와 관련된 상황과 행동 사이의 연관성을 강조하기
- 치료에서 학습한 기술을 내담자 개인의 요구와 경험에 맞게 선택하고 조정하는 것의 중요성을 강조하기
- BA에서 다룬 기술들(행동하기, 좋은 기분 만들어 보기, COPE, 목표 세우기, 방해물 찾기, 회피 극복하기 포함)을 돌아보기

회기 어젠다

내담자(청소년)용

- 프로그램 시작 전 검토
- 본 회기 핵심 요소
  - 요소 1: 점검하기
    - 유인물 32(활동지) '진척 사항 살피기'
    - 유인물 33(활동지) '행동계획 세우기'
    - 유인물 34(활동지/연습하기) '행동계획'
- 다음 주 '연습하기': 유인물 34(연습하기) '행동계획'

준비 자료

- 본 회기 어젠다

- SMFQ/PHQ-9
- 유인물 31(연습하기) '회피와 악순환 극복을 위해 TRAP-TRAC 사용하기'
- 유인물 32(활동지) '진척 사항 살피기'
- 유인물 33(활동지) '행동계획 세우기'
- 유인물 2(활동지) '행동활성화를 당신의 삶에 적용하기'
- 유인물 34(연습하기) '행동계획'
- 유인물 27(연습하기) '목표와 방해물'
- 이전 회기들의 교육 지침 및 활동지를 준비하여 필요에 따라 활용하기

회기 개요: 내담자(청소년)용

프로그램 시작 전 검토

- SMFQ/PHQ-9 작성하기
- SMFQ/PHQ-9 검토하기
- 본 회기 어젠다 설정하기(회기 자료 및 내담자의 어젠다 항목을 검토하기 위한 시간 분배 포함)

'연습하기' 검토: 유인물 31(연습하기) '회피와 악순환 극복을 위해 TRAP-TRAC 사용하기'

- 회피 패턴과 대안적 대처로 사용해 왔거나 사용할 수 있는 것에 대해 살펴볼 부분을 검토하고 완성하기
- 당면한 문제에 대해 논의하고, 대안적인 대처 전략 사용과 관련된 방해물을 해결하며, 필요시 대안적 대처 전략을 찾아보기

본 회기 핵심 요소

"이번 회기에서는 치료를 시작한 이후로 ○○ 씨에게 어떤 일들이 일어났는지, 즉 ○○ 씨의 삶이 예전에는 어땠고, 현재는 어떻고, 앞으로는 어떠하길 바라는지에 대해 함께 살펴볼 것입니다. 이러한 작업은 우리가 남은 치료 회기들에서 어디에 초점을 둘 것인지의 우선순위를 정하는 데 도움이 될 것입니다."

요소 1: 점검하기
유인물 32(활동지) '진척 사항 살피기' 안내

"○○ 씨는 지금까지 몇 주 동안 치료에 참여하고 있습니다. 앞으로 남은 회기에서는 치료를 함께 마무리하는 것에 대해 생각하기 시작해 보려고 합니다. ○○ 씨가 이전에 어떤 상태였는지를 되돌아보고, 현재를 살펴보며 지금은 어떤 상태인지 적절한 평가를 해 보고, 이를 미래에 반영하여 어디로 향하고 싶은지에 대해 이야기하는 것은 상당히 도움이 될 것입니다. 이러한 작업을 '진척 사항 살피기'라고 합니다."

유인물 32 '진척 사항 살피기'를 활용하여 시간의 흐름에 따른 기분 변화, 서로 다른 영역에서의 변화, 지금까지 치료에서 작업해 왔던 문제나 목표에 대해 내담자와 함께 검토한다. 1회기의 유인물 2 '행동활성화를 내 삶에 적용하기'를 다시 활용하여 내담자가 치료를 시작했을 때는 어땠는지, 어떤 변화를 이루어 왔는지 등에 대해 검토한다. 일부 내담자는 주간 증상 평가를 참고하는 것(시간 순서에 따라 그래프를 그리는 것도 포함)이 도움이 된다고 느끼는 반면, 일부 내담자는 구체적인 모든 데이터를 통합하지 않고도 시기에 따라 기분이 어떻게 변화하였는지 살펴볼 수 있다.

목표 세우기/우선순위
- 내담자에게 몇 회기가 남았는지 상기시키기
- 내담자에게 이번 회기의 초점은 남아 있는 치료 회기 활용에 대한 계획을

세우는 것과 더불어 긍정적인 변화를 유지하기 위한 계획을 세우기 시작하는 것임을 안내하기

- 내담자가 상당한 변화를 이룬 영역과 아직 좀 더 연습과 작업이 필요할 것 같은 영역을 살펴봄으로써 내담자가 집중하기 원하는 부분을 찾을 수 있도록 돕기

- 이 모든 것을 SMART 목표로 통합하기(내담자가 목표를 세우고 모니터링하는 데 도움이 된다면 유인물 27 '목표와 방해물'을 언제든 활용할 것)

- 내담자와 함께 그들이 다음 주에 시도하고 싶은 것을 찾아본 후, 그에 대해 예상되는 방해물을 파악하도록 돕기

- 내담자가 목표 달성을 위해 노력하는 데 중요할 것 같은 핵심 기술들(행동하기, 좋은 기분 만들어 보기, COPE 사용하기, 목표 세우기, 방해물 찾기, 회피 극복하기)을 복습하기

다음 주 '연습하기': 유인물 34(연습하기) '행동계획' 안내

- '연습하기'는 각 내담자에게 맞춰 개별화하기. 9회기부터는 유인물 34 '행동계획'을 활용하여 내담자가 목표를 찾고, 우선순위를 매기고, 스스로 앞으로 나아가는 데 궁극적으로 도움이 될 활동 및 기술들의 개요를 잡아 보도록 하기. '행동계획'은 큰 그림을 그리는 도구로, 시간이 지남에 따라 수정될 수 있음. 진행 상황을 살펴보는 것이 중요하므로 치료자는 내담자와 그에 대해 논의할 필요가 있음. 이때 내담자가 특히 유용하다고 한 도구(예: 전화, 컴퓨터, 애플리케이션 등)를 활용하기

- 내담자가 참여할 긍정적인 활동에 대해 구체적인 계획(무엇을, 언제, 어디서, 누구와)을 세우고 시도했거나 노력해 온 활동에 대해 스스로에게 보상을 줄 수 있는 구체적인 방법을 찾도록 돕기

본 회기 요약 및 다음 회기 안내

- "일주일 동안 연습할 내용을 검토하고 오늘 저희가 다루었던 것(예: 내담자의 어젠다) 중 질문이나 고민되는 부분이 있다면 이야기해 봅시다."
- 다음 모듈에서는 더 개별화된 연습에 중점을 둘 것임을 안내하기

10~11회기

기술 연습하기

권장 회기 소요 시간: 50~60분

회기 개관

치료자는 모듈 4에서 10~11회기에 해당하는 이 부분을 융통성 있게 활용해야 한다. 이 부분은 두 회기(10~11회기)에 걸쳐 진행되도록 고안되었으나, 보다 개별화된 연습이 필요할 수 있고 내담자 및 내담자의 상황에 적합한 경우라면 세 번 이상의 회기로 연장될 수 있다.

회기 목표

10~11회기는 내담자와 함께 내담자가 가장 필요로 하는 영역을 찾는 것에 중점을 둔다. 이 회기에서의 주된 세 가지 목표는 다음과 같다.

1. 가장 필요하고 도전적인 영역 찾기
2. 내담자가 이전 회기에서 제시한 기술을 활용하여 목표 달성을 위해 노력하고, 목표 달성에서의 방해물을 극복할 수 있도록 지원하기

3. 기분/우울 개선 작업에 계속 초점을 맞추는 것의 중요성을 검토하기. 작업의 초점은 내담자의 기분 관리를 돕는 전략(학업일 수도 있고, 보호자의 지시를 다루는 전략일 수도 있음)에 맞추어야 함. 그러나 이때 항상 BA 핵심 원칙을 적용하고 실천하는 방향으로 돌아와야 함

회기 구조 및 주요 사항

10~11회기는 내담자와 이전 자료를 검토하고 BA가 내담자의 목표를 향해 나아가는 데 어떻게 활용될 수 있는지에 대해 논의하도록 구성되어 있다. 주요 교육 사항은 다음과 같다.

- 내담자의 개별화된 행동계획을 검토하여 지난주 동안 BA 기술을 사용한 것을 강조하고 진척 상황 및 어려움에 대해 이야기 나누기
- BA에서 다룬 기술들(행동하기, 좋은 기분 만들어 보기, COPE 사용하기, 목표 세우기, 방해물 찾기, 회피 극복하기 포함)을 돌아보기
- 내담자가 계속 목표를 향해 나아가도록 행동계획을 세우는 것을 돕기. 만약 차질이 있을 경우 이를 다룰 수 있도록 하는 방법을 고민하기

회기 어젠다

내담자(청소년)용

- 프로그램 시작 전 검토
- 본 회기 핵심 요소
  ○ 요소 1: 검토하기
    ■ 유인물 34(연습하기) '행동계획'
- 다음 주 '연습하기': 유인물 34(연습하기) '행동계획'

준비 자료

- 본 회기 어젠다
- SMFQ/PHQ-9
- 유인물 34(연습하기) '행동계획'
- 이전 회기들의 교육 지침 및 활동지를 준비하여 필요에 따라 활용하기

회기 개요: 내담자(청소년)용

프로그램 시작 전 검토

- SMFQ/PHQ-9 작성하기
- SMFQ/PHQ-9 검토하기
- 본 회기 어젠다 설정하기(회기 자료 및 내담자의 어젠다 항목을 검토하기 위한 시간 분배 포함)

지난주 '연습하기': 유인물 34 '행동계획' 검토

활동지를 검토/작성하여 내담자의 노력 및 성공에 대해 칭찬하거나 내담자가 대안적 행동을 하지 못했을 경우 방해물을 해결한다.

본 회기 핵심 요소

"저희가 함께 해 온 치료를 마무리하고, ○○ 씨가 여기서 나가 앞으로 지금까지 배운 모든 것을 스스로 할 것에 대해 생각해 보는 것을 시작해 보려고 합니다. 이 과정에서 ○○ 씨를 앞으로 나아가게 하는 목표나 우선순위뿐만 아니라 저희가 이야기했던 여러 기술, 그중 어떤 기술들이 효과가 좋았고 어떤 기술들은 좀 더 연습이 필요할지에 대해서도 시간을 들여 살펴보고자 합니다."

요소 1: 검토하기

지난주에 세웠던 내담자의 행동계획을 활용하여 내담자가 지난주에 무엇을 했는지 혹은 다음 주의 계획이 무엇일지에 대해 이야기하도록 안내한다. 이야기할 때 어떤 부분이 효과적이었는지 그리고 어떤 문제(회피와 관련된 문제 포함)를 맞닥뜨렸는지에 초점을 둔다. 필요에 따라 계획을 조정하고, 내담자가 어려운 상황에서 적용해 볼 수 있었으나 잊어버렸던 혹은 효과적으로 적용하기가 힘겨웠던 기술들에 대해 검토한다. 지금까지의 논의와 치료자가 내담자에 대해 알고 있는 부분에 근거하여 방해물을 예상하고 이를 극복할 전략에 대해 미리 검토한다. 그리고 이전 회기들에서 필요한 교육 지침이 있다면 적극 활용한다.

다음 주 '연습하기': 유인물 34(연습하기) '행동계획' 안내

"다음 주 '연습하기'는 지난주에 ○○ 씨가 했던 작업과 이어집니다. 저희는 앞으로 몇 주에 걸쳐 ○○ 씨의 행동계획을 계속해서 수정하고자 합니다. 앞서 이야기했듯이, 저희는 기술들을 연습하고, 보다 어려운 상황에 이를 적용하고, 실제 그것이 어떻게 진행되었는지에 대해 돌아와 이야기하는 것을 계속하는 치료적 단계에 있습니다. 일주일 동안 ○○ 씨가 연습할 내용을 살펴보고, 이 단계에서 ○○ 씨가 가질 수 있는 다른 질문이나 고민되는 부분(예: 내담자의 어젠다)에 대해 이야기해 보도록 하겠습니다."

- 내담자의 행동계획과 다음 주에 정한 활동 및 전략을 계속 활용하기. 지난주 내담자의 행동계획에 이어 나갈 수도 있고, 회기의 진행 양상과 작업의 초점에 따라 새로운 활동을 시작할 수도 있음
- 내담자마다 계획이 다를 것이므로 치료자는 합의된 '연습하기'를 주의 깊게 기록(즉, 사본 작성)해 둘 필요가 있음

본 회기 요약 및 다음 회기 안내

- 10회기: 남은 회기 수를 검토하기. 다음 회기에서는 앞으로 나아가는 것과 차질이 생길 때 이에 대처하는 것을 목표로 내담자의 행동계획을 조정하는 데 계속 집중할 것임을 강조하기
- 11회기 혹은 (연장될 경우) 내담자의 종결 직전 회기: 다음 모듈은 재발 방지 및 종결에 초점을 둘 것임을 미리 안내하기

앞으로 나아가기

12회기: 재발 방지 및 종결 인사 나누기

재발 방지 및 종결 인사 나누기

권장 회기 소요 시간: 50~60분

회기 개관

치료자는 모듈 5를 융통성 있게 활용해야 한다. 이 모듈은 한 회기(12회기)에 걸쳐 진행되도록 고안되었으나 내담자에 따라 다르며, 경우에 따라 종결 및 재발 방지에 더 많은 시간이 필요할 수 있다.

회기 목표

이 회기는 치료의 종결을 나타내며, 재발 방지에 대한 논의를 포함한다. 이 논의에서 특히 내담자의 강점 및 어려움(문제)과 앞으로 나아갈 때 그러한 어려움을 알아차리고 관리하는 방법에 초점을 둔다. 이 회기에서의 주된 네 가지 목표는 다음과 같다.

1. 앞으로 나아가는 데의 어려움(예: 특정 상황, 유발 요인, 변화 시기에 우울 증상에 취약해지는 것)을 내담자와 함께 찾아보기

2. 치료 전과 후에 어려움(문제)에 대한 내담자의 반응 차이에 대해 논의하기. 이때 특히 내담자의 기분을 나아지게 하고 우울증으로의 악순환을 예방하는 데 사용했던 기술들을 확인하기

3. 치료 과정에서 제시된 기술들을 활용하여 재발 방지 계획 세우기. 재발 방지 계획은 내담자가 우울에 빠지지 않기 위해 사용할 수 있는 내담자의 유발 요인과 전략을 개략적으로 포함함

4. 내담자 및 보호자와 함께 추가적인 치료가 도움이 될 것 같은 시기를 어떻게 알 수 있을지에 대한 아이디어를 논의하기

회기 구조 및 주요 사항

이 모듈에서는 내담자와의 작업 이후 보호자 및 내담자와 함께 간단한 검토를 진행한다. 다음과 같은 주요 교육 사항을 소개한다.

- 미끄러지는 것 같은 경험(slips), 예기치 못한 실수는 흔하고 당연하며, 이는 내담자가 계속해서 앞으로 나아가고자 행동을 취하고 있다는 신호임
- 재발 방지 계획을 세워 예기치 못한 실수에 대비하는 것이 최선임. 재발 방지 계획은 유발 요인, 미끄러질 것 같은 징조, 대처 기술 및 관리 전략에 대해 충분히 생각해 보는 것을 포함함
- 다른 사람들(보호자 또는 신뢰할 수 있는 어른)은 내담자가 실수에 대처하도록, 그리고 '재발 방지: 나에게 도움이 되는 전략들(유인물 35)' 및 '행동계획(유인물 34)'을 계속하여 앞으로 나아가도록 도움을 줄 수 있음
- 내담자와 보호자가 함께 보호자의 질문 및 고민되는 부분을 다루고, 재발 방지 계획 및 '재발 방지: 나에게 도움이 되는 전략들(유인물 35)'과 앞으로의 '행동계획(유인물 34)'을 검토하는 시간을 갖도록 하기

회기 어젠다

내담자(청소년)용

- 프로그램 시작 전 검토
- 본 회기 핵심 요소
  - 요소 1: '미끄러지는 듯한 경험'이란 무엇인가?
  - 요소 2: 도움이 되는 전략 사용하기
    - 유인물 35(활동지) '재발 방지: 나에게 도움이 되는 전략들'

내담자 및 보호자(부모)용

- 본 회기 핵심 요소
  - 요소 1: 재발 방지 계획 및 행동계획 검토
    - 유인물 35(활동지) '재발 방지: 나에게 도움이 되는 전략들' 검토
    - 유인물 34(활동지) '행동계획'

준비 자료

- 본 회기 어젠다
- SMFQ/PHQ-9
- 유인물 34(활동지/연습하기) '행동계획'
- 유인물 35(활동지) '재발 방지: 나에게 도움이 되는 전략들'

회기 개요: 내담자(청소년)용

프로그램 시작 전 검토

- SMFQ/PHQ-9 작성하기
- SMFQ/PHQ-9 검토하기
- 본 회기 어젠다 설정하기(회기 자료 및 내담자의 어젠다 항목을 검토하기 위한 시간 분배 포함)

'연습하기' 검토: 유인물 34(활동지/연습하기) '행동계획'

- 유인물을 검토/작성하여 내담자의 노력 및 성공에 대해 칭찬을 하거나 내담자가 대안적 행동을 하지 못했을 경우 방해물을 해결하기
- 당면한 문제와 방해물을 극복하는 데 활용한 기술에 대해 논의하기

본 회기 핵심 요소

"이번이 마지막 회기이기 때문에, ○○ 씨가 지난 3개월간 달성했던 것에 대해 돌아보고 ○○ 씨의 모든 노력에 대해 감사하는 시간을 갖고 싶습니다. 또한 앞으로 ○○ 씨가 어떤 종류의 문제에 부딪힐지 그리고 다시 우울해지는 악순환을 막거나 바꾸려면 무엇을 할 수 있을지에 대해 함께 미리 생각해 보고자 합니다. 오늘 저희는 ○○ 씨가 지금까지 배운 모든 것을 바탕으로 ○○ 씨에게 어떤 전략이 효과가 있는지에 대해 이야기할 것입니다."

요소 1: '미끄러지는 듯한 경험'이란 무엇인가?

"미끄러지는 것 같은 경험, 예기치 못한 실수는 흔하게 일어납니다. 엉망진창인 일이 일어날 때 기분이 나쁜 것은 당연합니다. 그럴 때 생각해 볼 수 있는 한 가지 방법은 미끄러지는 것(slip)이 계단에서 넘어지는 것과 같다는 것입니다.

보통 저희가 미끄러지는 것은 한 계단만 내려가게 되는 것입니다. 이 경우 재빨리 다시 계단을 올라갈 수 있습니다. 미끄러지는 것은 무서울 수 있지만, 그것이 꼭 계단 아래로 곤두박질치는 것으로 이어지지는 않습니다. 계속해서 앞으로 나아가기 위해서는 지금까지 잘 해 왔던 모든 작업과 함께 ○○ 씨가 때때로 예기치 못한 실수를 경험한다면 그때 무엇을 할지에 대해 조금 생각해 보는 것이 유용할 것입니다. 핵심은 미끄러지는 듯한 경험이 ○○ 씨가 계속해서 앞으로 나아가고자 행동을 취하고 있다는 신호라는 것입니다."

요소 2: 도움이 되는 전략 사용하기
유인물 35(활동지) '재발 방지: 나에게 도움이 되는 전략들' 안내

"알다시피 새로운 어려움은 계속 생길 것입니다. 이러한 어려움을 충분히 생각하고 주목할 뿐 아니라 과거에 ○○ 씨에게 효과가 있었던 전략들도 생각해 보는 시간을 가져 봅시다. 지난 몇 달을 되돌아보고 유발 요인과 실수(미끄러짐)의 징조, 효과가 있었던 기술 그리고 누가 ○○ 씨를 도울 수 있을지에 대해 알아봅시다."

- 내담자와 함께 잠재적인 스트레스 유발 요인의 목록을 살펴보기. 내담자가 과거의 유발 요인뿐 아니라 향후 발생할 수 있는 유발 요인(예: 고등학교 혹은 대학교 진학, 이별 경험, 보호자와 계속되는 긴장 또는 갈등)도 고려하게끔 격려하기
- 예전으로 되돌아가는 듯한 신호(기분, 신체적 징후, 회피 및 위험 행동 포함)에 대해 논의하기
- 과거에 효과가 있었던 대처 기술들에 대해 생각해 보기. 목표 세우기, 좋은 기분 만들어 보기, 행동의 보상 및 비용 평가하기, COPE 사용하기, '활력을 주는' 활동 계획하기, TRAP을 알아차리고 TRAC으로 돌아가기 등을 검토하기
- 내담자에 대한 지원 및 내담자를 도울 수 있는 사람에 대해 논의하기

다음 주 '연습하기': 유인물 34(연습하기) '행동계획' 검토

"저희가 함께 치료를 서서히 마무리하고 있지만 ○○ 씨가 목표 달성을 위해 앞으로도 계속해서 노력하는 것이 제일 중요합니다. 그래서 마지막 '연습하기' 활동은 지난 몇 주 동안 ○○ 씨가 해 왔던 작업의 연장선상에 있습니다. 저는 ○○ 씨가 계속해서 행동계획을 조정하고 목표를 향해 나아가는 작업을 지속하기를 바랍니다. ○○ 씨가 다음 주에 연습할 내용과 어떻게 그 과정을 계속 진행할 수 있을지에 대해 잠시 이야기해 봅시다."

- 지난주 내담자의 행동계획에 이어 나가거나 회기의 진행 양상과 작업의 초점에 따라 새로운 계획을 시작하기
- 내담자와 함께 내담자의 목표 및 세부 단계의 측면에서 '이다음은 무엇일까?'에 대해 생각해 보기. 내담자가 앞으로 나아가면서 어떻게 계속 행동계획을 세우고 다듬을지에 대해 생각하도록 돕기

본 회기 요약 및 다음 회기 안내

내담자에게 치료자가 잠시 내담자와 내담자의 보호자를 함께 만나 다음의 사항에 대해 다룰 것임을 알린다.

- 내담자에게 보호자와 함께 재발 방지 계획 및 행동계획을 검토할 것임을 안내하기
- 내담자가 앞서 논의한 계획들을 보호자에게 보여 주는 데 적극적인 역할을 하도록 격려하기

회기 개요: 내담자(청소년) 및 보호자용

"안녕하세요. 다시 뵙게 되어 기쁩니다. 오늘은 여러분과 함께 자녀의 진전

상황과 앞으로의 계획에 대해 이야기를 나누고자 합니다."

본 회기 핵심 요소

요소 1: 재발 방지 계획 및 행동계획 검토

- '미끄러지는 듯한 경험(slips), 예기치 못한 실수'의 가능성에 대해 논의하기 (이전 논의 참조)
- 유인물 35(활동지) '재발 방지: 나에게 도움이 되는 전략들' 안내
  - 내담자가 (보호자에게) 활동지를 보여 주게끔 하고, 보호자가 그들의 관점과 생각을 추가할 수 있도록 독려하기
  - 단순히 미끄러진 것 이상으로 심각한 우울 증상이 다시 나타나 치료를 다시 받는 것이 필요하다고 판단하려면 내담자와 보호자가 어떤 위험 신호를 찾을 수 있을지에 대해 논의하기
- 유인물 34(활동지/연습하기) '행동계획' 안내
  - 내담자가 자신의 행동계획을 보호자와 공유하고자 한다면 그렇게 하도록 독려하기. 그렇지 않을 경우, 내담자가 사용하고자 하는 구체적인 기술을 포함한 전반적인 계획을 검토하기

감사 인사

- 내담자와 보호자에게 참여에 대한 감사를 전하고, 지금 치료자가 대답할 수 있는 추가적인 질문이 있는지 물어보기

마무리 인사

- 내담자와 보호자가 추후에 도움이 필요할 경우, 치료자와 어떻게 이야기 나눌 수 있는지 강조하기

유인물

행동활성화 모델

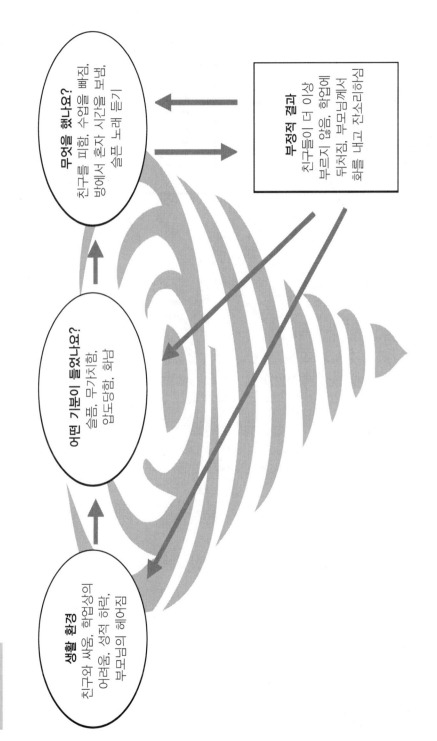

유인물 1

무엇을 했나요?
친구를 피함, 수업을 빠짐,
방에서 혼자 시간을 보냄,
슬픈 노래 듣기

어떤 기분이 들었나요?
슬픔, 무가치함,
압도당함, 화남

생활 환경
친구와 싸움, 학업상의
어려움, 성적 하락,
부모님의 헤어짐

부정적 결과
친구들이 더 이상
부르지 않음, 학업에
뒤처짐, 부모님께서
화를 내고 잔소리하심

출처: *Behavioral Activation with Adolescents: A Clinician's Guide* by Elizabeth McCauley, Kelly A. Schloredt, Gretchen R. Gudmundsen, Christopher R. Martell, and Sona Dimidjian. Copyright © 2016 The Guilford Press.
이 책의 구매자는 내담자와의 작업에 한해 이 유인물을 복사해서 사용할 수 있음

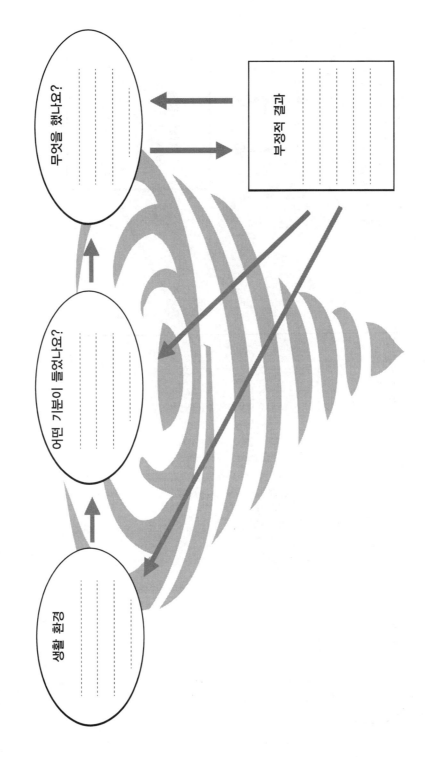

유인물 2

행동활성화를 내 삶에 적용하기

생활 환경

어떤 기분이 들었나요?

무엇을 했나요?

부정적 결과

출처: *Behavioral Activation with Adolescents: A Clinician's Guide* by Elizabeth McCauley, Kelly A. Schloredt, Gretchen R. Gudmundsen, Christopher R. Martell, and Sona Dimidjian. Copyright © 2016 The Guilford Press.
이 책의 구매자는 내담자와의 작업에 한해 이 유인물을 복사해서 사용할 수 있음

유인물 3	**일상활동 모니터링**

해야 할 일

● 치료자와 함께 당신이 오늘(지금까지) 한 활동들의 틀을 잡아 보세요. 그리고 오늘 밤 집에서 나머지를 완성해 보세요.

● 치료자와 함께 작성한 날 이외에 이번 주 다른 요일을 선택해서 당신의 활동을 기록해 보세요.

● 각 시간대에 당신이 무엇을 했는지 작성해 보세요.

구분		날짜/요일: 활동	구분		날짜/요일: 활동
오전	6~7시		오전	6~7시	
	7~8시			7~8시	
	8~9시			8~9시	
	9~10시			9~10시	
	10~11시			10~11시	
	11~12시			11~12시	
오후	12~1시		오후	12~1시	
	1~2시			1~2시	
	2~3시			2~3시	
	3~4시			3~4시	
	4~5시			4~5시	
	5~6시			5~6시	
	6~7시			6~7시	
	7~8시			7~8시	
	8~9시			8~9시	
	9~10시			9~10시	
	10~11시			10~11시	
	11~12시			11~12시	
오전	12~1시		오전	12~1시	
	1~2시			1~2시	
	2~3시			2~3시	
	3~4시			3~4시	
	4~5시			4~5시	
	5~6시			5~6시	

당신의 인생에서 누가, 무엇이 최우선입니까?

당신의 세계에 대해 생각해 보세요. 당신의 관점에서 당신에게 중요한 사람들은 누구이고 중요한 활동들은 무엇인가요? 가장 중요한 것은 무엇인가요? 당신의 기분을 좋아지게 하는 사람과 활동을 찾아보세요. 반대로 당신의 기분을 상하게 만드는 사람이나 활동은 있나요?

안쪽 원=매우 중요함   바깥쪽 원=덜 중요함

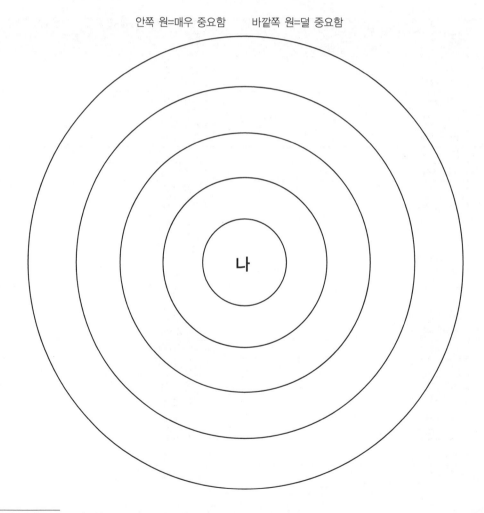

유인물 5

악순환, 선순환

지난 일주일 동안 당신의 기분을 나아지게(up) 만든 한 가지 일을 기록해 보세요.

1. 무슨 일이 일어났나요?

2. 어떤 기분이 들었나요?

3. 무엇을 했나요?

4. 기분이 더 나아졌나요, 아니면 더 나빠졌나요?

지난 일주일 동안 당신의 기분을 처지게(down) 만든 한 가지 일을 기록해 보세요.

1. 무슨 일이 일어났나요?

2. 어떤 기분이 들었나요?

3. 무엇을 했나요?

4. 기분이 더 나아졌나요, 아니면 더 나빠졌나요?

출처: *Behavioral Activation with Adolescents: A Clinician's Guide* by Elizabeth McCauley, Kelly A. Schloredt, Gretchen R. Gudmundsen, Christopher R. Martell, and Sona Dimidjian. Copyright © 2016 The Guilford Press.

청소년 우울에 대한 보호자 안내서

우울은 많은 청소년이 직면하는 문제입니다. 여러분은 우울을 갑자기 경험할 수도 있고, 오랜 기간 동안 마음이 울적하고 의욕이 없는 상태가 지속되어 이를 벗어나기 위해 노력해 왔을 수도 있습니다. 자녀가 우울감을 경험할 때, 여러분의 자녀에게서 다음과 같은 여러 변화가 나타날 수 있습니다.

- 우울한 기분 또는 짜증 및 과민한 기분
- 더 이상 즐겁지 않은 것 같은 느낌
- 피로감 및 활력의 상실
- 학업에 집중하고 완수하는 데서의 어려움
- 가족 및 친구와 보내는 시간에 대한 흥미 감소

때로는 상황이 너무 안 좋아서 자녀가 본인의 상황이 좋아질 것이라고 상상하기 어려워할 수 있습니다.

우울은 '악순환'이 될 수 있습니다. 자녀가 우울하면 우울할수록 하고 싶은 것이 줄어들고, 활동이 줄어들면 줄어들수록 우울감이 더 심해지는 경우를 자주 볼 수 있습니다. 이러한 악순환으로 인해서 우울은 자녀가 친구 및 가족과의 활동에 참여하고 학업 능력이 느는 데 방해가 됩니다.

우울은 청소년의 삶에서 무언가가 변화되어야 한다는 신호일 뿐입니다. 많은 청소년이 본인의 우울의 '방아쇠, 즉 촉발 요인(우울감을 느끼기 전에 발생한 사건 또는 일련의 사건)'이 되는 계기를 찾을 수 있습니다. 흔히 우울과 관련 있는 '촉발 요인'으로는 친구 또는 부모님과의 다툼, 이별, 팀이나 동아리를 하지 않는 것, 중요한 것을 잃는 것, 학교에 압도되는 느낌, 친구 관계에서의 어려움이 있습니다.

이러한 '촉발 요인' 또는 우울한 감정을 '일으키는' 사건을 경험한 이후에는 기분을 나아지게 하는 방법을 찾기 어려울 수 있습니다. 이때 청소년들은 스스로를 고립시키고, 가족 주변에 있고 싶어 하지 않으며, 방에 숨어 있거나 온라인에서 더 많은 시간을 보내고, 잠을 많이 자거나 혹은 밤늦게까지 자지 않으며, 친구 및 활동들을 피할 수 있습니다. 이러한 행동들은 우울을 악화시키고, 이로 인해 많은 청소년과 보호자가 도움을 요청하게 만듭니다.

문제 해결하기

우울을 경험하는 청소년을 위한 다양한 치료법이 있습니다. 어떤 치료는 약물 복용이 포함되고 어떤 치료는 '대화 치료'가 포함됩니다. '대화 치료'의 한 유형으로 행동활성화 치료가 있으며, 이 치료에서는 청소년들이 치료자와 함께 우울의 '악순환'을 멈추고, 청소년 본인에게 중요한 활동을 다시 참여할 수 있는 방법을 찾아내는 작업을 합니다. 이를 위해 청소년은 치료자와 함께 슬픈 기분이나 동기의 상실과 관련된 유발 요인을 파악하고, 변화하고자 하는 자신의 삶의 문제를 찾아봅니다. 치료자는 우울을 극복하는 데 도움이 되는 기술이나 전략을 공유하며, 청소년이 우울에 대처하고 자신의 삶을 더 만족스럽게 만드는 데 도움이 되는 목표 및 세부 전략을 세울 때 도움을 줍니다. 치료자는 청소년들이 목표 달성을 위해 앞으로 나아가는 것을 도와줍니다. 여기에는 노력과 힘든 작업이 필요할 수 있지만, 청소년은 치료자와 함께 하는 활동(안내된 행동)을 통해 우울의 '악순환'을 끊을 수 있습니다.

치료자는 무엇을 할까요?

때로는 스스로 '그냥 해 보고' 행동을 바꾸는 것이 어렵습니다. 행동을 바꾸는 것이 정말 쉽다면, 아무도 도움이 필요하지 않을 것입니다. 하지만 대부분의 사람은 어려운 일을 경험할 때 도움을 받습니다. 청소년이 수학 공부, 축구, 피아노와 같은 새로운 기술들을 배울 때 코치나 선생님, 안내자가 필요합니다. 행동활성화 치료는 새로운 기술을 배우고 새로운 활동을 시도하도록 참여시키기 때문에 치료자가 코치나 안내자의 역할을 합니다. 치료자는 새로운 기술들을 가르치고, 청소년이 실제 생활에서 이러한 새로운 전략을 시도하고 연습하도록 코칭하거나 안내합니다. 저희는 이것을 '안내된 활동'이라고 부릅니다. 행동활성화 치료에서는 모든 청소년이 동일한 활동들을 하지는 않습니다. 치료자는 청소년에게 맞는 활동이 무엇인지, 우울을 완화하는 데 도움이 되는 활동이 무엇인지, 청소년이 자신의 삶을 통제하는 데 도움이 되는 활동은 무엇인지를 파악하기 위해 청소년과 긴밀히 협력할 것입니다.

'행동하기'에 집중하는 이유는 무엇일까요?

행동을 하는 것이 특히 우울을 경험하는 사람들에게 좋다는 많은 근거가 있습니다.

1. 안내된 활동은 기분을 개선하는 데 도움이 됩니다. 우울을 경험하더라도 행동을 하는 것은 자신의 삶에 대한 통제감을 느끼도록 도와줄 수 있습니다. 청소나 숙제 같은 지겹게 느껴지는 활동이더라도 활동을 한다는 것 자체가 종종 성취감을 느끼게 해 줍니다.

2. 안내된 활동은 덜 피곤하다고 느끼도록 도와줍니다. 방과 후에 침대에 누워 있거나 낮잠을 자는 것이 우울을 경험하는 청소년에게 좋은 것처럼 보일 수 있지만, 취침 시간 이외에 잠을 자는 것은 청소년을 고립시키는 또 다른 방법일 뿐입니다. 안내된 활동은 피곤할 때조차도 더 활기차고 씩씩한 기분을 느끼게 해 줄 수 있습니다. 예를 들어, 당신의 자녀가 축구를 하는 것을 정말 좋아하지만 피곤해하거나 갑자기 지루함을 느낀다면 축구를 그만할지도 모릅니다. 하지만 어떻게든 축구를 계속하는 방법을 알아낼 수 있다면 자녀가 놀고 난 후에 조금 더 활력을 느낄 수 있을 것입니다.

3. 안내된 활동은 우울 증상으로 인해 의욕이 없을 때 더욱 의욕을 가지도록 도와줍니다. 무언가를 하기 전에 의욕이 생기기를 기다린다면 너무 오랜 시간을 기다려야 할 것이고 결국에는 실패할 수도 있습니다. 동기/의욕이 없을 때라도 활동에 참여하면 실제로 의욕을 더 많이 느끼게 될 수 있습니다. 이를 목표-기반 행동이라고 합니다. 목표-기반 행동을 한다는 것은 무언가를 하기 전에 하고 싶은 것을 그저 기다리지 않고, 목표에 도달하거나 기분이 좋아지기를 원하기 때문에 행동을 한다는 것을 의미합니다.

여러분 자녀의 치료자는 우울감을 느낄 때 활동에 참여하기 어렵다는 것을 알고 있으며, 우울을 경험하는 청소년이 자신의 시간을 계획하고 이전에는 재미있었지만 지금은 즐겁지 않은 활동에 참여하는 데 많은 노력이 필요하다는 것을 알고 있습니다. 걱정하지 마세요. 여러분 자녀의 치료자는 청소년이 행동하는 데 방해가 되는 요소를 파악할 수 있도록 그리고 청소년이 그러한 방해물을 이겨 낼 수 있도록 도울 것입니다.

우리는 무엇을 해야 할까요?

성공적인 치료를 위해 여러분과 여러분의 자녀가 지켜야 할 몇 가지 사항이 있습니다.
청소년의 경우 다음과 같습니다.

- 모든 약속을 지키려고 노력하기
- 우울을 '유발'하는 것을 찾기 위해 노력하기
- 치료자와 함께 목표를 설정하기 위해 노력하기. 새로운 전략과 활동들을 시도해 보려고 노력하기
- 본인이 느끼는 감정과 본인이 필요한 것에 대해 치료자에게 솔직하게 이야기하기

보호자의 경우 다음과 같습니다.

- 모든 약속을 지키려고 노력하기: 이 치료는 보호자의 적극적인 참여를 권장하며, 보호자와 함께 자녀와 의사소통하고 지지하는 새로운 방법에 대해 생각해 보는 시간을 가짐
- 자녀의 우울을 인식하고 이해하려고 노력하기(우울이 가정 및 학교에서의 행동에 어떠한 영향을 미치는지를 포함)
- 새로운 전략과 활동들을 도전해 보려는 자녀의 노력을 지지하기
- 본인이 느끼는 감정과 본인이 필요한 것에 대해 치료자에게 솔직하게 이야기하기

요약하면, 행동활성화 치료자는 여러분의 자녀가 새로운 활동을 배우도록 도와주고, 기분이 나아지고 중요한 활동에 참여하는 데 도움을 주는 새로운 습관을 가지도록 안내할 것이며, 더 나아가 자신감과 목적 의식을 형성하도록 도울 것입니다.

행동하기!

기분이 울적하더라도 긍정적인 활동을 해 보는 것은 기분을 좋아지게 하는 첫걸음이 될 수 있습니다.

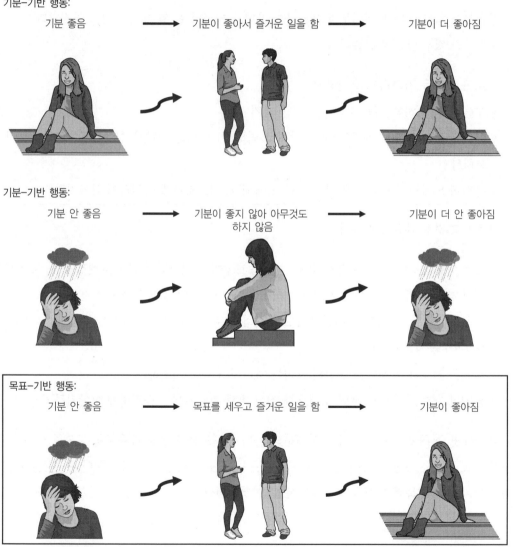

기분-기반 행동:

기분 좋음 ⟶ 기분이 좋아서 즐거운 일을 함 ⟶ 기분이 더 좋아짐

기분-기반 행동:

기분 안 좋음 ⟶ 기분이 좋지 않아 아무것도 하지 않음 ⟶ 기분이 더 안 좋아짐

목표-기반 행동:

기분 안 좋음 ⟶ 목표를 세우고 즐거운 일을 함 ⟶ 기분이 좋아짐

활동-기본 기록지 예시

유인물 8

예시 및 연습: 무엇을 했는지, 무엇을 느꼈는지, 기분의 강도는 얼마인지를 포함하여 지금까지의 당신의 하루를 작성해 보세요.

1 별로 느껴지지 않음	2	3	4	5	6	7	8	9	10 아주 강렬하게 느껴짐

구분	날짜/요일: 6/5 화요일 활동	종합 점수: 6 기분(강도)	구분	날짜/요일: 활동	종합 점수: 기분(강도)
오전 6~7시	기상, 일팎 끄기, 샤워하기	짜증(9)	오전 6~7시		
7~8시	아침 식사, 버스 타기(정민이와 함께 등교)	약간 행복함(2)	7~8시		
8~9시	과학 수업/쪽지 시험	불안함(5), 흥가분함(4)	8~9시		
9~10시	국어 수업	지루함(2)	9~10시		
10~11시	한국사 수업	재미(6)	10~11시		
11~12시	영어 수업/토론	불안함(7)	11~12시		
12~1시	친구들과 점심, 매점에서 간식 사 먹기	즐거움(6), 불안함, 외로움(3)	12~1시		
오후 1~2시	수학 수업	지루함(5)	오후 1~2시		
2~3시	미술 수업	신남(4)	2~3시		
3~4시	혼자 버스 타고 하교	외로움(4)	3~4시		
4~5시	컴퓨터 게임 하기	약간 외로움(3)	4~5시		
5~6시	스마트폰 하기(검색, 동영상 시청)	재미있음(3), 지루함(8)	5~6시		
6~7시	부모님 퇴근, 진소리하심	짜증남, 화남(8)	6~7시		
7~8시	저녁 식사, 설거지하기	짜증남(6)	7~8시		
8~9시	학교 숙제하기	불안함, 짜증남, 지루함(4)	8~9시		
9~10시	학교 숙제하기, 스마트폰 하기	불안함, 지루함(4)	9~10시		
10~11시	드라마 시청하기	흥미진진함, 재미있음(3)	10~11시		
11~12시	부모님 잔소리, 잠 준비하기	짜증남, 화남(3)	11~12시		
12~1시	잠매에 눕기	불안함, 짜증남(4)	12~1시		
오전 1~2시			오전 1~2시		
2~3시	취침	?	2~3시		
3~4시			3~4시		
4~5시			4~5시		
5~6시			5~6시		

유인물 9

활동-기분 기록지

해야 할 일
● 일주일 중 이틀(주중 1일/주말 1일)을 선택하기
● 자신의 활동들을 기록하기
● 무엇을 했는지 작성하고, 그때 어떤 기분을 느꼈는지 점수 매기기(어떤 기분을, 어느 정도로)

종합 점수:

구분		날짜/요일:	활동							기분(강도)		
			2	3	4	5	6	7	8	9	10	
											아주 강렬하게 느껴짐	
	1 별로 느껴지지 않음											
오전	6~7시											
	7~8시											
	8~9시											
	9~10시											
	10~11시											
	11~12시											
	12~1시											
오후	1~2시											
	2~3시											
	3~4시											
	4~5시											
	5~6시											
	6~7시											
	7~8시											
	8~9시											
	9~10시											
	10~11시											
	11~12시											
	12~1시											
오전	1~2시											
	2~3시											
	3~4시											
	4~5시											
	5~6시											

1 별로 느껴지지 않음	2	3	4	5	6	7	8	9	10 아주 강렬하게 느껴짐

날짜/요일: 종합 점수:

구분		활동	기분(강도)
오전	6~7시		
	7~8시		
	8~9시		
	9~10시		
	10~11시		
	11~12시		
오후	12~1시		
	1~2시		
	2~3시		
	3~4시		
	4~5시		
	5~6시		
	6~7시		
	7~8시		
	8~9시		
	9~10시		
	10~11시		
	11~12시		
오전	12~1시		
	1~2시		
	2~3시		
	3~4시		
	4~5시		
	5~6시		

청소년 자녀 양육을 설명하는 표현들

활기 넘치는 — 도전적인 — **혼란스러운**

흥분한 — 무서운 — **신나는** — 힘든

지치는 — 잊을 수 없는 — 가슴 벅찬

외로운 — 절망적인 — 달콤 씁쓸한

유일무이한 — 지루한 — 슬픈 — 어려운

기운 나는 — 진이 빠지는 — 즐거운

지루할 틈이 없는 — 짜릿한 — **중요한**

비통한 — 환상적인 — 괴로운

그리운 — 사랑스러운 — 영원한

화나는 — **창의적인** — 답답한

특별한 — 다정한 — 일하는 듯한 — **희망적인**

암담한 — **불가능한** — 감탄할 만한

* University of Washington Reconnecting Youth Project에서 인용함

단기적 vs 장기적 결과

장기적 결과

이득	비용
단기적 이득 + 장기적 이득 = ₩	단기적 이득 + 장기적 비용 = ? 평가하기
단기적 비용 + 장기적 이득 = ? 평가하기	단기적 비용 + 장기적 비용 = 🚫

단기적 결과: 이득 / 비용

나에게 활력을 주는 활동과 기분을 저하시키는 활동

당신에게 **활력을 줄 수 있는** 활동들을 작성해 보세요.

1.

2.

3.

4.

5.

6.

7.

8.

9.

10.

11.

당신의 기분을 저하시키는 활동들을 작성해 보세요.

1.

2.

3.

4.

5.

6.

7.

8.

9.

10.

11.

출처: *Behavioral Activation with Adolescents: A Clinician's Guide* by Elizabeth McCauley, Kelly A. Schloredt, Gretchen R. Gudmundsen, Christopher R. Martell, and Sona Dimidjian. Copyright © 2016 The Guilford Press.
이 책의 구매자는 내담자와의 작업에 한해 이 유인물을 복사해서 사용할 수 있음

유인물 13

활동 목록

- 백화점, 쇼핑센터 돌아다니기
- 여행 가기
- 버스 타고 어디론가 떠나기
- 맛집 탐방하기
- 카페 가기

- 도서관 가기
- 미술관/박물관 가기
- 노래방 가기
- 영화 보기
- 연극/뮤지컬/콘서트 관람하기

- 산책하기
- 호수/강가 걷기
- 자연풍경 바라보기
- 자연의 소리 듣기
- 일광욕하기

- 운동하기
- 등산하기
- 볼링 치기
- 자전거 타기
- 반려동물과 시간 보내기

- 새로운 것을 시도해 보기
- 외국어 배우기
- 나의 장점 작성해 보기
- 동아리 가입하기

- 재미있는 책 읽기
- 일기 쓰기
- 그림 그리기
- (소설, 희곡, 시, 수필, 보고서) 쓰기
- 신문 읽기

- 좋아하는 TV 프로그램 시청하기
- 새로운 라디오 방송 청취하기
- (비디오, 컴퓨터, 스마트폰) 게임하기
- 사진/동영상 촬영하기
- SNS에 사진/글 남기기

- 음악 듣기
- 새로운 플레이리스트 만들기
- 악기 배우기
- 악기 연주하기
- 춤추기

- 공예 하기(비누, 도자기, 뜨개질 등)
- (나무, 꽃 등) 식물 가꾸기
- 새로운 음식 도전해 보기
- 좋아하는 간식 만들기
- 목욕하기/반신욕하기

- 기도하기
- 명상하기
- 앉아서 생각하기
- 멍때리기

- 좋아하는 옷 입기
- 네일 아트 하기
- 머리 다듬기
- 방 꾸미기
- 방향제로 집안 분위기 전환해 보기

- 가족과 대화하기
- 가족과 통화하기
- 가족과 외식하기
- 가족과 드라이브하기
- 집안일 돕기(방청소, 설거지, 빨래)

- 친구에게 먼저 전화하기
- 옛 친구와 연락하기
- 친구에게 편지 쓰기
- 새로운 친구 만나기
- 친구와 함께 시간 보내기

- 친구에게 도움 청하기
- 집에 친구 초대하기
- 친구들과 즉석사진 찍기
- 데이트하기
- 주변 사람에게 작은 선물 하기

- 자원봉사 활동하기
- 종교 행사 참석하기
- 다른 사람을 위해 요리하기
- 다른 사람의 부탁 들어주기

유인물 14

활력을 주는 활동들

무엇이 당신에게 도움이 되나요?

1. 당신에게 활력을 주는 활동 목록을 작성해 보세요.
2. 어떤 활동을 도전하는지, 실제로 해 보니 어땠는지 기록해 보세요.
3. 잊지 말고 단기적/장기적 결과와 이득/비용을 모두를 생각해서 작성해 보세요.
4. '좋은 기분을 만들려고 노력했을 때'를 기록해 보세요. 그리고 이것이 당신의 기분에 어떤 영향을 미쳤는지 작성해 보세요.

활력을 주는 활동	언제 도전해 볼까요?	해 보았나요?	기분은 어땠나요? 단기적/장기적 결과 (이득/비용)은 어땠나요?
1.			
2.			
3.			
4.			
5.			

좋은 기분을 만들어 보는 연습을 해 보세요. 상황 및 '좋은 기분을 만들기' 위해 한 활동을 포함하여 당신이 시도한 것을 기록해 보세요.			기분은 어땠나요?
1.			
2.			
3.			

출처: *Behavioral Activation with Adolescents: A Clinician's Guide* by Elizabeth McCauley, Kelly A. Schloredt, Gretchen R. Gudmundsen, Christopher R. Martell, and Sona Dimidjian. Copyright © 2016 The Guilford Press.
이 책의 구매자는 내담자와의 작업에 한해 이 유인물을 복사해서 사용할 수 있음

유인물 15

문제 해결을 위하여 COPE 사용하기

유발 요인이란 강한 감정을 일으키고 당신을 곤란하게 하거나 문제를 악화시킬 수 있는 반응을 '유발'할 수 있는 상황, 감정 또는 사람입니다. COPE는 특히 강한 감정을 경험했을 때 문제를 해결하기 위한 계획을 세우는 데 도움을 줍니다.

당신의 유발 요인은 무엇입니까?

························   ························   ························

························   ························   ························

························   ························   ························

연습하기: 유발 요인 또는 문제 상황을 명명해 보세요. ································

··

COPE를 이용하여 앞의 문제를 해결하기 위해 무엇을 해야 할지 생각해 봅시다.

C 단계 1: 진정하고 명료화하기

  ✓ 행동하기 전에 멈춰 보세요.

  ✓ 깊게 심호흡을 하면서 10까지 세어 보세요.

  ✓ 당신의 감정을 '유발'하는 것이 무엇인지 그리고 근본적인 문제는 무엇인지를 명확히 해 보세요!

O 단계 2: 선택안 만들어 보기

  ✓ 기분이 좋아지고 당신의 목표를 향해 계속 나아가기 위해서 무엇을 할 수 있을까요?

P 단계 3: 시행하기

  ✓ 해결책을 선택하고, 이를 한번 시도해 보세요!

E 단계 4: 평가하기

  ✓ 효과가 있었나요?

  ✓ 도움이 되었다면 계속해 보세요. 그렇지 않았다면 다른 방법을 시도해 보세요.

COPE 사용하기

유발 상황을 설명해 보자면……
_____

_____

_____

_____

그래서 COPE를 사용해 보면……

C 단계 1: 진정하고 명료화하기

✓ 행동하기 전에 멈춰 보세요.

✓ 깊게 심호흡을 하면서 10까지 세어 보세요.

✓ 당신의 감정을 '유발'하는 것이 무엇인지 그리고 근본적인 문제는 무엇인지를 명확히 해 보세요!

✓ 근본적인 문제를 작성해 보세요(유발 요인 또는 다른 문제): _____

O 단계 2: 선택안 만들어 보기

기분이 좋아지고 당신의 목표를 향해 계속 나아가기 위해서 무엇을 할 수 있을까요?

_____   _____

_____   _____

_____   _____

P 단계 3: 시행하기

✓ 해결책을 선택해 보세요.

✓ 방해물을 찾아 해결하세요.

✓ 한번 시도해 보세요!

E 단계 4: 평가하기

✓ 효과가 있었나요? _____

✓ 도움이 되었다면 계속해 보세요. 그렇지 않았다면 다른 방법을 시도해 보세요.

새로 시도해 볼 선택안 _____

유인물 17

지지적으로 의사소통하는 방법

적극적으로 경청하는 사람은

✓ 상대방에게 이야기할 기회를 줍니다.

✓ 상대방에게 관심을 가지고 있는 듯한 표현을 합니다.

> 눈 맞춤
>
> 조용히 상대방의 이야기 듣기
>
> "그렇구나."와 같은 이해를 나타내는 표현

✓ 명료화하는 질문을 합니다.

> "~라는 말씀이신 건가요?"
>
> "~이 어떤 의미인지 좀 더 말씀해 주시겠어요?"

✓ 감정을 반영합니다.

> "~라고 느끼고 있으신 것 같군요"
>
> "와! ~처럼 들리네요."
>
> "제게는 당신이 ~라고 느껴지네요."

✓ 재진술합니다.

> "저는 ~라고 들었는데……."
>
> "그러니까 다시 말하면 ~"
>
> "~인 것 같은데, 제가 이해한 게 맞을까요?"

적극적으로 경청하는 사람은 ~하지 않습니다.

> 이야기에 끼어들지
>
> 상대방의 이야기를 무시하지
>
> 말싸움하지
>
> 상대방이 원하지 않는 조언을 하지
>
> 비난하지
>
> 다른 활동을 하지
>
> 판단하지
>
> 멍하게 있지
>
> 자기 말만 하지

유인물 18

지지적으로 의사소통하는 방법 연습하기

다음을 통해 지지를 표현할 수 있음을 기억하세요.
- ✓ 자녀에게 발언권을 주기
- ✓ 관심을 표현하기
- ✓ 명료한 질문하기
- ✓ 기분을 반영하기
- ✓ 경청하고 있음을 보여 주기 위해 재진술하기

연습하기: 다음 상황에서 지지를 표현하기 위해 당신은 아이에게 어떤 얘기를 할 수 있을까요?

아이가 책 더미를 뒤적거리면서 어쩔 줄 몰라 하고 있습니다. 그러고는 당신에게 며칠 안에 중요한 수행평가/숙제를 끝내야 한다고 말합니다. _____

_____

당신은 설거지를 하느라 바쁩니다. 그때 아이가 집으로 들어와 한숨을 크게 쉬며 가방을 식탁에 던집니다.

_____

아이가 '선생님이 자신을 좋아하지 않아서 시험 점수를 낮게 받을 것'이라며 수학을 포기할 것이라고 이야기합니다. _____

_____

아이가 친구의 생일파티에 초대받지 못한 후로 밖으로 나오지 않고 계속 방에 틀어박혀 있습니다. _____

_____

아이가 학교를 말도 없이 무단결석하고 저녁 때가 되어서야 집에 들어왔습니다. _____

_____

유인물 19   지지적으로 의사소통하기: 상호작용을 원만하게 하기 위해 내가 하는 일들

지지적으로 의사소통이 어렵고 원만하게 이루어지지 않았던 상황을 작성해 보세요.

1. 어떤 상황이었나요?

2. 당신이 지지하고 있음을 어떻게 표현했나요?

3. 자녀는 어떻게 반응했나요?

자녀와의 의사소통이 긍정적이고 원만하게 이루어진 상황을 작성해 보세요.

1. 어떤 상황이었나요?

2. 당신이 지지하고 있음을 어떻게 표현했나요?

3. 자녀는 어떻게 반응했나요?

이 두 가지 상황과 자녀의 반응을 비교해 보면서 무엇을 알게 되었나요?

자녀와의 의사소통을 개선하기 위해 무엇을 할 수 있을까요?

유인물 20

SMART 목표 세우기

> 효과적인 목표는 SMART 목표입니다.
> ✓ 구체적인(Specific): 무엇을 할 것인지에 대해 명확하고 구체적으로 작성하기
> ✓ 측정 가능한(Measurable): 목표 달성 여부를 쉽게 확인할 수 있는 방법 찾기
> ✓ 매력적인(Appealing): 바람직하고, 가치에 부합하며, 건강한 선택지에 해당함
> ✓ 현실적인(Realistic): 달성 가능하고 통제 가능하며, 도전해 볼 만하지만 너무 쉽지는 않은 목표
> ✓ 시간 제한적인, 기한이 주어진(Time-bound): 한없이 지속되는 것은 아닌, 시작과 끝이 분명한 목표

우선 당신만의 SMART 목표를 찾아보세요.

당신이 할 수 있는 활동으로 쪼개서, 세부 단계를 수행해 보세요.

예시: 수학 숙제를 하는 것을 어려워하는 학생이 '수학 시험 100점 받기'를 목표로 세우는 것은 처음 시작하기에 너무 높은 단계의 목표일 것입니다. 이 목표는 SMART 목표가 아닙니다.

하지만……

다음 주 중에 '3일 동안 수학 숙제를 다 풀고 제시간에 숙제를 제출하는 계획'을 세우는 것은 SMART 목표이며, 이는 목표를 올바른 방향으로 시작하도록 하는 세부 단계들을 포함하고 있습니다.

앞으로 몇 주 동안 도전해 보고 싶은 SMART 목표를 찾아 연습해 보세요.

SMART 목표 요구 사항을 충족합니까?

* Doran (1981)에서 인용함

출처: *Behavioral Activation with Adolescents: A Clinician's Guide* by Elizabeth McCauley, Kelly A. Schloredt, Gretchen R. Gudmundsen, Christopher R. Martell, and Sona Dimidjian. Copyright © 2016 The Guilford Press. 이 책의 구매자는 내담자와의 작업에 한해 이 유인물을 복사해서 사용할 수 있음

이 목표가 얼마나 SMART한가요?

SMART 목표는

✓ 구체적인(Specific): 무엇을 할 것인지에 대해 명확하고 구체적으로 작성하기

✓ 측정 가능한(Measurable): 목표 달성 여부를 쉽게 확인할 수 있는 방법 찾기

✓ 매력적인(Appealing): 바람직하고, 가치에 부합하며, 건강한 선택지에 해당함

✓ 현실적인(Realistic): 달성 가능하고 통제 가능하며, 도전해 볼 만하지만 너무 쉽지는 않은 목표

✓ 시간 제한적인, 기한이 주어진(Time-bound): 한없이 지속되는 것은 아닌, 시작과 끝이 분명한 목표

이 목표는 SMART합니까?	구체적인 (S)	측정 가능한 (M)	매력적인 (A)	현실적인 (R)	시간 제한적인 (T)
이번 주 1회 형제/자매와 쇼핑몰 가기					
부모님과 잘 지내기					
금요일 체육 수행평가 전에 농구 연습을 도와줄 수 있는지 형제/자매에게 부탁하기					
유명한 영화배우/가수/운동선수 되기					
앞으로 부모님과 대화 나누지 않기					
금요일 수학 쪽지 시험에서 80점 이상 받기					
학교 자퇴하기					

* Doran (1981)에서 인용함

유인물 22

SMART 목표 확인하기

당신에게 중요한 부분은 무엇인가요? 당신의 기분이 좋아지도록, 상황을 개선하도록 돕는 SMART 목표에서 중점을 둘 요소가 무엇인지 찾아보세요. 당신의 최우선 목표에서 주목해 볼 부분은 무엇인가요?

당신에게 활력을 줄 수 있는 다음 주 목표를 찾는 데 도움이 되는 각 영역에서의 중요한 사항은 무엇이 있을까요?

학교에서 _____

친구들과 _____

가족과 _____

여가 활동을 하는 동안(운동, 음악 등) _____

건강 및 자기관리를 위해서 _____

기타 _____

당신의 최우선 목표를 위해 주목해 볼 영역은 어디인가요? _____

목표 세우기

SMART 목표는

✓ 구체적인(Specific): 무엇을 할 것인지에 대해 명확하고 구체적으로 작성하기

✓ 측정 가능한(Measurable): 목표 달성 여부를 쉽게 확인할 수 있는 방법 찾기

✓ 매력적인(Appealing): 바람직하고, 가치에 부합하며, 건강한 선택지에 해당함

✓ 현실적인(Realistic): 달성 가능하고 통제 가능하며, 도전해 볼 만하지만 너무 쉽지는 않은 목표

✓ 시간 제한적인, 기한이 주어진(Time-bound): 한없이 지속되는 것은 아닌, 시작과 끝이 분명한 목표

나의 목표는 _____

나를 도와줄 수 있는 사람은? _____

세부 단계 1: _____
언제 해 볼까요? _____
무슨 일이 일어났나요? _____

세부 단계 2: _____
언제 해 볼까요? _____
무슨 일이 일어났나요? _____

세부 단계 3: _____
언제 해 볼까요? _____
무슨 일이 일어났나요? _____

세부 단계 4: _____
언제 해 볼까요? _____
무슨 일이 일어났나요? _____

---

* Doran (1981)에서 인용함

출처: *Behavioral Activation with Adolescents: A Clinician's Guide* by Elizabeth McCauley, Kelly A. Schloredt, Gretchen R. Gudmundsen, Christopher R. Martell, and Sona Dimidjian. Copyright © 2016 The Guilford Press. 이 책의 구매자는 내담자와의 작업에 한해 이 유인물을 복사해서 사용할 수 있음

자녀에게 도움을 주기 위한 방법

- 자녀가 부탁한다면, 자녀와 잠시 거리를 두고 혼자만의 시간을 가지게 해 주세요.

- 경청하세요. 적극적 경청을 하고 계시나요?

- 질문을 통해 상황에 대해 자세히 알아보세요.

- 당신이 걱정을 하고 있다는 것, 자녀의 관점에서 이해하려고 노력하고 있다는 것을 표현하세요.

- 눈에 보이는 모든 긍정적 혹은 건강한 선택을 알아봐 주세요.

- (사소한 단계라도) 올바른 방향으로 나아가고 있음을 칭찬해 주세요.

- 당신의 자녀에게 믿음을 표현하세요.

- 자녀의 좋은 자질, 강점 및 가치 있는 특성을 다시 한번 말해 주세요.

- 자녀가 최선을 다하도록 격려해 주세요.

- '~해 주겠니'와 '고마워'라고 말해 주세요!

- 건강한 문제 해결의 모범을 보여 주세요.

- 시간을 내어 자녀를 칭찬해 주세요. 구체적인 칭찬(예: "점심시간인데도 수학 선생님께 모르는 질문을 하러 갔다니 정말 대단하구나.")을 하세요.

- 자녀를 여가 활동, 친구들의 집 혹은 다른 활력을 주는 활동들에 기꺼이 데려가 주세요.

다른 아이디어

1. _____

2. _____

3. _____

도움 모니터링

다음 주 동안 도움을 줄 두 가지 목표를 선택해 보세요. 이때 어떻게 진행되는지 계속 기록하고 주말에 당신의 진행 상황을 평가해 보세요. 모니터링은 목표 달성을 위한 첫 단계라는 점을 명심하세요.

목표 1. 나는 _____

_____ 을 해서 나의 자녀를 도울 것입니다.

다음 회기 직전에 당신의 도움/지지 목표를 고려하여 지난주에 얼마나 자주 지지/도움을 표현했는지 평가하세요.

5=모든 기회를 활용하여 도움을 줌
4=많은 기회를 이용함
3=도움을 줄 수 있는 기회의 절반을 이용함
2=때때로 도움을 줄 수 있는 기회를 발견함
1=도움을 줄 기회를 찾지 못함

목표 2. 나는 _____

_____ 을 해서 나의 자녀를 도울 것입니다.

다음 회기 직전에 당신의 도움/지지 목표를 고려하여 지난주에 얼마나 자주 지지/도움을 표현했는지 평가하세요.

5=모든 기회를 활용하여 도움을 줌
4=많은 기회를 이용함
3=도움을 줄 수 있는 기회의 절반을 이용함
2=때때로 도움을 줄 수 있는 기회를 발견함
1=도움을 줄 기회를 찾지 못함

출처: *Behavioral Activation with Adolescents: A Clinician's Guide* by Elizabeth McCauley, Kelly A. Schloredt, Gretchen R. Gudmundsen, Christopher R. Martell, and Sona Dimidjian. Copyright © 2016 The Guilford Press. 이 책의 구매자는 내담자와의 작업에 한해 이 유인물을 복사해서 사용할 수 있음

방해물: 내적 vs 외적

내적 방해물은 목표를 달성하지 못하게 막는 '당신 내부'에 있는 것들로, 생각과 기분 등이 해당됩니다.

예시

☐ 별로 그럴 기분이 아님/동기 부여가 되지 않음
☐ 필요한 것을 표현하고 얻는 것의 어려움
☐ 다른 것(비디오 게임, SNS, 영화, TV 등)에 한눈팔고 있음
☐ 압도당하는 기분을 느낌
☐ ....
☐ ....

나는 다음과 같은 방법으로 내적 방해물을 극복할 것입니다.

_____

외적 방해물은 목표를 달성하지 못하게 막는 '당신 외부'에 있는 것들로, 시간이나 돈, 필요한 도구가 부족한 경우가 해당됩니다.

예시

☐ 필요한 '도구'가 없는 경우(예: 숙제를 가져오지 않음, 책을 구할 수 없음)
☐ 계획을 실천하는 데 다른 사람의 도움이 필요한 경우(예: 보호자가 태워 줘야 하는 경우, 집안이 조용해야 하는 경우, 과외 혹은 과제 도움이 필요할 경우)
☐ 다른 사람이 계획을 바꾸거나 끝까지 따르지 않는 경우
☐ 돈이 필요한 경우
☐ ....
☐ ....

나는 다음과 같은 방법으로 외적 방해물을 극복할 것입니다.

_____

유인물 27

목표와 방해물

SMART 목표는

- ✓ 구체적인(Specific): 무엇을 할 것인지에 대해 명확하고 구체적으로 작성하기
- ✓ 측정 가능한(Measurable): 목표 달성 여부를 쉽게 확인할 수 있는 방법 찾기
- ✓ 매력적인(Appealing): 바람직하고, 가치에 부합하며, 건강한 선택지에 해당함
- ✓ 현실적인(Realistic): 달성 가능하고 통제 가능하며, 도전해 볼 만하지만 너무 쉽지는 않은 목표
- ✓ 시간 제한적인, 기한이 주어진(Time-bound): 한없이 지속되는 것은 아닌, 시작과 끝이 분명한 목표

나의 목표는 ....

나를 도와줄 수 있는 사람은? ....

세부 단계 1: ....
언제 해 볼까요? ....
어떤 방해물이 있나요? ....
무슨 일이 일어났나요? ....

세부 단계 2: ....
언제 해 볼까요? ....
어떤 방해물이 있나요? ....
무슨 일이 일어났나요? ....

세부 단계 3: ....
언제 해 볼까요? ....
어떤 방해물이 있나요? ....
무슨 일이 일어났나요? ....

세부 단계 4: ....
언제 해 볼까요? ....
어떤 방해물이 있나요? ....
무슨 일이 일어났나요? ....

---

* Doran (1981)에서 인용함

유인물 28

지원 방안에 대한 아이디어들

✓ 자녀에게 혼자만의 시간을 주세요.

✓ 경청하세요.

✓ 상황에 대해 자세히 알아보세요.

✓ 당신이 걱정하고 있음을 표현하세요.

✓ 자녀의 노력을 인정해 주세요.

✓ 올바른 방향으로 나아가고 있음을 칭찬해 주세요.

✓ 자녀에 대한 믿음을 표현하세요.

✓ 자녀의 좋은 자질, 강점, 가치 있는 특성에 대해 짚어 주세요.

✓ 격려해 주세요.

✓ 자녀에게 '~해 주겠니'와 '고마워'라고 말해 주세요.

✓ 유연하게 대처해 주세요.

✓ 당신이 가능할 때 도움(예: 태워 주기, 친구 초대하기)을 주세요.

다른 아이디어

1. _____

2. _____

3. _____

지지하기 실험

나는 _____

_____ 을 해서 나의 자녀를 도울 것입니다.

어떻게 진행되고 있는지 계속 기록해 봅시다.

보호자 지지 평가지							
일자:	1	2	3	4	5	6	7
모든 기회를 활용하여 도와줬다.	5	5	5	5	5	5	5
대부분의 기회를 활용하여 도와줬다.	4	4	4	4	4	4	4
절반 정도의 기회를 활용하여 도와줬다.	3	3	3	3	3	3	3
도와줄 수 있는 기회를 가끔 발견하였다.	2	2	2	2	2	2	2
도와줄 수 있는 기회를 찾지 못했다.	1	1	1	1	1	1	1

회피는 어떤 모습일까요?

회피는 다양한 모습으로 나타납니다.

- 미루기(procrastinating): 필요하거나 지루한 작업을 미루는 것. 숙제를 마지막까지 미루다가 제출 직전에 시작하는 것
- 곱씹기(brooding): 어떤 해결책도 찾지 못한 채 문제에 대해 계속해서 생각하는 것
- 폭발하기(bursting): 사람 또는 사물에 격분하는 것. 소리를 지르거나 짜증을 부려서 사람들이 당신에게 간섭하지 않게 하는 것
- 은둔하기(hibernating): 모든 일에서 손을 떼는 것. 하루 종일 침대에 있는 것. 친구를 만나지 않는 것

당신의 회피는 어떤 모습인가요?

_____

_____

_____

_____

_____

_____

기억합시다!

- 회피는 단기적으로는 보상을 주지만 장기적으로는 비용이 따릅니다.
- 회피는 당신을 힘들게 하는 덫(trap)일 수 있습니다.

유인물 31

회피와 악순환 극복을 위해 TRAP-TRAC 사용하기

기분-기반 행동 → TRAP 상태에 둠

우울한 기분으로의 악순환

TRAP
회피 패턴

— 예
— 아니요

'예'라면 기분을 평정하세요:__

무엇을 했나요?

유발 요인:
어떤 일이 일어났나요?

반응:
어떤 기분/충동이 들었나요?

유발 요인?

반응?

TRAC
대안 행동

— 예
— 아니요

'예'라면 기분을 평정하세요:__

무엇을 했나요?

더 나은 기분으로의 선순환

목표-기반 행동 → TRAC 상태에 둠

유인물 32

진척 사항 살펴기

당신의 기분은 어떻게 변화해 왔나요?

치료 초반	치료 중반	현재	치료 종결

지금 당신은 어떤가요?

- 학교에서 ⋯⋯⋯⋯⋯⋯⋯⋯⋯⋯⋯⋯⋯⋯⋯⋯
- 친구들과 ⋯⋯⋯⋯⋯⋯⋯⋯⋯⋯⋯⋯⋯⋯⋯⋯
- 가족들과 ⋯⋯⋯⋯⋯⋯⋯⋯⋯⋯⋯⋯⋯⋯⋯⋯
- 활동(운동, 음악 등)할 때 ⋯⋯⋯⋯⋯⋯⋯⋯
- 무엇에 집중하고 싶나요? ⋯⋯⋯⋯⋯⋯⋯⋯

출처: *Behavioral Activation with Adolescents: A Clinician's Guide* by Elizabeth McCauley, Kelly A. Schloredt, Gretchen R. Gudmundsen, Christopher R. Martell, and Sona Dimidjian. Copyright © 2016 The Guilford Press. 이 책의 구매자는 내담자와의 작업에 한해 이 유인물을 복사해서 사용할 수 있음

행동계획 세우기

나의 다음 주 목표는 _____

나를 도와줄 수 있는 사람은? _____

목표를 향해 나아가는 데 도움이 되는 것은 무엇인가요?

- '활력을 주는' 행동들 중 당신에게 도움이 되는 행동은 무엇인가요?
- 어떤 '유발 요인'에서 COPE를 활용하는 것이 좋을까요?
- 어떻게 하면 '좋은 기분'을 만들어 볼 수 있을까요?
- 어떤 '방해물'이 나타날까요? 어떻게 그 방해물을 극복할 수 있을까요?
- 당신이 '회피'는 어떤 모습인가요?

   미루기   꿈설기   목발하기   아무 것도 하지 않기   기타(   )

- 기본-기반 행동이 아닌 목표-기반 행동을 계속하고 회피를 극복하려면, 어떤 '대인적 대처' 전략을 사용할 수 있을까요?

목표를 향한 세부적 단계

세부 단계 1: _____
언제 해 볼까요? _____
어떤 방해물이 있나요? _____
무슨 일이 일어났나요? _____

세부 단계 2: _____
언제 해 볼까요? _____
어떤 방해물이 있나요? _____
무슨 일이 일어났나요? _____

세부 단계 3: _____
언제 해 볼까요? _____
어떤 방해물이 있나요? _____
무슨 일이 일어났나요? _____

세부 단계 4: _____
언제 해 볼까요? _____
어떤 방해물이 있나요? _____
무슨 일이 일어났나요? _____

출처: *Behavioral Activation with Adolescents: A Clinician's Guide* by Elizabeth McCauley, Kelly A. Schloredt, Gretchen R. Gudmundsen, Christopher R. Martell, and Sona Dimidjian. Copyright © 2016 The Guilford Press. 이 책의 구매자는 내담자와의 작업에 한해 이 유인물을 복사해서 사용할 수 있음

유인물 34

행동계획

당신이 무엇을 하고 있고 어떻게 느끼고 있는지 계속 기록하세요.

- 목표 달성을 위해 세부 단계를 언제 수행할지 계획 세우기
- '활력을 주는' 활동 계획하기
- 단기적 및 장기적 보상 vs 비용 평가하기
- 문제가 발생할 경우 'COPE' 사용하기
- 기분-기반 행동이 아닌 목표-기반 행동하기

- 좋은 기분 만들어 보기
- 방해물을 예상하고 해결하기
- 회피를 알아차리기
- 대안적 행동 활용하기

오전	6~8시						
	8~10시						
	10~12시						
	12~2시						
	2~4시						
	4~6시						
오후	6~8시						
	8~10시						
	10~12시						
	12~6시						

출처: *Behavioral Activation with Adolescents: A Clinician's Guide* by Elizabeth McCauley, Kelly A. Schloredt, Gretchen R. Gudmundsen, Christopher R. Martell, and Sona Dimidjian. Copyright © 2016 The Guilford Press.
이 책의 구매자는 내담자와의 작업에 한해 이 유인물을 복사해서 사용할 수 있음

유인물 35

재발 방지: 나에게 도움이 되는 전략들

유발 요인(취약한 상황들)

실망 경험 _____

큰 변화 경험 _____

좌절 경험 _____

기타 _____

일시적인 정체 신호(당신이 어떻게 느끼고, 어떤 행동을 하는지)

기분 _____

신체 반응 _____

회피 행동 _____

위험 행동 _____

기타 _____

당신이 정체(미끄러지는 듯한 경험)를 경험할 때 할 일들

☐ 목표 달성을 위한 세부 단계 수행하기

☐ 좋은 기분 만들어 보기

☐ 단기적 및 장기적 보상 vs 비용을 평가하기

☐ 문제가 발생할 경우 'COPE' 사용하기

☐ '활력을 주는' 활동 계획 및 실천하기

☐ 덫(trap)을 알아차리고 대안적인 대처 혹은 기술 사용하기

누구에게 지지 혹은 도움을 요청할 건가요?

_____   _____

_____   _____

참고문헌

이동우, 함봉진, 이소희, 성수정, 윤탁, 하태현, 손상준, 손정우, 유제춘, 김정란, 박종익, 김성환, 조성진, 정영철, 김문두, 장성만, 김병수, 안준호, 김봉조, 윤진상, 신일선(2016). 2016년도 정신질환 실태조사. 서울: 보건복지부 삼성서울병원.(역자 주: 이 참고문헌은 독자의 이해를 돕기 위해 추가한 문헌임)

Aarons, G., & Chaffin, M. (2013, April). Scaling-up evidence-based practices in child welfare services systems: Child welfare system involvement may serve as a gateway for identification of, and services for, mental health problems of youth and parents. *CYF News*, n.p.

Achenbach, T. M. (2009). *The Achenbach System of Empirically Based Assessment (ASEBA): Development, findings, theory, and applications*. Burlington: University of Vermont Research Center for Children, Youth and Families.

Akiskal, H. S. (2007). Toward a definition of generalized anxiety disorder as an anxious temperament type. *Acta Psychiatrica Scandinavica, 98*(Suppl. 393), 66-73.

American Psychiatric Association. (2013). *Diagnostic and statistical manual of mental disorders* (5th ed.). Arlington, VA: Author.

Angold, A., Costello, E. J., & Erkanli, A. (1999). Comorbidity. *Journal of Child Psychiatry and Psychology, 40*, 57-87.

Angold, A., Costello, E. J., Messer, S. C., Pickles, A., Winder, F., & Silver, D. (1995). Development of a short questionnaire for use in epidemiological studies of depression in children and adolescents. *International Journal of Methods in Psychiatric Research, 5*, 237-249.

Barkley, R. A. (2005). *Attention-deficit/hyperactivity disorder: A handbook for diagnosis and treatment* (3rd ed.). New York: Guilford Press.

Baum, W. (2005). *Understanding behaviorism: Behavior, culture, and evolution* (2nd ed.). Malden, MA: Blackwell.

Beck, A. T., Rush, A. J., Shaw, B. F., & Emery, G. (1979). *Cognitive therapy of depression*. New York: Guilford Press.

Becker, K. D., Lee, B. L., Daleiden, E. L., Lindsey, M., Brandt, N. E., & Chorpita, B. F. (2015). The common elements of engagement in children's mental health services: Which elements for which outcomes? *Journal of Clinical Child and Adolescent Psychology, 44*(1), 30-43.

Bickman, L., Kelley, S. D., Breda, C., de Andrade, A. R., & Riemer, M. (2011). Effects of routine feedback to clinicians on mental health outcomes of youths: Results of a randomized trial. *Psychiatric Services, 62*(12), 1423-1429.

Birmaher, B., Ryan, N. D., Williamson, D. E., Brent, D. A., & Kaufman, J. (1996). Childhood and adolescent depression: A review of the past 10 years: Part I. *Journal of the American Academy of Child and Adolescent Psychiatry, 35*(11), 1427-1439.

Brent, D. A., & Birmaher, B. (2004). British warnings on SSRIs questioned. *Journal of the American Academy of Child and Adolescent Psychiatry, 43*(4), 379-380.

Bridge, J. A., Barbe, R. P., Birmaher, B., Kolko, D. J., & Brent, D. A. (2005). Emergent suicidality in a clinical psychotherapy trial for adolescent depression. *American Journal of Psychiatry, 162*(11), 2173-2175.

Burke, J. D., Loeber, R., Lahey, B. B., & Rathouz, P. J. (2005). Developmental transitions among affective and behavioral disorders in adolescent boys. *Journal of Child Psychology and Psychiatry, 46*, 1200-1210.

Burwell, R. A., & Shirk, S. R. (2007). Subtypes of rumination in adolescence: Association between brooding, reflection, depressive symptoms, and coping. *Journal of Clinical Child and Adolescent Psychology, 36*, 56-65.

Busch, A. M., Whited, M. C., Appelhans, B. M., Schneider, K. L., Waring, M. E., DeBiasse, M. A., et al. (2013). Reliable change in depression during behavioral weight loss treatment among women with major depression. *Obesity, 21*(3), E211-E218.

Campbell, D. T., & Fiske, D. W. (1959). Convergent and discriminant validation by the multitrait-multimethod matrix. *Psychological Bulletin, 56*(2), 81-105.

Carlier, I. V. E., Meuldijk, D., Van Vliet, I. M., Van Fenema, E., Van der Wee, N. J. A., & Zitman, F. G. (2012). ROM and feedback on physical or mental health status: Evidence and theory. *Journal of Evaluation in Clinical Practice, 18*, 104-110.

Carskadon, M. A. (Ed.). (2002). *Adolescent sleep patterns: Biological, social and psychological influences.* New York: Cambridge University Press.

Casey, B. J., Duhoux, S., & Cohen, M. M. (2010). Adolescence: What do transmission, transition, and translation have to do with it? *Neuron, 67*(5), 749-760.

Chen, J., Liu, X., Rapee, R. M., & Pillay, P. (2013). Behavioural activation: A pilot trial of transdiagnostic treatment for excessive worry. *Behaviour Research and Therapy, 51*(9), 533-539.

Chorpita, B. F., & Daleiden, E. L. (2009). Mapping evidence-based treatments for children and adolescents: Application of the distillation and matching model to 615 treatments from 322 randomized trials. *Journal of Consulting and Clinical Psychology, 77*(3), 566-579.

Chorpita, B. F., Daleiden, E. L., & Weisz, J. R. (2005). Modularity in the design and application of therapeutic interventions. *Applied and Preventive Psychology, 11*(3), 141-156.

Chu, B. C., Colognori, D., Weissman, A. S., & Bannon, K. (2009). An initial description and pilot of group behavioral activation therapy for anxious and depressed youth. *Cognitive and Behavioral Practice, 16*(4), 408-419.

Clarke, G., DeBar, L., Ludman, E., Asarnow, J., & Jaycox, L. (2002). STEADY Project intervention manual: Collaborative care, cognitive-behavioral program for depressed youth in a primary care setting. Retrieved from *www.in.gov/idoc/files/steady_project_intervention1.pdf*

Clarke, G., Hops, H., Lewinsohn, P. M., Andrews, J., Seeley, J. R., & Williams, J. (1992). Cognitive-behavioral group treatment of adolescent depression: Prediction of outcome. *Behavior Therapy, 23*(3), 341-354.

Cohen, J. A., Mannarino, A. P., & Deblinger, E. (2006). *Treating trauma and traumatic grief in children and adolescents.* New York: Guilford Press.

Copeland, W. E., Shanahan, L., Costello, E. J., & Angold, A. (2009). Childhood and adolescent psychiatric disorders as predictors of young adult disorders. *Archives of General Psychiatry, 66*(7), 764-772.

Costello, E. J., Egger, H., & Angold, A. (2005). 10-year research update review: The epidemiology of child and adolescent psychiatric disorders: I. Methods and public health burden. *Journal of the American Academy of Child and Adolescent Psychiatry, 44*(10), 972–986.

Costello, E. J., Foley, D., & Angold, A. (2006). 10-year research update review: The epidemiology of child and adolescent psychiatric disorders: II. Developmental epidemiology. *Journal of the American Academy of Child Psychiatry, 45*(1), 8–25.

Crone, E. A., Wendelken, C., Donohue, S., van Leijenhorst, L., & Bunge, S. A. (2006). Neurocognitive development of the ability to manipulate information in working memory. *Proceedings of the National Academy of Sciences, 103*(24), 9315–9320.

Curry, J., Silva, S., Rohde, P., Ginsburg, G., Kratochvil, C., Simons, A., et al. (2011). Recovery and recurrence following treatment for adolescent major depression. *Archives of General Psychiatry, 68*(3), 263–269.

Davey, C. G., Yücel, M., & Allen, N. B. (2008). The emergence of depression in adolescence: Development of the prefrontal cortex and the representation of reward. *Neuroscience and Biobehavioral Reviews, 32*(1), 1–19.

David-Ferdon, C., & Kaslow, N. J. (2008). Evidence-based psychosocial treatments for child and adolescent depression. *Journal of Clinical Child and Adolescent Psychology, 37*(1), 62–104.

DeRubeis, R. J., Hollon, S. D., Amsterdam, J. D., Shelton, R. C., Young, P. R., Salomon, R. M., et al. (2005). Cognitive therapy vs medications in the treatment of moderate to severe depression. *Archives of General Psychiatry, 62*, 409–416.

DeRubeis, R. J., Siegle, G. J., & Hollon, S. D. (2008). Cognitive therapy versus medication for depression: Treatment outcomes and neural mechanisms. *Nature Reviews Neuroscience, 9*(10), 788–796.

Diamond, G., & Josephson, A. (2005). Family-based treatment research: A 10-year update. *Journal of the American Academy of Child and Adolescent Psychiatry, 44*(9), 872–887.

Diamond, G. S., Wintersteen, M. B., Brown, G. K., Diamond, G. M., Gallop, R., Shelef, K., et al. (2010). Attachment-based family therapy for adolescents with suicidal ideation: A randomized controlled trial. *Journal of the American Academy of Child and Adolescent Psychiatry, 49*(2), 122–131.

Dimidjian, S., Hollon, S. D., Dobson, K. S., Schmaling, K. B., Kohlenberg, R. J.,

Addis, M. E., et al. (2006). Randomized trial of behavioral activation, cognitive therapy, and antidepressant medication in the acute treatment of adults with major depression. *Journal of Consulting and Clinical Psychology, 74*(4), 658-670.

Doran, G. T. (1981). There's a SMART way to write management's goals and objectives. *Management Review, 70*(11), 35-36.

Dowell, K. A., & Ogles, B. M. (2010). The effects of parent participation on child psychotherapy outcome: A meta-analytic review. *Journal of Clinical Child and Adolescent Psychology, 39*(2), 151-162.

Dunn, V., & Goodyer, I. M. (2006). Longitudinal investigation into childhood- and adolescence-onset depression: Psychiatric outcome in early adulthood. *British Journal of Psychiatry, 188*(3), 216-222.

Edelbrock, C., Costello, A. J., Dulcan, M. K., Conover, N. C., & Kalas, R. (1986). Parent-child agreement on child psychiatric symptoms assessed via structured interview. *Journal of Child Psychology and Psychiatry, 27,* 181-190.

Eells, T. D. (2007). History and current status of psychotherapy case formulation. In T. D. Eells (Ed.), *Handbook of psychotherapy case formulation* (2nd ed., pp. 3-32). New York: Guilford Press.

Eggert, L. L., Nicholas, L. J., & Owens, L. M. (1995). *Reconnecting youth: A peer group approach to building life skills.* Bloomington, IN: National Educational Service.

Eltz, M. J., Shirk, S. R., & Sarlin, N. (1995). Alliance formation and treatment outcome among maltreated adolescents. *Child Abuse and Neglect, 19*(4), 419-431.

Fergusson, D. M., & Woodward, L. J. (2002). Mental health, educational, and social role outcomes of adolescents with depression. *Archives of General Psychiatry, 59*(3), 225-231.

Fergusson, D. M., Horwood, L. J., Ridder, E. M., & Beautrais, A. L. (2005). Subthreshold depression in adolescence and mental health outcomes in adulthood. *Archives of General Psychiatry, 62*(1), 66-72.

Ferster, C. B. (1973). A functional analysis of depression. *American Psychologist, 28*(10), 857-870.

Foa, E. B., & Kozak, M. J. (1986). Emotional processing of fear: Exposure to correct information. *Psychological Bulletin, 99,* 20-35.

Forbes, E. E. (2009). Where's the fun in that?: Broadening the focus on reward function in depression. *Biological Psychiatry, 66*(3), 199-200.

Forbes, E. E., Hariri, A. R., Martin, S. L., Silk, J. S., Moyles, D. L., et al. (2009). Altered striatal activation predicting real-world positive affect in adolescent major depressive disorder. *American Journal of Psychiatry, 166*(1), 64-73.

Garber, J., & Weersing, V. R. (2010). Comorbidity of anxiety and depression in youth: Implications for treatment and prevention. *Clinical Psychology: Science and Practice, 17,* 293-306.

Garland, A. F., Brookman-Frazee, L., Hurlburt, M. S., Accurso, E. C., Zoffness, R. J., Haine-Schlagel, R., et al. (2010). Mental health care for children with disruptive behavior problems: A view inside therapists' offices. *Psychiatric Services, 61*(8), 788-795.

Gaynor, S. T., Lawrence, P. S., & Nelson-Gray, R. O. (2006). Measuring homework compliance in cognitive-behavioral therapy for adolescent depression: Review, preliminary findings, and implications for theory and practice. *Behavior Modification, 30*(5), 647-672.

Gibbons, R., Brown, C., Hur, K., Marcus, S., Bhaumik, D., Erkens, J., et al. (2007). Early evidence on the effects of regulators' suicidality warnings on SSRI prescriptions and suicide in children and adolescents. *American Journal of Psychiatry, 164*(9), 1356-1363.

Giedd, J. N. (2004). Structural magnetic resonance imaging of the adolescent brain. *Annals of the New York Academy of Sciences, 1021*(1), 77-85.

Giedd, J. N., Blumenthal, J., Jeffries, N. O., Castellanos, F. X., Liu, H., Zijdenbos, A., et al. (1999). Brain development during childhood and adolescence: A longitudinal MRI study. *Nature Neuroscience, 2*(10), 861-863.

Glied, S., & Pine, D. S. (2002). Consequences and correlates of adolescent depression. *Archives of Pediatrics and Adolescent Medicine, 156*(10), 1009-1014.

Goodman, J. D., McKay, J. R., & DePhilippis, D. (2013). Progress monitoring in mental health and addiction treatment: A means of improving care. *Professional Psychology: Research and Practice, 44*(4), 231-246.

Goodyer, I. M., Herbert, J., Tamplin, A., & Altham, P. M. E. (2000). First-episode major depression in adolescents affective, cognitive and endocrine characteristics of risk status and predictors of onset. *British Journal of Psychiatry, 176*(2), 142-149.

Gould, E., & Tanapat, P. (1999). Stress and hippocampal neurogenesis. *Biological*

Psychiatry, 46(11), 1472-1479.

Gunlicks-Stoessel, M., Mufson, L., Jekal, A., & Turner, J. B. (2010). The impact of perceived interpersonal functioning on treatment for adolescent depression: IPT-A versus treatment as usual in school-based health clinics. *Journal of Consulting and Clinical Psychology, 78*(2), 260-267.

Hankin, B. L., Abramson, L. Y., Moffitt, T. E., Silva, P. A., McGee, R., & Angell, K. E. (1998). Development of depression from preadolescence to young adulthood: Emerging gender differences in a 10-year longitudinal study. *Journal of Abnormal Psychology, 107*(1), 128-140.

Hare, T. A., Tottenham, N., Galván, A., Voss, H. U., Glover, G. H., & Casey, B. J. (2008). Biological substrates of emotional reactivity and regulation in adolescence during an emotional gonogo task. *Biological Psychiatry, 63*, 927-934.

Helzer, J. E., Kraemer, H. C., & Krueger, R. F. (2006). The feasibility and need for dimensional psychiatric diagnoses. *Psychological Medicine, 36*, 1671-1680.

Henggeler, S. W., Schoenwald, S. K., Borduin, C. M., Rowland, M. D., & Cunningham, P. B. (1998). *Multisystemic treatment of antisocial behavior in children and adolescents.* New York: Guilford Press.

Hlastala, S. A., Kotler, J. S., McClellan, J. M., & McCauley, E. A. (2010). Interpersonal and social rhythm therapy for adolescents with bipolar disorder: Treatment development and results from an open trial. *Depression and Anxiety, 27*(5), 457-464.

Hollon, S. D., Garber, J., & Shelton, R. C. (2005). Treatment of depression in adolescents with cognitive behavior therapy and medications: A commentary on the TADS project. *Cognitive and Behavioral Practice, 12*(2), 149-155.

Israel, P., & Diamond, G. S. (2013). Feasibility of attachment based family therapy for depressed clinic-referred Norwegian adolescents. *Clinical Child Psychology and Psychiatry, 18*(3), 334-350.

Jacob, M. L., Keeley, M., Ritschel, L., & Craighead, W. E. (2013). Behavioural activation for the treatment of low-income, African American adolescents with major depressive disorder: A case series. *Clinical Psychology and Psychotherapy, 20*(1), 87-96.

Jacobson, N. S., Dobson, K. S., Truax, P. A., Addis, M. E., Koerner, K., Gollan, J. K., et al. (1996). A component analysis of cognitive-behavioral treatment for depression.

Journal of Consulting and Clinical Psychology, 64(2), 295-304.

Jacobson, N. S., Martell, C. R., & Dimidjian, S. (2001). Behavioral activation treatment for depression: Returning to contextual roots. *Clinical Psychology: Science and Practice, 8*(3), 255-270.

Jobes, D. (2006). *Managing suicide risk: A collaborative approach.* New York: Guilford Press.

Kazantzis, N., Deane, F., & Ronan, K. (2000). Homework assignments in cognitive and behavioral therapy: A meta-analysis. *Clinical Psychology: Science and Practice, 7,* 199-202.

Kazantzis, N., Whittington, C., & Dattilio, F. (2010). Meta-analysis of homework effects in cognitive and behavioral therapy: A replication and extension. *Clinical Psychology: Science and Practice, 17*(2), 144-156.

Kazdin, A. E., & Rotella, C. (2013). *The everyday parenting toolkit: The Kazdin method for easy, step-by-step, lasting change for you and your child.* Boston: Houghton Mifflin Harcourt.

Keenan-Miller, D., Hammen, C. L., & Brennan, P. A. (2007). Health outcomes related to early adolescent depression. *Journal of Adolescent Health, 41*(3), 256-262.

Kendall, P., & Beidas, R. (2007). Smoothing the trail for dissemination of evidence-based practicesfor youth: Flexibility within fidelity. *Professional Psychology: Research and Practice, 38,* 13-20.

Kennard, B. D., Silva, S. G., Tonev, S., Rohde, P., Hughes, J. L., Vitiello, B., et al. (2009). Remission and recovery in the Treatment for Adolescents with Depression Study (TADS): Acute and long-term outcomes. *Journal of the American Academy of Child and Adolescent Psychiatry, 48*(2), 186-195.

Kennard, B. D., Silva, S., Vitiello, B., Curry, J., Kratochvil, C., Simons, A., et al. (2006). Remission and residual symptoms after short-term treatment in the Treatment of Adolescents with Depression Study (TADS). *Journal of the American Academy of Child and Adolescent Psychiatry, 45*(12), 1404-1411.

Kerfoot, M., Harrington, R., Harrington, V., Rogers, J., & Verduyn, C. (2004). A step too far?: Randomized trial of cognitive-behaviour therapy delivered by social workers to depressed adolescents. *European Child and Adolescent Psychiatry, 13*(2), 92-99.

Klein, D. N., Dougherty, L. R., & Olino, T. M. (2005). Toward guidelines for evidence-based assessment of depression in children and adolescents. *Journal of Child and Adolescent Clinical Psychology, 34*, 412-432.

Kraemer, H. C. (2007). DSM categories and dimensions in clinical and research contexts. *International Journal of Methods in Psychiatric Research, 16*(Suppl. 1), S8-S15.

Lambert, M. J., Whipple, J. L., Vermeersch, D. A., Smart, D. W., Hawkins, E. J., Nielsen, S. L., et al. (2002). Enhancing psychotherapy outcomes via providing feedback on client progress: A replication. *Clinical Psychology and Psychotherapy, 9*, 91-103.

Law, M., King, G., King, S., Kertoy, M., Hurley, P., Rosenbaum, P., et al. (2006). Patterns of participation in recreational and leisure activities among children with complex physical disabilities. *Developmental Medicine and Child Neurology, 48*, 337-342.

Lewinsohn, P. M. (1974). Clinical and theoretical aspects of depression. In K. S. Calhoun, H. E. Adams, & K. M. Mitchell (Eds.), *Innovative treatment methods in psychopathology* (pp. 63-120). New York: Wiley.

Lewinsohn, P. M., Clarke, G. N., Hops, H., & Andrews, J. (1990). Cognitive-behavioral treatment for depressed adolescents. *Behavior Therapy, 21*(4), 385-401.

Lewinsohn, P. M., Clarke, G. N., Seeley, J. R., & Rohde, P. (1994). Major depression in community adolescents: Age at onset, episode duration, and time to recurrence. *Journal of the American Academy of Child and Adolescent Psychiatry, 33*(6), 809-818.

Lewinsohn, P. M., Hops, H., Roberts, R. E., Seeley, J. R., & Andrews, J. A. (1993). Adolescent psychopathology: I. Prevalence and incidence of depression and other DSM-III-R disorders in high school students. *Journal of Abnormal Psychology, 102*(1), 133-144.

Lewinsohn, P. M., Rohde, P., Seeley, J. R., Klein, D. N., & Gotlib, I. H. (2000). Natural course of adolescent major depressive disorder in a community sample: Predictors of recurrence in young adults. *American Journal of Psychiatry, 157*(10), 1584-1591.

Lewinsohn, P. M., Rohde, P., Seeley, J. R., Klein, D. N., & Gotlib, I. H. (2003). Psychosocial functioning of young adults who have experienced and recovered from major depressive disorder during adolescence. *Journal of Abnormal*

Psychology, 112(3), 353–363.

Lewinsohn, P. M., Solomon, A., Seeley, J. R., & Zeiss, A. (2000). Clinical implications of "subthreshold" depressive symptoms. *Journal of Abnormal Psychology, 109*(2), 345–351.

Lewis, C. C., Simons, A. D., Nguyen, L. J., Murakami, J. L., Reid, M. W., Silva, S. G., et al. (2010). Impact of childhood trauma on treatment outcome in the Treatment for Adolescents With Depression Study (TADS). *Journal of the American Academy of Child and Adolescent Psychiatry, 49*(2), 132–140.

Libby, A., Brent, D., Morrato, E., Orton, H., Allen, R., & Valuck, R. (2007). Decline in treatment of pediatric depression after FDA advisory on risk of suicidality with SSRIs. *American Journal of Psychiatry, 164*(6), 884–891.

Libby, A. M., Orton, H. D., & Valuck, R. J. (2009). Persisting decline in depression treatment after FDA warnings. *Archives of General Psychiatry, 66*(6), 633–639.

Linehan, M. M. (1993). *Cognitive-behavioral treatment of borderline personality disorder.* New York: Guilford Press.

Linehan, M. M., McCauley, E., Berk, M., & Asarnow, J. (2012, November). *Collaborative adolescent research on emotions and suicide.* Paper presented at the meeting of the Association for Behavioral and Cognitive Theories, National Harbor, MD.

Lo, C. S., Ho, S. M., & Hollon, S. D. (2008). The effects of rumination and negative cognitive styles on depression: A mediation analysis. *Behaviour Research and Therapy, 46*, 487–495.

Lopez, A. D., Mathers, C. D., Ezzati, M., Jamison, D. T., & Murray, C. J. (2006). Global and regional burden of disease and risk factors, 2001: Systematic analysis of population health data. *Lancet, 367*(9524), 1747–1757.

Luna, B., Padmanabhan, A., & O'Hearn, K. (2010). What has fMRI told us about the development of cognitive control through adolescence? *Brain and Cognition, 72*(1), 101–113.

Lyon, A. R., Borntrager, C., Nakamura, B., & Higa-McMillan, C. (2013). From distal to proximal: Routine educational data monitoring in school-based mental health. *Advances in School Mental Health Promotion, 6*(4), 263–279.

Mann, J. J., Emslie, G., Baldessarini, R. J., Beardslee, W., Fawcett, J. A., Goodwin, F. K., et al. (2006). ACNP Task Force report on SSRIs and suicidal behavior in youth.

Neuropsychopharmacology, 31(3), 473-492.

Martell, C. R., Addis, M. E., & Jacobson, N. S. (2001). *Depression in context: Strategies for guided action*. New York: Norton.

Martin, J., Romas, M., Medford, M., Leffert, N., & Hatcher, S. L. (2006). Adult helping qualities preferred by adolescents. *Adolescence, 41*(161), 127-140.

Maslow, G. R., Haydon, A., McRee, A. L., Ford, C. A., & Halpern, C. T. (2011). Growing up with a chronic illness: Social success, educational/vocational distress. *Journal of Adolescent Health, 49*, 206-212.

McCauley, E., Schloredt, K. A., Gudmundsen, G., Martell, C., Dimidjian, S. (2015). The Adolescent Behavioral Activation Program: Adapting behavioral activation as a treatment for depression in adolescence. *Journal of Clinical Child and Adolescent Psychology,* published online 20/Jan, 2015. *http://dx.doi.org/10.1080/15374416.2 014.979933*

McCauley, E., Schloredt, K., Gudmundsen, G., Martell, C., & Dimidjian, S. (2011). Expanding behavioral activation to depressed adolescents: Lessons learned in treatment development. *Cognitive and Behavioral Practice, 18*, 371-388.

Messer, S. C., Angold, A., Costello, E. J., Loeber, R., Van Kammen, W., & Stouthamer-Loeber, M. (1995). Development of a short questionnaire for use in epidemiological studies of depression in children and adolescents: Factor composition and structure across development. *International Journal of Methods in Psychiatric Research, 5,* 251-262.

Miller, W. R., & Rollnick, S. (2002). *Motivational interviewing: Preparing people for change* (2nd ed.). New York: Guilford Press.

Miller, W. R., Sorensen, J. L., Selzer, J. A., & Brigham, G. S. (2006). Disseminating evidence-based practices in substance abuse treatment: A review with suggestions. *Journal of Substance Abuse Treatment, 31*(1), 25-39.

Moreland, C. S., Bonin, L., Brent, D., & Solomon, D. (2015). Effect of antidepressants on suicide risk in children and adolescents. Wolters Kluwer UpToDate, *www. uptodate.com*

Mufson, L. (2010). Interpersonal psychotherapy for depressed adolescents (IPT-A): Extending the reach from academic to community settings. *Child and Adolescent Mental Health, 15*(2), 66-72.

Mufson, L., Dorta, K. P., Moreau, D., & Weissman, M. M. (2011). *Interpersonal psychotherapy for depressed adolescents* (2nd ed.). New York: Guilford Press.

Mufson, L., Dorta, K. P., Wickramaratne, P., Nomura, Y., Olfson, M., & Weissman, M. M. (2004). A randomized effectiveness trial of interpersonal psychotherapy for depressed adolescents. *Archives of General Psychiatry, 61*(6), 577-584.

Mufson, L., Weissman, M. M., Moreau, D., & Garfinkel, R. (1999). Efficacy of interpersonal psychotherapy for depressed adolescents. *Archives of General Psychiatry, 56*(6), 573-579.

Naar-King, S., & Suarez, M. (2011). *Motivational interviewing with adolescents and young adults.* New York: Guilford Press.

Nanni, V., Uher, R., & Danese, A. (2012). Childhood maltreatment predicts unfavorable course of illness and treatment outcome in depression: A meta-analysis. *American Journal of Psychiatry, 169*(2), 141-151.

Nemeroff, C. B., Kalali, A., Keller, M. B., Charney, D. S., Lenderts, S. E., Cascade, E. F., et al. (2007). Impact of publicity concerning pediatric suicidality data on physician practice patterns in the United States. *Archives of General Psychiatry, 64*(4), 466-472.

Nock, M., & Ferriter, C. (2005). Parent management of attendance and adherence in child and adolescent therapy: A conceptual and empirical review. *Clinical Child and Family Psychology Review, 8,* 149-166.

Nolen-Hoeksema, S. (2000). The role of rumination in depressive disorder and mixed anxiety/depressive symptoms. *Journal of Abnormal Psychology, 109,* 504-511.

Offidani, E., Fava, G. A., Tomba, E., & Baldessarini, R, J. (2013). Excessive mood elevation and behavioral activation with antidepressant treatment of juvenile depressive and anxiety disorders: A systematic review. *Psychotherapy and Psychosomatics, 82,* 132-141.

Pagoto, S., Bodenlos, J. S., Schneider, K. L., Olendzki, B., & Spates, C. R. (2008). Initial investigation of behavioral activation therapy for co-morbid major depressive disorder and obesity. *Psychotherapy, 45*(3), 410-415.

Palinkas, L., Schoenwald, S., Hoagwood, K., Landsverk, J., Chorpita, B., & Weisz, J. (2008). An ethnographic study of implementation of evidence-based treatments in child mental health: First steps. *Psychiatric Services, 59*(7), 738-746.

Pellerin, K., Costa, N., Weems, C., & Dalton, R. (2010). An examination of treatment completers and non-completers at a child and adolescent community mental health clinic. *Community Mental Health Journal, 46*(3), 273-281.

Persons, J. B. (2008). *The case formulation approach to cognitive-behavior therapy.* New York: Guilford Press.

Piacentini, J., March, J., & Franklin, M. (2006). Cognitive-behavioral therapy for youngsters with obsessive-compulsive disorder. In P. C. Kendall (Ed.), *Child and adolescent therapy: Cognitive-behavioral procedures* (3rd ed., pp. 297-321). New York: Guilford Press.

Reynolds, W. M. (1987). *Suicide Ideation Questionnaire: Professional manual.* Odessa, FL: Psychological Assessment Resources.

Richardson, L. P., DiGiuseppe, D., Christakis, D. A., McCauley, E., & Katon, W. (2004). Quality of care for Medicaid-covered youth treated with antidepressant therapy. *Archives of General Psychiatry, 61*(5), 475-480.

Richardson, L. P., & Katzenellenbogen, R. (2005). Childhood and adolescent depression: The role of primary care providers in diagnosis and treatment. *Current Problems in Pediatric and Adolescent Health Care, 35,* 6-24.

Richardson, L. P., McCauley, E., Grossman, D. C., McCarty, C. A., Richards, J., Russo, J. E., et al. (2010). Evaluation of the Patient Health Questionnaire-9 Item for detecting major depression among adolescents. *Pediatrics, 126*(6), 1117-1123.

Ritschel, L. A., Ramirez, C. L., Jones, M., & Craighead, W. E. (2011). Behavioral activation for depressed teens: A pilot study. *Cognitive and Behavioral Practice, 18*(2), 281-299.

Rosselló, J., & Bernal, G. (1999). The efficacy of cognitive-behavioral and interpersonal treatments for depression in Puerto Rican adolescents. *Journal of Consulting and Clinical Psychology, 67*(5), 734-745.

Rotheram-Borus, M. J., Swendeman, D., & Chorpita, B. F. (2012). Disruptive innovations for designing and diffusing evidence-based interventions. *American Psychologist, 67*(6), 463-476.

Ryba, M. M., Lejuez, C. W., & Hopko, D. R. (2014). Behavioral activation for depressed breast cancer patients: The impact of therapeutic compliance and quantity of activities completed on symptom reduction. *Journal of Consulting and Clinical Psychology, 82*(2), 325-335.

Shirk, S. R., & Karver, M. (2003). Prediction of treatment outcome from relationship variables in child and adolescent therapy: A meta-analytic review. *Journal of*

Consulting and Clinical Psychology, 71(3), 452-464.

Siegle, G. J., Steinhauer, S. R., Friedman, E. S., Thompson, W. S., & Thase, M. E. (2011). Remission prognosis for cognitive therapy for recurrent depression using the pupil: Utility and neural correlates. *Biological Psychiatry, 69*(8), 726-733.

Silk, J. S., Dahl, R. E., Ryan, N. D., Forbes, E. E., Axelson, D. A., Birmaher, B., et al. (2007). Pupillary reactivity to emotional information in child and adolescent depression: Links to clinical and ecological measures. *American Journal of Psychiatry, 164*(12), 1873-1880.

Simon, G. E. (2006). The antidepressant quandary—considering suicide risk when treating adolescent depression. *New England Journal of Medicine, 355*(26), 2722-2723.

Skinner, B. F. (1953). *Science and human behavior.* New York: Free Press.

Slavich, G. M. (2014, October 11). *Depression from a social neuroimmunologic perspective.* Paper presented at the meeting Neuroscience of Youth Depression, University of North Carolina, Chapel Hill, NC.

Somerville, L. H., Jones, R. M., & Casey, B. J. (2010). A time of change: Behavioral and neural correlates of adolescent sensitivity to appetitive and aversive environmental cues. *Brain and Cognition, 72*(1), 124-133.

Soni, A. (2009). *Statistical Brief #248: The five most costly conditions, 1996 and 2006: Estimates for the U.S. civilian noninstitutionalized population.* Rockville, MD: Agency for Healthcare Research and Quality.

Stam, H., Hartman, E. E., Deurloo, J. A., Groothoff, J., & Grootenhuis, M. A. (2006). Young adult patients with a history of pediatric disease: Impact on course of life and transition into adulthood. *Journal of Adolescent Health, 39*, 4-13.

Steinberg, L., Dahl, R., Keating, D., Kupfer, D. J., Masten, A. S., & Pine, D. S. (2006). The study of developmental psychopathology in adolescence: Integrating affective neuroscience with the study of context. In D. Cicchetti & D. Cohen (Eds.), *Developmental psychopathology: Vol. 2. Developmental neuroscience* (pp. 710-741). New York: Wiley.

TADS (Treatment for Adolescents with Depression Study) Team. (2003). Treatment for Adolescents with Depression Study (TADS): Rationale, design, and methods. *Journal of the American Academy of Child and Adolescent Psychiatry, 42*(5), 531-542.

TADS (Treatment for Adolescents with Depression Study) Team. (2004). Fluoxetine, cognitive-behavioral therapy, and their combination for adolescents with depression: Treatment for adolescents with depression study (TADS) randomized controlled trial. *Journal of the American Medical Association, 292*(7), 807-820.

TADS (Treatment for Adolescents with Depression Study) Team. (2007). The Treatment for Adolescents with Depression Study (TADS): Long-term effectiveness and safety outcomes. *Archives of General Psychiatry, 64*(10), 1132-1144.

Thapar, A., Collishaw, S., Pine, D. S., & Thapar, A. K. (2012). Depression in adolescence. *Lancet, 379*(9820), 1056-1067.

Treynor, W., Gonzalez, R., & Nolen-Hoeksema, S. (2003). Rumination reconsidered: A psychometric analysis. *Cognitive Therapy and Research, 27*, 247-259.

Velanova, K., Wheeler, M. E., & Luna, B. (2008). Maturational changes in anterior cingulate and frontoparietal recruitment support the development of error processing and inhibitory control. *Cerebral Cortex, 18*(11), 2505-2522.

Weisz, J. R., Chorpita, B. F., Palinkas, L. A., Schoenwald, S. K., Miranda, J., Bearman, S. K., et al. (2012). Testing standard and modular designs for psychotherapy treating depression, anxiety, and conduct problems in youth: A randomized effectiveness trial. *Archives of General Psychiatry, 69*(3), 274-282.

Weisz, J. R., Jensen, A. L., & McLeod, B. D. (2005). Development and dissemination of child and adolescent psychotherapies: Milestones, methods, and a new deployment-focused model. In E. D. Hibbs & P. S. Jensen (Eds.), *Psychosocial treatment for child and adolescent disorders: Empirically based strategies for clinical practice* (2nd ed., pp. 9-39). Washington, DC: American Psychological Association.

Weisz, J. R., Jensen-Doss, A., & Hawley, K. M. (2006). Evidence-based youth psychotherapies versus usual clinical care: A meta-analysis of direct comparisons. *American Psychologist, 61*, 671-689.

Weisz, J. R., Kuppens, S., Eckshtain, D., Ugueto; A. M., Hawley, K. M., & Jensen-Doss, A. (2013). Performance of evidence-based youth psychotherapies compared with usual clinical care: A multilevel meta-analysis. *JAMA Psychiatry, 70*(7), 750-761.

Williams, R. A., Hollis, H. M., & Benoit, K. (1998). Attitudes toward psychiatric medications among incarcerated female adolescents. *Journal of the American*

Academy of Child and Adolescent Psychiatry, 37(12), 1301-1307.

Wolff, J. C., & Ollendick, T. H. (2006). The comorbidity of conduct problems and depression in childhood and adolescence. *Clinical Child and Family Psychology Review, 9*, 201-220.

Young, J. F., Mufson, L., & Davies, M. (2006). Efficacy of Interpersonal Psychotherapy-Adolescent Skills Training: An indicated preventive intervention for depression. *Journal of Child Psychology and Psychiatry, 47*(12), 1254-1262.

찾아보기

저자 소개

Elizabeth McCauley, PhD, ABPP

미국 워싱턴 대학교의 정신과 및 행동과학 교수로, 심리학 및 소아과 외래 교수를 겸임하고 있으며, 시애틀 아동 병원(Seattle Children's Hospital)의 기분 및 불안 장애 프로그램 디렉터이다. McCauley 박사는 청소년의 우울증과 자살의 발달 및 치료에 중점을 두고 임상 및 연구 작업을 진행하고 있다. McCauley 박사는 종단 연구 두 편을 수행하여 우울증의 발병 및 지속에 기여하는 요인들을 추적했고, 우울증 및 자살의 위험을 경감시키거나 치료하기 위한 여러 예방 및 개입 전략을 개발하고 검증했다. 또한 NIMH(National Institute of Mental Health)가 지원하는 프로젝트를 이끌어, 우울증을 지닌 청소년을 대상으로 행동활성화 치료의 효능성을 검증하였다. McCauley 박사는 Society for Child and Adolescent Psychology의 전 회장을 맡았고, ABPP(American Board of Professional Psychology)에서 임상 아동 및 청소년 심리학에 대한 위원회 인증을 받았다. McCauley 박사는 미국 워싱턴 대학교의 의과대학에서 Psychology Internship Training Program과 동 대학의 심리학과에서 활발하게 치료자 훈련을 진행하고 있다.

Kelly A. Schloredt, PhD, ABPP

시애틀 아동 병원에서 소아정신과 및 행동의학 분과의 임상심리학자이자 정신과 및 행동의학 부서의 임상 디렉터로 재직 중이고, 미국 워싱턴 대학교의 정신과 및 행동과학 분과에서 정신의학 임상 교수로 활동 중이다. Schloredt 박사는 ABPP에서 임상 아동 및 청소년 심리학에 대한 위원회 인증을 받았고, 경영 및 행정, 교육, 환자 진료, 수퍼비전, 치료자 훈련 등 다양한 전문적 활동에 적극적으로 참여하고 있다. Schloredt 박사는 Elizabeth McCauley 박사가 주도한 청소년 행동 활성화 프로그램 연구에서 연구 및 치료자로 참여하였고, 청소년 우울증과 관련된 다수의 NIMH 지원 연구 프로젝트를 진행해 왔다.

Gretchen R. Gudmundsen, PhD

미국 워싱턴 대학교의 정신과 및 행동과학 조교수이고, 시애틀 아동 병원의 소아정신과 및 행동의학 분과에서 임상심리학자로 재직 중이다. Gudmundsen 박사는 우울증 치료와 우울장애에서의 스트레스와 대처 방식의 역할에 관한 수많은 논문을 발표하였다. Gudmundsen 박사는 외래 환자 진료 및 수퍼비전, 치료자 훈련을 제공하고 있다. Gudmundsen 박사는 아동 및 청소년 우울증에 대한 Klingenstein Third Generation Foundation Fellowship을 받았고, 청소년 기분장애 치료에 관한 여러 NIMH 지원 연구 프로젝트에 연구 및 치료자로 참여했다.

Christopher R. Martell, PhD, ABPP

미국 위스콘신 대학교 밀워키 캠퍼스의 심리학과 임상 교수이고, Martell Behavioral Activation Research Consulting의 소장이다. Martell 박사는 23년간 개업 심리학자로 임상 현장에서 일하며, 기분 및 불안 장애를 지닌 내담자들에게 인지행동치료를 제공해 왔다. Martell 박사는 국내외적으로 행동활성화에 대한 워크숍 및 훈련을 진행하고, 전 세계에 행동활성화를 연구하는 연구팀들에 자문을 제공한다. Martell 박사는 ABPP에서 인지 및 행동 심리학과 임상심리학에 대한 위원회 인증을 받았다. 그는 Washington State Psychological Association에서 받은 Distinguished Psychologist Award를 포함하여 여러 상을 수상하였다. 또한 『우울증의 행동활성화 치료: 치료자를 위한 가이드북(Behavioral Activation for Depression: A Clinician's Guide)』을 포함하여 여러 저서를 공동 집필하였다.

Sona Dimidjian, PhD

미국 콜로라도 대학교 볼더 캠퍼스의 심리학 및 신경과학 부교수이다. Dimidjian 박사는 주로 우울증의 치료 및 예방에 대해 연구하고 있고, 특히 임신 중이거나 출산 후인 여성의 정신건강에 중점을 두고 있다. Dimidjian 박사는 우울증에 대한 행동적 접근과 마음챙김 명상과 같은 명상적(contemplative) 치료의 임상적 적용을 선도하는 전문가이다. Dimidjian 박사는 국내외에서 경험적으로 지지되는 치료들과 근거 기반 실천의 보급에 지속적인 관심을 가지고 있다. 또한 Dimidjian 박사는 다수의 상을 수상하여 교육 및 임상 연구에 대해 인정받고 있는데, 대표적인 예로는 Dorothy Martin Women's Faculty Award와 콜로라도 대학교 볼더 캠퍼스에서 받은 Outstanding Graduate Mentor Award, 그리고 Postpartum Support International에서 받은 Susan A. Hickman Memorial Research Award가 있다.

역자 소개

최기홍(Kee-Hong Choi)

현재 고려대학교 심리학과 부교수이고, 고려대학교 부설 KU마음건강연구소 소장으로 있으며, 과학적인 심리평가와 심리서비스를 제공하는 ㈜KU마음건강의 대표이다. 미국 네브래스카 주립 대학교에서 임상심리학으로 박사학위를 취득하고, 미국 뉴욕 컬럼비아 대학병원에서 정신과 펠로우, 미국 예일 대학병원에서 연구과학자, 미국 웨슬리언 대학교에서 풀브라이트 방문 교수로 심리치료 효과 연구 및 중증 정신질환의 재활에 관한 연구를 진행하였다. 저서로는 『아파도 아프다 하지 못하면』(사회평론, 2018)이 있고, 역서로는 『정서도식치료 매뉴얼: 심리치료에서의 정서조절』(공역, 박영사, 2019), 『정신장애 치료와 재활을 위한 인지재활 치료자 지침서』(공역, 학지사, 2018), 『중증 정신질환의 치료와 재활』(공역, 학지사, 2010) 등 다수가 있다. 『Journal of Abnormal Psychology』『British Journal of Psychiatry』『Psychological Medicine』『Schizophrenia Research』 등 국내외 전문 학술지에 70편 이상의 논문을 게재하였고, 고려대학교에서 석탑연구상과 석탑강의상을 수상하였다. 또한 2020년 ㈔한국심리학회에서 '한국형 우울·불안장애 선별 도구' 개발 논문으로 심리검사제작상을 수상하였다. 미국 공인(코네티컷주) 심리학자이자 한국 심리학회 공인 임상심리전문가로 근거 기반 심리치료, 특히 인지행동치료 서비스를 임상 현장에 제공하고, 후학을 양성하며, 차세대 심리평가 및 심리치료를 개발하는 국가 연구 과제를 수주하여 진행하고 있다.

이은별(Eunbyeol Lee)

고려대학교 심리학과에서 임상 및 상담심리학 박사과정을 수료하였다. 현재 KU마음건강연구소에서 연구원으로 활동하고 있으며, 임상심리전문가 수련을 받고 있다. 지역사회 행동활성화 효과 검증 연구에 참여하였으며, 지역사회 내 정신건강 전문가를 대상으로 한 치료자 교육 워크숍을 다수 진행하였다. KU마음건강연구소에서 인지행동치료와 행동활성화 치료를 제공하고 있다. 행동활성화의 효과 검증 연구와 평가도구 개발 논문을 다수 출간하였다.

송하림(Haleem Song)

고려대학교 심리학과에서 임상 및 상담심리학 석사과정을 수료하였다. 현재 고려대학교 중증 정신질환 연구팀의 연구원으로 활동하고 있으며, KU마음건강연구소의 수련생으로 정신사회재활 프로그램 및 인지행동치료를 제공하고 있다. 현재 지역사회 행동활성화 효과 검증 및 치료 메커니즘 연구를 진행 중이다.

청소년을 위한 행동활성화

Behavioral Activation with Adolescents: A Clinician's Guide

2020년 9월 25일 1판 1쇄 발행
2022년 8월 10일 1판 2쇄 발행

지은이 • Elizabeth McCauley · Kelly A. Schloredt · Gretchen R. Gudmundsen
　　　　Christopher R. Martell · Sona Dimidjian
옮긴이 • 최기홍 · 이은별 · 송하림
펴낸이 • 김진환
펴낸곳 • (주)학지사
　　　　04031 서울특별시 마포구 양화로 15길 20 마인드월드빌딩
대표전화 • 02)330-5114　　　　팩스 • 02)324-2345
등록번호 • 제313-2006-000265호

홈페이지 • http://www.hakjisa.co.kr
페이스북 • https://www.facebook.com/hakjisa

ISBN 978-89-997-2202-8　93180

정가 18,000원

이 도서의 국립중앙도서관 출판시도서목록(CIP)은 서지정보유통지
원시스템 홈페이지(http://seoji.nl.go.kr)와 국가자료공동목록시스템
(http://www.nl.go.kr/kolisnet)에서 이용하실 수 있습니다.
(CIP 제어번호: CIP2020036710)

출판 · 교육 · 미디어기업 학지사

간호보건의학출판 학지사메디컬 www.hakjisamd.co.kr
심리검사연구소 인싸이트 www.inpsyt.co.kr
학술논문서비스 뉴논문 www.newnonmun.com
원격교육연수원 카운피아 www.counpia.com